全国校本教研与校本课程数字出版平台
中国校本教研网 www.schooledu.com.cn
◎特别推荐◎

汤善香等◎著

本书顾问 杜全平

鲁派名校系列

和雅文化

——校本课程的创新构建

HEYA WENHUA
XIAOBEN KECHENG DE CHUANGXIN GOUJIAN

江蘇鳳凰教育出版社
Phoenix Education Publishing, Ltd

本书编委会名单

参加编著全体人员： 汤善香　考俊花　李德连　徐　宁
张素英　戚红红　隋海丽　宋晓敏
王玉哲　高伟丽　于爱华

轴心的力量

9 月 28 日。

公元前 551 年 9 月 28 日，鲁国，今山东曲阜，孔子诞生。

那个时代，被 1900 年后的雅斯贝尔斯称为人类的“轴心时代”，在中国，有孔子；在古希腊，有苏格拉底；在以色列，有犹太教先知；在古波斯，有琐罗亚斯德；在印度，有释迦牟尼……

在中国，是因为孔子开启了一个时代，还是因为那个时代塑造了孔子？

雅斯贝尔斯是这样说的：“人类一直靠轴心时代所产生、思考和创造的一切而生存，每一次新的飞跃都回顾这一时期，并被它重新燃起火焰。自那以后，情况就是这样。轴心期潜力的苏醒和对轴心期潜力的回忆，或曰复兴，总是提供了精神力量。”①

这是一种力量。

马克思是这样说的：“个人怎样表现自己的生命，他们自己就怎样。因此，他们是什么样的，这同他们的生产是一致的——既和他们生产什么一致，又和他们怎样生产一致。”② 他批评“人是环境和教育的产物，因而认为改变了的人是另一种环境和改变了的教育的产物”这种学说忘记了“环境正是由人来改变的，而教育者本人一定是受教育的”③。

这是一种同一。

再论孔子，我们相信他能够给中华民族带来新的力量；再论孔子，我们相信人始终创造这个世界并与这个世界相一致。

（一）

有学者将中国大师（包括教育家）涌现的时代划分为三个阶段：春秋

---

① 雅斯贝尔斯．历史的起源与目标［M］．魏楚雄，俞新天译．北京：华夏出版社，1989.

② 韦建桦．马克思恩格斯选集（第一卷）［M］．北京：人民出版社，2012.

③ 韦建桦．马克思恩格斯选集（第一卷）［M］．北京：人民出版社，2012.

战国时期、宋明时期、民国时期，我们也可以循着这样的脉络追寻山东大地上的教育家，探访山东大地上的教育。

孔子是一位教育家，在文化思想领域给予他再高的地位和赞誉都不为过。然而，他并不是高高在上，而是在我们身边。他继承“三代”，积极“入世”，终生“为师”，儒泽“千载”。精神力量与实践基础相结合，延伸到文化与教育的血脉中。

探讨教育绕不过孔子，探讨山东教育要回到孔子。我们还是更关注作为教师的孔子：

子曰：“温故而知新，可以为师矣。”

子曰：“知之者不如好之者，好之者不如乐之者。”

子曰：“不愤不启，不悱不发，举一隅不以三隅反，则不复也。”

子曰：“有教无类。”

……

这不仅是教育的财富，更重要的是，孔子是一位教育实践者。他以育人为本：志于道，据于德，依于仁，游于艺。他编订教材：《礼》《乐》《诗》《书》《易》《春秋》。他寻觅教学方法：因材施教、循循善诱。他留给学生精神财富：仰之弥高，钻之弥坚，瞻之在前，忽焉在后。

孔子之后，在那个时代，山东大地上能够被历史作为教育家所记载的当属“亚圣”孟子和“劝学”的荀子。

孟子于孔子后百年出生，是战国时期伟大的教育家、思想家，儒家的主要代表之一，他与梁惠王、齐宣王两位大国君主的对话可以看作是他的教育实践，“仁者无敌”的思想展示无余，“经济政策”“仁政治国”“克制欲望”“人心四端”都是他所关注的：

——“恻隐之心，人皆有之；羞恶之心，人皆有之；恭敬之心，人皆有之；是非之心，人皆有之。恻隐之心，仁也；羞恶之心，义也；恭敬之心，礼也；是非之心，智也。仁、义、礼、智，非由外铄我也，我固有之也。”《孟子·告子上》

——“人之所不学而能者，其良能也；所不虑而知者，其良知也。”《孟子·尽心上》

……

战国时期山东大地上的另一位教育家荀子，他五十始来齐游学，长期在著名的稷下学宫任祭酒，留下了关于学习、修身的不朽篇章：

学不可以已。青，取之于蓝，而青于蓝；冰，水为之，而寒于水。木直中绳，輮以为轮，其曲中规，虽有槁暴，不复挺者，輮使之然也。故木受绳则直，金就砺则利，君子博学而日参省乎己，则知明而行无过矣。

故不登高山，不知天之高也；不临深溪，不知地之厚也；不闻先王之遗言，不知学问之大也。干越、夷貉之子，生而同声，长而异俗，教使之然也。《诗》曰："嗟尔君子，无恒安息。靖共尔位，好是正直。神之听之，介尔景福。"神莫大于化道，福莫长于无祸。

……

不仅仅是荀子，还有更多的大师曾在那个时代云集稷下学宫。稷下学宫，又称稷下之学，是战国时期田齐的官办高等学府，稷下位于今山东省淄博市稷门附近。齐宣王之时，在稷下扩置学宫，招揽天下名士：儒家、道家、法家、名家、兵家、农家、阴阳家等百家之学，会集于此，自由讲学、著书论辩，成为百家争鸣的时代标签。

在汉唐盛世，中国的政治体制、文化积淀都达到了时代顶峰，教育的发展随之呈现出蓬勃壮大的态势。在山东，叔孙通、匡衡创立了不可磨灭的教育功业，兰陵人王良曾"教授诸生千余人"；高密人郑玄"学徒常数百千人"，虽遭遇党祸被禁锢，仍设帐讲学达二十余年；而颜之推的家庭教育经典著述《颜氏家训》则更是被称为"古今家训以此为祖"。

宋代以来，封建制度面临着诸多新的问题，恰恰是这个时代，成为教育家涌现、教育创新探索的重要时期。北宋初年，山东出现了中国书院发展史上占有重要地位的泰山书院（有宋代"四大书院"之一之称）。

而泰山学派、泰山学院的代表性人物"宋初三先生"——"泰山先生"孙复、"徂徕先生"石介（泰安人）、"安定先生"胡瑗更是名冠一时的教育家。

其中，石介出生于一个"世为农家""豪于乡里"的聚族而居的大家庭，他"貌厚而气完，学笃而志大"，范仲淹也评价说"介刚正，为天下所闻"。后石介因丁忧回山东，躬耕于徂徕山下，以《易》教授弟子，从者甚多。鲁人敬重其学识风范，故因其所居之山，尊称他为徂徕先生。

石介有感于儒学的衰落，守制期间“以《易》教授于家”，名闻山东。景祐二年（1035年）开始，石介在泰山聚徒讲学，并邀请学者孙复到泰山主持日常教学工作。孙复曾于景祐元年（1034年）拜访过时任南京推官的石介，两人一见如故，互引为知己。接到石介邀请时，正是孙复人生最潦倒失意的时候：科举再次落榜，家贫以致无法安葬去世的父母。而到泰山教学，既能解决生活困难，又能实现自己振兴儒学、维护圣人道统的理想，于是就欣然接受了石介的邀请，由一落魄书生一跃而为书院主讲，开始了近十年的泰山讲学。景祐四年（1037年），孙复、石介两人在泰山之阳建学舍，孙复名之曰信道堂，并作《信道堂记》：“予丁丑岁秋九月做堂于泰山之阳，明年春，堂既成，以是道处是堂，故名信道堂”，称其志在发扬尧、舜、禹、汤、文、武、周公、孔子之道。不久信道堂因故迁到泰山栖真观，规模扩大，建制逐步完善。康定元年（1040年），石介作《泰山书院记》始称为泰山书院，说他“于泰山之阳起学舍构堂，聚圣人之书满屋，与群弟子而居之”并认为，孙复“上宗周、孔，下拟韩、孟”，尊其为泰山先生。①

“宋初三先生”开理学之先，具有极高的学界地位与教育意义，至今仍值得我们研究。

民国时期，大师辈出，从山东聊城走出去的教育家傅斯年就是其中最为杰出的代表。

在台湾大学，有一个傅园，是为纪念傅斯年而建。傅斯年不仅是历史学家、教育家，而且是五四运动的北大学生领袖、历史语言研究所创始人、北京大学代理校长、台湾大学校长，一生富有传奇色彩。

作为教育家的傅斯年，发表了《教育崩溃之原因》《教育改革中几个具体事件》《改革高等教育中几个问题》等若干文章，其思想择其要者，有以下几点：

考查一所学校成功与否，一要看学生是否有使用课本知识的能力，二要看能否把日常生活与课本知识联系起来。

教育不能独立，学校就不可能办好。政府的责任，一要确保教育经费

① 吕建强．石介与泰山书院［J］．煤炭高等教育，2009，（6）．

的独立，二要保障校长和教师的地位，三要在教育管理上采用文官制。

教育之整顿，学风之改善，其关键皆自上而下，都不是自下而上。

学生大多数都是好的，政府只有“把教育部建设成一个有技术能力的官厅”，并选择有人品、有见识、有资望的人去当大学校长、教育厅长和教育局长，才能把学校办好。

傅斯年在代理北京大学校长期间，坚决拒绝“伪北大”教员继续留任，坚持“民族气节”“正是非，辨忠奸”，将汪精卫时期北京大学的教职员全部开除，学生学籍和学历都不承认，要先补习才能参加学历甄审入新北大。

1950 年 12 月 20 日，积劳成疾的傅斯年突发脑溢血逝世。台湾大学为纪念傅斯年奠定台大发展基石，特地在实验植物园建造一座罗马式纪念亭，亭中砌长方形墓一座，墓前立有无字碑，修有喷水池。园中有兵工署捐赠的一口纪念钟，上面铸着“敦品、力学、爱国、爱人”8 字校训。人们把台湾大学校园内的这个地方叫作“傅园”，把纪念钟称为“傅钟”。值得注意的是，这口“傅钟”每节上下课都会响 21 声，原来傅斯年有句名言“一天只有 21 小时，剩下 3 小时是用来沉思的”。

而今天，在山东大地上，教育事业正在以伟大的复兴之势在发展，素质教育的改革创新之路开始引领全国的教育改革路向，一大批名校、名师也在挥洒着自己的智慧和激情，承续历史、开创历史。

（二）

古往今来的山东教育都是以其文化内涵、大气磅礴而影响着时代的发展，透视历史，观照今天，我们能够找到山东教育可以提供的成功密码，提取出足以供我们思考、批判的价值力。

1. 本体是人：守望道德的高地

教育是人创造的。

“有两样东西，人们越是经常持久地对之凝神思索，它们就越是使内心充满常新而日增的惊奇和敬畏：我头上的星空和我心中的道德律。”这是康德《实践理性批判》中的一句话，也是康德的墓志铭。

在山东教育史上，从孔子的“克己复礼”、曾子的“三省吾身”，到孟子的“舍生取义”，他们当中的每一个人终其一生，无不在追寻心中的道德大义和民族未来。尽管说法不同，其中所蕴含的核心价值却都集中在对国家、对民族、对人类命运与前途的关注与担当上。

“会当凌绝顶，一览众山小。”当一个人占领了道德的制高点后，他眼前所呈现的不再是难以逾越的重重困难，而是一幅幅美好的画卷。此时，人的发展往往会创造出一个又一个的奇迹，伟人如此，常人亦然。让人参与，学生和教师成为行为主体，这是先验性的要义。

在马克思恩格斯的理论中，我们不仅到处可以看到人，而且可以看到的是人的发展，哲学理论和教育理论的前提是对人的回答。在这里，人是实践中的人，是在实践中获得发展的人，离开了实践，只限于精神层面是不能够获得真实的发展的，而且，即便是精神层面的发展也是与实践过程紧密相连的。不仅如此，人类的知识、智慧都是由人所创造的，在传递、继承人所创造的知识与智慧的过程中，人必然会与其具有“此岸性”，会与这些知识和智慧处于“一致”的状态，学习是内化的，不是外铄的。

从教育的价值和意义来看，教育也是一种经历，没有生命的经历和历练就没有教育发生，这就是教育的过程本质。现实的经历是教育的一部分，而作为人类创造的文明成果，往往存在于精神和历史的层面上，很多时候和学生的人生体验不一致，教育的作用就在于创造这种一致性，让人的发展与人类的成果形成一致。

2. 先知先行：实现于自我超越

先知先行者，从古至今。

今天，在教育改革的道路上，山东省的许多地区、学校、教师走在了全国的前列，已经进入了一个比较高的境界，在长期的探索和实践中积累了许多富有启发意义的宝贵经验。区域如潍坊，用教育部基础教育二司司长郑富芝的话来说，叫作“山东经验，潍坊模式”；学校如青岛二中的自主发展，青岛三十九中的特色发展，临朐海尔希望小学的课程建设，利津北宋一中零作业背景下的改革；教师如王岱、刘建宇、张利平、王冬梅……

教育发展，教师是关键。作为教育管理者，应从不断提高教师的幸福指数和职业认同感入手，让每一位教师在快乐中工作，最大限度地激发教师的工作积极性和主动性，最大限度地发挥出每一位教师的智慧和潜能。

根据美国著名心理学家马斯洛的需求层次理论，让人感到受尊重和能够自我实现，才能从内部激发发展的欲望。作为教师，教学在其人生中占有相当大的比重。要让教师生命更有意义、更快乐、更幸福，在各个阶段始终保持生命的激情和活力，就必须把教师引领到研究的路上，让教师成为思想独立的研究者。

教育管理部门、学校校长只有创造机会让每一位教师都成为好教师、名教师，并给这些好教师、名教师不断创造更大的舞台，教师们才能真正体验到自我价值的实现，才会不断寻找更高的发展定位，由此带来的是一个区域、一个学校会充满朝气蓬勃的发展活力。简单地说，一定要让好教师、名教师有出路！

3. 敬畏规律：教育与人的双重肯定

今天，更多的学校、教师走在教育探索的路上。

“蓬生于麻，不扶而直。”在适合自己的教育里，学生才能够快乐地茁壮成长，才能够成为一个具有良好的身心素质、科学头脑、广泛兴趣、创新能力以及笃实、守信、和善、包容的人。这样的人才培养方式最根本的一点是敬畏教育规律。

规律在哪里？当然不是寻找真理式的论断来供奉，不是停留于表面上，而是在于将自己认可的有益于教育发展、有益于学生的事情做出来。规律不仅仅是大道理，是哲学思维，是心理学前沿理论，而是关注学生的阅读，丰厚学生的人生底蕴；关注学生的视野，联通整个信息世界的力量让学生面向整个世界；关注学生的能力，让学生在操作中获得一生必备的创造力。

校长有教育家的情怀，教师有教育家的智慧，每一位创立自己教育业绩的实践者理应都是具有哲学思考力的，是敬畏天地、敬畏人道而敬畏规律的。

《中庸》中说：“故君子不可以不修身。思修身，不可以不事亲；思事亲，不可以不知人；思知人，不可以不知天。”“修身”一事，是从“天道”“人道”“亲缘”“孝道”化解而来，因为没有更高远的境界，单纯的行动是没有好的结果的。

这就是人本思想，“人本”是思想，也是规律吗？为什么不是呢？

孔子从没有把人失落了，于是他不在意争执，而在意作为。在他的教育价值取向中，学科是人的学科，教学是人的教学，社会、政治、经济也是人的社会、政治与经济，这才是规律。

历数千年的教育传统，最值得称道的还是对学生的关注，无论是宏观教育体系的发展、学校教育价值的延伸，还是学校内部课程建设、教学实践、学生指导，山东教育以学生的自主、主动、超越自我的学习为核心，这也是他们无限切近于规律的必然取向。

今天，在齐鲁大地上，一批名校长、名师正走在教育改革与发展的实践探索之路上，与时代一起成长。他们的执着，他们的成功经验值得敬畏，留取下来构成我们对教育新的探索与尝试，这就是这套书系的初衷。

我们愿意与老师们一起切地行走，在教育的芳草地上寻找面向未来的种子。

齐　健

前　言

什么是最好的教育？什么是人民满意的教育？潍坊市高新区北海学校在和雅文化统领下，创新实行和雅教育，从根本上解决了育什么人、走什么路的核心问题。学校在短短的七年中，创造了教育发展的奇迹，探索出一条素质教育的发展之路。

潍坊北海学校创办于2007年，是一所九年一贯制公办学校，是潍坊市政府“十大惠民工程”之一。学校在汤善香校长的带领下，形成了和雅育人的教育思想。这一育人特色，不仅使这所名不见经传的新校声名鹊起，倍受青睐，更使得潍坊市的基础教育这棵长青之树再添新绿，又多了几分色彩，多了几分蕊香，多了累累硕果……

走进潍坊北海学校的校园，仿佛置身于青春的海洋。首先映入眼帘的是一座充满现代气息的楼宇，上方“潍坊北海学校”六个大字高高矗立；教学楼上，“全面卓越，和雅育人”的核心思想，无时无刻不昭示着潍坊北海学校以和雅育人为己任，追求卓越的品格。它是引领每一名北海师生赢得开启未来大门的金钥匙。

信步校园，和雅教育的思想无处不在：和雅的精神文化、优雅的环境文化、韵雅的制度文化、博雅的课程文化、静雅的德育文化、心雅的安全文化、融雅的社团文化、高雅的行为文化……构成了学校一道道亮丽的风景，也使学校成为一所区域领先、国内有名的品牌学校。在这所学校，每一名学子都充满着青春的朝气，他们用火红的年华，吸取着和雅文化的思想，尽情地在这片沃土中成长。每每看到款款走来的教师，他们风度翩翩、温文尔雅、气度不凡。每天当晨阳冉冉升起的时候，他们伴随着校园青春的旋律，给学生以阳光、力量、知识的营养，使学生在这里健康快乐地成长。

潍坊北海学校的和雅育人特色，首先是环境育人。近年来，学校在汤善香校长的带领下，致力于绿色生态校园建设，实现了校园环境园林化、校内道路林荫化、活动场地塑胶化、室内布置盆景化。整个校园集花园、学园、乐园于一身，融自然美、艺术美、人性美于一体，达到了绿色生态与人文素养的和谐统一。环境优雅、和谐向上的校园文化，凸显了学校的现代人文教育气息。融入该校，华夏文化、北海文化时时刻刻浸染着学子的心灵。环顾教学楼大厅：北侧是固定的文化展示区，南侧是动态的班级文化园地；南教学楼按楼层分布着“北海文明”和“生命教育”展示区，北教学楼有“华夏文明”“科技博览”“中华传统美德”等供学子学习的经典文化。此外，学校还专门开辟“演说擂台”“英语广场”，在每个楼层都设有开放的中、英文公共读书区，学生可在这里探寻知识的宝藏，品味读书的乐趣。

谈到潍坊北海学校的和雅文化，汤善香校长以其深邃的教育理念和对教育的切身体会，总结出和雅育人的核心理念就是八个字：和而不同，各雅其雅。近年来，潍坊北海学校紧紧围绕这一办学思想，把握基础教育的本质特征，全面发展学生的综合素质，实现了管理科学化、硬件现代化、师资通才化、质量素质化、办学特色化、校园人文化，形成了师生幸福成长的和雅育人模式和学校和谐发展的办学模式。

在潍坊北海学校，汤善香校长用她个人的领导艺术，塑造了一个优秀的团队。在她的带领下，学校出色地完成了一次又一次全国性的现场会，带出了一批又一批优秀的教师，培养了一个又一个出色的学生……

和雅文化成就了潍坊北海学校。近年来，潍坊北海学校本着“一体两翼”的发展理念，即以和雅文化为统领，着力从课程、课堂两个方面建设和雅教育。

首先，构建和雅课程体系。学校课程研发小组在汤善香校长的带领下，坚持“和而不同，各雅其雅”的育人目标，构建起国家、地方课程校本化、师本化、生本化，学校课程特色化和活动课程常规化的和雅课程体系。学校围绕育人目标对三级课程创新实施加减法构建策略：一是在课程内容、数量上做减法的主题课程；二是在课程内容、学习方式等方面做加法的德育课程、英语课程、童语育人课程、创新课程、京剧育人课程、国际视野课程，以及为发展学生个性特长所设置的涵盖众多艺体课程的超市课程。学校通过开发适合学生发展的课程，促进学生的身体与心智和谐发展，注重培养基础扎实、品德优良、身心健康、团结合作、勇于探究、知书达理、特长突出、善于创新、具有国际视野的北海学子，促进学校“和而不同，各雅其雅”教育品牌的全面形成。

其次，建设和雅契约课堂，为落实课程奠基。为实现让学生的潜能得到充分挖掘，课堂能够打动、感动学生的目标，学校以和雅文化为核心，以契约为手段，全力打造个性化课堂。学校提出课堂教学十大关键词，即和谐、民主、博爱、竞争、公平、责任、开放、幽默、探究、渊博；六个课堂评价维度，即关注学生成长、关注全体学生、关注课堂文化、关注评价引领、关注时间分配、关注小组建设。学校全面落实《北海学校和雅契约课堂规范》，引导学生养成课前静心准备、上课专心学习、课下舒心放松的良好习惯，引导全体教师努力建设学生喜欢的和雅契约课堂。

和雅文化造就了优秀团队。潍坊北海学校是一所九年一贯制学校，这里拥有一批齐鲁名师、山东省特级教师、山东省教学能手、潍坊名师、潍坊特级教师和教学能手。和雅教育的开展，使全校教师从“经师、能师”不断地成长为“人师”。

在潍坊北海学校，教师的言谈举止颇具和雅特色，和雅理念已植根于教职员工的血脉，引领着北海学子畅游在知识的海洋里。学校严格按照课程计划开足课时，开齐课程，转变教学方式，打造出了轻负高效和雅课堂，培养了学生自主合作探究的能力，提升了学生的学习内趋力和良好的学习品质。特别是学校构建了“开题—研究—结题—展示”四环节教学流程，打造了一批成型的特色课堂。其中，由汤善香校长推出的“主题学习优质高效课堂”，在教育部举行的专家交流会上，赢得了一致好评。

和雅文化促进了北海学子成长。近年来，潍坊北海学校始终把特殊学生群体的发展作为检验学校教育质量的重点之一。从校长到普通教师都把家庭贫困生、学习困难生、单亲及父母双亡家庭学生、外来务工人员子女当作自己的孩子来对待，通过“三有、四带、五关注”，使这些特殊群体的学生倍感温暖。学校吹响活动集结号，开展的如建立志愿服务队、评选感动北海人物等各色活动，使和雅教育在校园和社会中产生了广泛影响。家长学校的和雅教育活动，做朴实、吃苦、感恩的北海人的活动，做阳光男孩、阳光女孩的评选活动，了解祖国和潍坊人民的生活变迁的活动，还有大型京剧欣赏课、京剧游园、北海京剧团培训等活动，都赢得了社会各界的广泛赞誉。

建校七年以来，北海师生以“全面卓越，和雅育人”为理念，当学生喜欢的老师，做社会敬佩的校长，办人民满意的学校，使学校迅速跨入了山东省乃至全国的先进学校行列。学校先后被授予“全国特色学校”“中国优秀校园文化建设单位”“全国消防安全教育示范学校”“山东省中小学教师校长实践培训基地”“山东省教学示范学校”“山东省艺术教育示范学校”“山东省平安和谐校园先进单位”“山东省语言文字规范化示范学校”“山东省交通示范校”等多项殊荣，堪称实施素质教育的一颗璀璨明珠。

目 录

第一章 文化诉求与课程支撑

Heya Wenhua Xiaoben Kecheng De Chuangxin Goujian

第一节 什么是和雅文化

印度著名诗人泰戈尔曾经说:“知识是珍贵宝石的结晶，文化是宝石放出的光泽。”学校文化是从学校的长期发展中提炼出来的，并贯穿于学校发展的始终，是学校全面发展的灵魂所在。加强学校文化建设对学校良好形象的提升、学生高尚情操的培养起着不可估量的作用。

潍坊北海学校经过无数北海师生的努力和风雨的洗礼，如今已经取得了令人欣喜的成绩。一个学校需要一种文化来引领发展，需要一种文化来濡染熏陶。随着新课程的实施，对科学、自由的人文精神的追求已成为引领教育改革的方向，局部改革已经不能满足学校发展的需要，潍坊北海学校希望寻求到一种精神，一种超越时空、超越国界，能引领学生、教师、学校共同发展的核心精神。学校试图洞察浮在教育表面的东西，直指教育的本质。在这些想法的指引下，汤善香校长带领教师与专家一起去追问历史，思考明天，经过了“和”文化的实践，到“和·进”文化的变迁之后，最终发现了“和雅”这最能概括潍坊北海学校个性的文化。

“和雅”一词，自先秦有之。一意为“温和文雅”。如《宋书·殷琰传》:“琰性和雅静素，寡嗜欲。”《旧唐书·文苑传中》:“贺知章，器识夷淡，襟怀和雅，神清志逸，学富才雄。”清·袁枚《随园诗话》卷十:“先生(指邹泰和)戊戌翰林，和雅谦谨。”一意为“乐曲的声调和谐雅正”。如北齐·卢思道《辽阳山寺愿文》:“洞穴条风，生和雅之曲;圆珠积水，流清妙之音。”《资治通鉴·隋文帝开皇九年》:“及奏黄钟之调，帝曰:‘滔滔和雅，甚与我心会。’”也指诗词的风格和平雅正。如清·陈廷焯《白雨斋词话》卷三:“丁飞涛亦工为艳词，较周冰持为和雅。”采畴《〈谢亦嚣诗集〉序》:“亦嚣性情闲雅……故其为诗，冲淡和雅。”

现代学者认为，和雅作为一种境界，“雅”应该是最根本的境域构成。它既不在此，也不在彼，而在此与彼之“中”,“中和”就是“和谐”,“和”就是“正”，所谓“正者，和之谓也”,“正”即“雅”。可以说,“中和”原则就体现着中国美学所推崇的和雅精神。以和谐为核心的和雅精神，注重和谐适度，平正调和，实质上就是以天人合一的和谐为基本内容的审美意趣和审美理想。构成中国美学思想体系的是儒、道、释三家，而儒、道、释三家所追求的审美理想最终都归于天人合一的和谐与和雅之境。

基于对学校现状和发展的思考，我们取和雅“和而不同，各雅其雅”之义。在潍坊北海学校，“和”者，和睦也。和而不同，是立人、立学、立教、强校之根基，是学校的文化价值追求。“和”，体现了学校兼取众长、合力同心、内外和谐的大气象。

“雅”有高尚、美好之意。各雅其雅，是激发潜能、完善道德、提升修养、展示品位之途径，是学校文化要达到的目标。雍容闲雅、大雅宏达、温文尔雅、雅人深致是“雅”的主题，学校或个人要具有高雅的追求、典雅的气质、容雅的气度，学生要具有理想远大、学识渊博、知书达理、敦厚通达、雅致灵动、个性丰富、特长突出的内涵。“雅”体现了学校培养的人才要有文雅的言谈举止、儒雅的礼仪形象、优雅的行为规范的大国公民气质。

“和”是基础，“雅”是发展的目标。“和”是一种态度，也是一种能力。“雅”是一种气质，也是一种胸襟气度。“和雅”体现了学校同心同德、志存高远、情趣高雅、胸怀宽广、和谐发展的大智慧。学校用“和”“雅”两字引领和指导师生的一言一行！

和雅文化是潍坊北海学校教育追求的永恒目标和最高境界。几年来，学校注重从文化的角度考量学校的发展，通过春风化雨、润物无声的效果达到学校的育人功能。学校从物质文化、精神文化、制度文化等几个方面加强和雅文化建设，极大地提升了学校的文化品位，使“和雅育人”这一教育理念得到了很好的体现。

学校从 2010 年开始，历经四年的探索与实践、积淀与凝练，初步形成了四个层次、八个方面的校园文化，极大地提升了学校的文化品位。

和雅文化建设包括四个层次。

（1）精神文化建设。主要指提升学校的办学理念。包括校训、校徽、校歌；校风、教风、学风；校园精神、办学宗旨、办学目标等。

（2）物质文化建设。主要指学校内外环境的规划设计和优化美化。根据学校的办学理念和校园文化建设主题，精心设计，巧妙布置，让校园的每一面墙壁都会说话，每一处景点都能育人，在校园营造鲜明而又浓郁的文化氛围，从而达到环境育人的目的。

(3) 制度文化建设。主要指建设具有校本特色的管理文化。根据学校的办学理念，优化管理机制，规范管理行为，健全管理制度，用制度规范人的行为，达到约束人、引导人、教育人的目的。

(4) 行为文化建设。根据教育需求，设计开展主题突出、特色鲜明的各种校园文化活动，寓教育于活动之中，达到活动育人的目的。

目前，学校初步形成了以和雅文化为核心的八个方面的校园文化：和谐蕴雅的精神文化、洁净优雅的环境文化、科学韵雅的制度文化、丰富博雅的课程文化、心灵静雅的德育文化、家长心雅的安全文化、学生融雅的社团文化、合作高雅的行为文化。

一草一木都含情，一景一点皆育人。潍坊北海学校的和雅文化有三个突破：一是和雅为主线；二是学生为主体；三是发展为核心。学校将三位一体的和雅育人目标定位为培养基础扎实、品德优良、身心健康、团结合作、勇于探究、知书达理、特长突出、善于创新、具有国际视野的北海学子。学校倡导哲理诗意校园，强调精神塑造，实施人文熏陶，用文化的方式发展有灵魂的教育，大力营造书香校园。美丽的自然环境和优美的人文环境相映成趣，提高了校园环境建设的品位。

意大利教育家蒙台梭利说：“教育就是激发生命，充实生命。”在潍坊北海学校这片教育热土上，在和雅文化旗帜的引领下，生命闪现着夺目而恒久的光芒。这种光芒将永远温暖着北海师生的心灵，永远激励着北海师生执着的脚步，永攀高峰，始终向前!

第二节　当前学校课程实施中的问题

教育的第一要义是课程。新课改设置了国家课程、地方课程和校本课程，使得课程门类的选择与设置渐趋合理，特别是综合实践活动课程加强了学校教育与社会发展的联系，体现了课程为学生全面发展奠定基础的作用，地方与学校课程的设置也有效地增加了地方和学校的自主权。

《基础教育课程改革纲要（试行）》的提出，标志着我国的课程改革迈向一个新纪元。当前，中共中央和国务院关于深化教育改革的决定，以及高考制度和方式的改革等教育领域的重大改革措施，为基础教育课程改革提出了更为明确的方向，注入了新的活力。但是，按照素质教育的要求，我国基础教育课程改革还存在一些问题。

（一）课程体系不完全适合学生、教师的需要

《基础教育课程改革纲要（试行）》中指出国家、地方、校本课程三者之间的关系是国家课程为主导，地方课程、校本课程为补充。国家总体规划、确定国家课程的门类和课时，制订国家课程的标准，宏观指导课程实施。省级教育行政部门根据国家对课程的总体设置，规划符合不同地区需要的课程实施方案，包括地方课程的开发与选用。学校在执行国家课程和地方课程的同时，开发或选用适合本校特点的课程。

在新一轮基础教育课程改革中，地方课程、校本课程作为一种重要的课程形式纳入基础教育课程的三级课程体系中，成为近几年来教育界普遍关注的热点之一。

从国家层面、地方层面推出来的课程体系，并不一定完全适合教师的需求或者学生的需求。若要满足本校学生的需求，只能由学校自己来解决；若要适合教师自己的需求，则应从学校文化或者适合学校自身教育实际来考虑。把三类课程有机地整合为一体，构建适合学生发展的课程体系，培养学生的创新精神、实践能力和终身发展的能力，成为当前学校课程改革的难点，使许多学校在课程体系建设中陷入困境。

（二）学科门类过多，学科界限过于明显

我校小学现行课程门类的统计如下：

国家课程（10 门）：语文、数学、英语、音乐、体育、美术、科学、品德与生活、品德与社会、综合实践活动（含微机）。

地方课程（4 门）：安全教育、环境教育、传统文化、科学发展观。

校本课程（40 多门）：北海文化、礼仪、京剧、写字育人、北海英语、作文整合、海量阅读、数学思维、演讲与口才、德育课程……

学科门类过多产生了一系列问题，如各学校忙于做课程加法，导致学科知识的呈现碎片化，综合性差；学科界限分明，各个学科各自为政，教

师平日缺少与不同学科教师间的协同会商式教研，而学生所学的知识是孤立的，不利于在生活中综合运用。

（三）教材中内容交叉、重复多

通过调查我们发现，在这纷繁复杂的课程里有许多内容是交叉、重复的。主要有三种情况：平行课程之间内容交叉；小学课程与中学课程内容重复；课程本身内容重复。

科学、品德与社会、环境教育、安全教育等课程内容交叉、重复率最高达60%。（如下图）

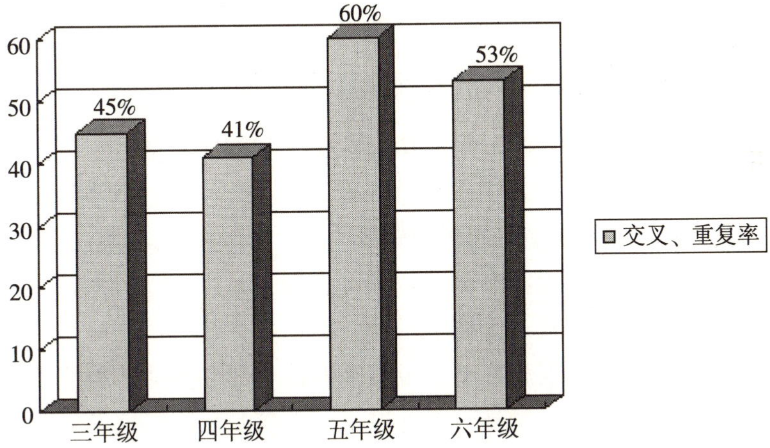

科学、品德与社会、环境教育、安全教育课程内容交叉、重复率统计图

如“一方水土养一方人，环境与人的衣食住行的关系”这一知识点，在五年级品德与社会第一单元“一山一水一圣人”、第三单元“不同的环境，多彩的生活”与环境教育第一单元“环境差异”中都有所涉及，内容交叉、重复。这样的内容由不同学科一再重复地学习，造成大量人力、物力、财力的浪费。

（四）难以保证探究、实践活动的时间

新课程突出强调学生创新精神和实践能力的培养，需要通过学生具体的探究、实践活动来实现。但在实际教学中，由于受到学科的规定课时以及传统的排课方法的制约，学生探究、实践活动的时间安排不合理，难以

保证完成学习任务的连续性和有效性。

如五年级科学的“种子发芽了”一课，学生种下种子，观察种子发芽的全过程，进而归纳得出种子发芽所需要的条件。教学中要求学生进行实验，在实验中观察，然后进行总结、交流、展示等一系列研究性活动，然而规定课时只有两节课，学生经历发现问题、解决问题、总结提升的学习过程只靠这两节课的学习时间是远远不够的。

再如美术中的手工课，如果课时不连排，学生一节课往往只能完成半成品，隔两三天后再上第二节课，有的学生会找不到原先的作品，只得重新做。这样的安排既不利于学生学习的连贯性和思维的连续性，又会养成学生半途而废的不良习惯，还会因收发循环教材浪费教学时间。

（五）教师兼课多，无精力顾及所有课程

一是教师兼课过多，难以集中精力顾及所有的兼课课程。尽管所有学校的课程表上都安排着综合实践活动课程、品德与社会、品德与生活等所谓的“副科”，但在教学中有的课程只是“走过场”，有的实际已名存实亡，尤其是综合实践活动课程没有教材，加上教师平日工作量较大，课程开发意识不强，应付了事，根本无法保证教学质量。

二是受课程功利化观念影响，很多家长甚至部分教师认为孩子只要学好语文、数学、英语等“主科”就可以了，没必要在一些“副科”上投入太多精力。

（六）现有资源利用率不高

课程资源是课程的源头，课程实施的范围和水平一方面取决于课程资源的丰富程度，另一方面取决于课程资源的开发和运用。课程实施所需的空间、材料、设备、设施、环境、场地等课程资源，都是课程开发的物质基础。

《基础教育课程改革纲要（试行）》中指出，要积极开发并合理利用校内外各种课程资源。学校应充分发挥图书馆、实验室、专用教室及各类教学设施和实践基地的作用；广泛利用校外的图书馆、博物馆、展览馆、科技馆、工厂、农村、部队和科研院所等各种社会资源以及丰富的自然资源；积极利用并开发信息化课程资源。

目前，城市学校普遍具备良好的软环境，比如，学校内和谐、合作、交流的文化氛围，领导对教师和教学的重视，家长的支持，教师的业务能力和对课程改革的适应性。然而，有的学校硬件设施配备虽然先进，达到国家标准甚至超过标准，课程资源的利用率却不高。如图书室、阅览室、乐器、微机、实验器材等常年处于闲置状态，只有遇到检查时才整理和开放，由于课程资源利用率不高，影响了课程实施尤其是语数英以外学科的实施质量。

在许多农村学校，硬件条件很差，教学资源极度匮乏。有的学校连架电子琴都没有，音乐课无法正常上，还有的学校没有科学实验室，学生从未做过实验。造成课程资源匮乏的原因有两个：一是教育经费投入不足，无法满足教育的正常需要；二是教师没有意识到自己就是重要的课程资源，缺乏课程开发的动力，导致这些学校课程建设严重滞后。

（七）评价与课程实施不配套

评价改革是课程改革的重要内容，尤其是考试改革。社会与教育行政部门如何评价学校，学校如何评价教师，教师如何评价学生，制约着课程改革的进程。当课程实施仍以升学率为中心时，课程改革就难以获得实质性的突破。考试主导了教学，就成为制约课程改革的瓶颈。很多学校存在表面上素质教育搞得轰轰烈烈、背地里应试教育抓得扎扎实实和思想上认识到位、行动上畏惧不前的现象，其根源就在于评价与课程实施严重脱节。这个问题困扰着教育管理者、家长、教师，让大家缩手缩脚，紧绷“分数弦”，不敢在课程改革上迈大步。

有的教育行政管理者认为，课程改革非常有必要进行，但总觉得教师和学生都还不太适应，家长更持怀疑态度，主要是对子女以后的升学比较担忧。国家应该出台配套的评价、升学机制。

家长反映：“我们确确实实感受到了课程改革以来孩子身上发生的变化，可是考试应该和教改配套。退一步讲，现在的期末考试还是小事，我们更担心将来的高考。按照现在这种考试方式，我们的孩子如何与全国其他学生抗衡？”

教师们也感到：“课程改革是件好事，但在实际操作中评价方式仍然没有改变。新的教育理论与现实相冲突，教改在现实中起的作用不大。现在的教学评价方式仍是为了将来的中考、高考做准备。因此，除非改革中考、高考，否则，现实中的评价方式方法不改变，就难以达到课改的目的。”“如何正确评价教师的工作，是学生考试的分数还是学生发展?”这些问题使教师不敢放手参与课改实践。

由此可见，考试作为一种导向，一根指挥棒，已经成为课改的羁绊和束缚。只要国家的中考、高考仍然保持原来的价值取向，学校、教师就很难真正贯彻落实课程改革的理念和实践。当前，要促进课程改革，国家急需出台与新课程理念相适应的考试政策，进行考试改革。学校的工作评价目标要体现多样性，即兼顾学生的基础知识、基本能力、情感、态度和价值观；在考试的方式上要体现多样性，突破原有的单一的纸笔考试，把多种评价方式结合起来。

第三节　和雅文化背景下的课程改进

让学校文化成为全体师生工作、学习、生活各项行为的出发点和归宿，是潍坊北海学校的追求。为了适应课程改革的要求，为素质教育课程体系建设奠定人文基础，提供内在动力，内化和雅文化，达成育人目标，我校创设了内涵丰富的和雅文化。

新课程与学校文化建设是相互依托、相互促进的互动关系。一方面，新课程对学校文化提出挑战，为学校文化重建提供契机，甚至可以说新课程本身就是学校文化建设的重要内容之一；另一方面，学校文化是新课程推进的载体，新课程的顺利推进根本依托在于学校文化重建。因此，潍坊北海学校在学校文化建设中注入新的内容，即构建和雅的课程体系，这也是学校课程最深层次的改革。

潍坊北海学校和雅文化背景下的课程改进以《国家中长期教育改革和发展规划纲要（2010—2020 年）》和《基础教育课程改革纲要（试行）》为指导。《国家中长期教育改革和发展规划纲要（2010—2020 年）》中指出，课程设置应更贴近学生的实际，贴近社会的实际；要尊重教育规律和学生身心发展规律；要以学生为主体，以教师为主导，充分发挥学生的主动性，把促进学生健康成长作为学校一切工作的出发点和落脚点。《基础教育课程改革纲要（试行）》强调了基础教育课程改革的重要意义，对培养学生的创新精神和实践能力、优化课程结构、调整课程门类、更新课程内容、改革课程管理体制和考试评价制度等方面提出了目标和任务。

潍坊北海学校在进行课程改进时主要遵循以下原则。

（一）学校的文化、课程要与学校的培养目标、规格相一致

潍坊北海学校是潍坊高新区的一所窗口学校，学生家长要求高，社会期望也高，这对学校培养什么样的人提出了更高的要求。因此，学校在“四年发展规划”中制订的育人目标是培养品德优良、基础扎实、身心健康、特长突出、乐于创新、勇于实践、具有国际视野的“和而不同，各雅其雅”的北海学子。

“世界上没有两片完全相同的树叶。”德国著名哲学家莱布尼茨的这句至理名言带给人们思考和想象的空间。学生是存在差异的，无差异性就没有和雅的基础。尊重个性，各雅其雅，才是和雅教育的真谛。要为培养“和而不同，各雅其雅”的人才奠基，相应地必然要求课程能够服务于突破常规课程束缚的个性学生，课程结构和课程设置要为不同发展程度和发展方向的学生提供多层次、多样化、个性化的选择，要形成一种自由、民主、宽松的和雅课程文化。在实现人人发展、个个进步的基础上，开展特色教育，实现学生的个性成长，让每一个学生的智慧和潜能得到充分的释放和发展。

（二）课程文化、学校文化要与学校的定位相一致

潍坊北海学校的定位非常明确：积淀和雅文化，建设一流学校。

学校在深入实施素质教育过程中，凝心聚力，提升现代素质教育理念，内化和彰显和雅文化，形成精神、环境、制度、课程、德育、安全、社团、行为八个方面的文化，全力建设区域领先、国内知名的品牌学校。

每一个学生都有自己的需要、兴趣和特长，都有自己的认知方式和学习方式。因此，学校和雅课程体系的构建充分体现了国际化和多元化的价值取向，开发国际礼仪、北海英语、创新课程等符合时代特征，顺应学生

未来发展需求的课程，并以课程为有效载体，让每一个学生的个性发展都具有独特性、具体性。在北海这片和雅文化的沃土里生长名生、成长名师、诞生名校。

（三）课程文化与学校文化要坚守学校自身的理想和追求

潍坊北海学校时刻坚守教育要符合人的发展规律，坚守把人的发展作为教育的至上追求，坚守以课程为载体指向人的全面发展、全员发展，坚守为了发展而评价，坚守用和雅文化濡染人，发展人。这种理想表现在学校对和雅育人的严格要求和相关措施上。从和雅课程设置的立体式、多元化到课程实施的全员化、扎实性，再到课程评价的多角度、全方位、全员化，无不体现了学校在和雅课程实施中的坚守。

每天的诵读、口算、演讲轮流进行，人人参与。每周的超市课程，五大类 40 多门课程由学生根据兴趣自主选修，适合学生发展的课程坚持开设，不适合学生发展的课程坚决取消。每年课程学习的成果展示要求全校人人参与，实施主体多元、方式多样的评价方式，为学生、教师搭建公开、公正、透明的展示选拔舞台，面向学生多样化学习需求打开多扇门窗，让不同的人有多重选择，给有创新专长的学生以更多选择机会。每个节日展示的项目丰富多样，学生自主申报，能者多劳，多劳多得。常规课程中的测评不再一张试卷定乾坤，而采取学生喜欢的对单项知识能力的测评，一次不满意可以申请复评。

教育的原点是育人。我校和雅育人的核心理念是一种可持续发展的教育观。以人为本、文化育人、和谐共生、持续发展体现了时代的特征，代表了学校不断完善和发展的方向。以观念意识为入口，整理办学理念，转变教育观念，在和雅文化背景下构建和雅育人课程体系，实现“和而不同，各雅其雅”的育人目标，是我校落实课程改革精神的实际行动，从而让和雅课程体系成为实现和雅育人目标的有效载体。

第四节 文化引领下的和雅课程体系

（一）核心理念

贯彻国家基础教育课程改革精神，突出课程在学校教育实践中的核心地位，引领学校加强课程领导力建设，时刻坚守课程要符合人的发展的规律，坚守把人的发展作为课程的至上追求，坚守以课程为载体指向人的全面发展、全员发展，坚守为了发展而评价，坚守用和雅文化濡染人，发展人。立足“全面卓越，和雅育人”的办学思想和培养基础扎实、品德优良、身心健康、团结合作、勇于探究、知书达理、特长突出、善于创新、具有国际视野的北海学子的育人目标，加快推进学校和雅课程体系建设，构建国家、地方课程校本化、师本化、生本化，学校课程特色化和活动课程常规化的和雅课程体系，营造全面实施素质教育、和雅育人的良好氛围。

（二）总体目标

潍坊北海学校利用3～4年的时间，建立并完善能满足学生全面发展、个性张扬的综合性强、特色鲜明的和雅课程体系，逐步建立、健全科学合理的课程开发、实施、管理和评价运行机制，营造和雅育人的教学环境与课程文化氛围，为学生“和而不同，各雅其雅”的发展搭建平台，为教师的专业成长提供契机，为学校创立和雅教育特色品牌奠定基础。

（三）课程建设

1. 课程架构

潍坊北海学校按照国家和地方课程校本化、校本课程特色化、课程资源整合化的基本思路，加大课程统整力度，将国家、地方和校本课程中各学习领域的科目按照基础类课程、拓展类课程、探究类课程进行整合优化，从课程实施时间上分为每年、每周、每天课程；从学习场所上分为教室、校园、校外课程；从课程实施内容上分为教学类和教育类课程，构建形成

“332 和雅课程体系”。（见下图）

潍坊北海学校“332 和雅课程体系”图解

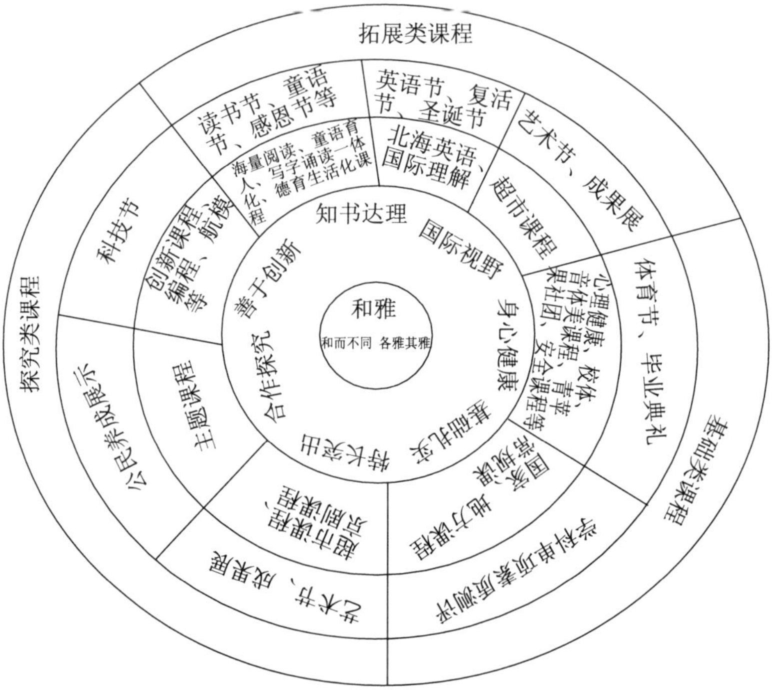

说明：由外到内分别代表学科领域分类、每年课程、每天每周课程、育人目标分类。

基础类、拓展类、探究类这三大类课程，每一类课程由培养目标相近的若干课程组成。围绕每一类课程的教育目标和特定内容，按照三维目标表述清晰化、课程内容设计科学化、课程实施要求具体化的要求进行设计，构成相对完整的学习模块。基础类课程强调促进学生基础知识的获得和基本素质的形成与发展，做好国家和地方课程校本化、师本化实施，以国家和地方课程的标准为要求，在确保实现原有目标的基础上，采用归类、选择、删减、重整、调适等方式，对每个科目按一定主题模块整合常规的学习内容；拓展类课程以培养学生的学科能力、完善学生的认知结构及思维能力、提高学生学科素养为宗旨，重点做好文学类、语言类、实践类、理性思维类、德育类、艺体类校本课程的开发，部分在超市课程中进行选修，部分在学科教学中拓展，如演讲、海量阅读课程、口算课程等；探究类课程以培养学生创新精神、实践能力、合作探究意识、科学精神为目的，主要做好科技创新类、实验教学类、主题课程探究类学校课程的开发。

每年课程指的是学校每学年都设立读书节、英语节、体育节、艺术节、科技节、圣诞节、成长论坛、毕业典礼等年度教育活动日。每个节日时间固定，师生全员参与，各展其能。旨在搭建活动平台，展示课程实施效果及和雅育人的成果。

每周课程指学校课程表上安排的国家、地方、校本课程。

每天课程包括“写字、诵读育人课程”“口算课程”“英语演讲课程”“每日一歌”“徒手操”，做到动静结合，有声有色，让每日课程成为国家课程的有效补充。具体安排如下表。

潍坊北海学校小学部课程实施安排表（除常规课程外）

项目 课程	课程名称	实施方式及时间	目标
每天课程	写字、诵读育人课程	每节语文课前 5 分钟诵读	1. 动静结合，有声有色，每日课程成为国家课程的有效补充。 2. 夯实学生基础知识和基本技能，打好成长基础。
	口算课程	每节数学课前 5 分钟	
	英语演讲课程	每节英语课前 5 分钟	
	每日一歌、徒手操	每节音乐、体育课前 3 分钟	
每周课程	写字、诵读育人课程	语文课中每周一节写字课	1. 整合课时，整合教材，有效实施三级课程。 2. 培养学生基础扎实、身心健康、知书达理的良好品质。
	礼仪课程、安全课程	班主任兼周上一课时	培养学生身心健康、知书达理的品质。
	主题课程	每周二下午三节连排，周四下午两节连排	培养学生勇于探究、团结合作、善于创新的精神。
	自主选修超市课程	每周五下午两节大课时连排	培养学生特长突出、善于创新的品质。
	演讲课程	每周五第一节课前 5 分钟	培养学生知书达理、特长突出的品质。
	国际文化课程	外教课中兼周上一课时	开拓学生的国际视野。

（续表）

项目 课程	课程名称	实施方式及时间	目标
每年课程	学校每学年都设立读书节、英语节、体育节、艺术节、科技节、圣诞节、成长论坛、毕业典礼等年度教育活动日	每个节日时间固定，全员参与，各展其能	1. 搭建活动平台，展示课程实施成果，展示“和而不同，各雅其雅”的育人成果。 2. 实现和雅育人目标：培养基础扎实、身心健康、具有国际视野、特长突出、勇于探究、团结合作、善于创新的北海学子。

2. 课程体系构建注意事项

（1）要注意各类课程的内在联系。潍坊北海学校各类课程开发初期，以“分”为主，各个学科教师在课程开发领导小组的指导下，围绕三级、三类课程的不同目标及课程标准，采用适当方式，逐步建立三类课程体系，在不影响课程整体性的前提下，逐步将三类、三级课程有机融合。

（2）要着力体现综合性、整合性。课程改革改到深处，和雅课程体系的构建以“合”为主，始终围绕和雅育人目标，着力进行三类课程的重整研究，以基础类课程为核心，拓展类和探究类课程为补充。课程内容横向有联系，纵向有提升，相互促进，形成和而不同却浑然一体的课程体系，从根本上实现三级、三类课程的无缝链接，克服课程之间因各自为政和割裂而产生的种种弊端，充分发挥和雅课程的整体育人功能。

3. 课程实施

潍坊北海学校积极实践国家和地方课程的校本化实施，严格执行国家三级课程总课时数的要求，开齐开足基础类、拓展类和探究类三大类课程。学校结合各类课程的不同特点，探索出了科学、合理、高效的课程安排形式，并采用小组互助与个别学习结合、校内校外结合、室外室内结合、分类选修走班教学与必修固班教学结合、微课程与教师授课结合等时间、地点或者课堂多样化的形式完成课程实施。学校逐步形成德行育人、学科育人、艺体育人、科技育人、环境育人的大课程氛围，可谓时时、事事、处处、人人皆课程，为学校和雅育人课程体系的有效实施奠定了坚实的基础。

4. 课程评价

（1）课程评价要素。课程评价要重点关注课程整体设计的科学性、可操作性，教师的课程执行力，课程实施的效果，学生的能力发展。

（2）课程评价的方式。学校要建立过程性评价与终结性评价相结合、常规性评价与项目式评价相结合的课程评价制度。对国家课程、地方课程的评价主要是由学校教导处对课程校本化、师本化实施过程及效果进行常规性评价；而本书所提及的课程评价主要是对教师自主开发的校本课程的评价，主要进行项目式评价，按照初始论证、中期评价和综合评价的程序进行课程评价。课程实施初，由学校教导处对每位教师开发的课程的教学目标及课标、课程内容、时间等要素进行论证；课程实施的过程中，学校要邀请第三方人员（即非本校的课程专家成立的课程评估小组）通过建立相应的听评课制度、公开课评价制度、作业评价制度、教案检查制度、学生问卷和座谈会制度等加强对课程实施的质量监控，并适时进行中期评价，提出改进建议；最后由课程评估小组全体成员，通过收集学生意见、教学质量分析等方式，进行综合评价，得出终结性评价结果，最终的评价结果纳入教师教育教学工作绩效考核。学校课程综合评价完成后，再邀请省级、国家级课程专家对学校“332”课程体系建设成果进行全面评估，并根据提出的意见和建议修订、完善课程体系。

（四）保障措施

1. 建立和完善评价、奖惩机制

学校成立了课程领导小组，由汤善香校长任组长，各学部分管校长及教导处主任任成员，总体负责课程体系建设的指导、管理与评价。中小学教导处负责课程体系建设的宏观管理，负责相关课程建设的指导、评价和课程资源的共建共享。督导室负责采取多种形式检查督促课程的落实情况。学校办公室负责提供课程实施必备的人力、物力、财力资源。学校设立专项资金用于校本课程开发与实施、教师培训、设备配置、对外交流等。学校制订课程开发优秀教师、优秀校本课程等评选制度，鼓励和引导教师积极进行课程开发并有效实施，努力营造良好的课程体系建设氛围。

2. 科学制订课程建设方案

学校要严格遵从课程建设实施原则，结合学校实际，整体设计，系统论证，按照课程背景、课程目标、课程架构、课程实施和课程评价的基本框架，制订科学、合理、系统、全面、可操作性强的学校课程体系建设方案，明确建设年度计划和推进措施，逐步进行课程开发，确保课程体系建设如期完成。

3. 加强课程领导力建设

学校要着力加强课程领导力建设，以课程建设为核心，牢牢把握课程是教育的关键点，引领学校教育教学实践活动。学校领导和教师要树立课程意识，准确把握课程理念，形成课程愿景，坚定地执行国家课程计划，努力实现国家和地方课程的校本化、师本化、生本化实施，努力开发适合每一个学生的课程，促进每个学生的个性发展和能力提高，为学生的终身学习奠定基础。

4. 引进课程专家，培养课程专家

学校要充分利用校外人力、物力资源，发挥“他山之石”作用，邀请各级知名课程专家到校与教师零距离教研，交流课程开发实施中的问题，为教师指点迷津，为全体教师自主开发课程提供一条捷径。学校充分发挥教师的主体作用，调动教师参与课程建设的积极性、主动性和创造性，将学校课程建设的过程与教师的专业发展有机整合，通过专业引领、案例研究和同伴互助等途径，提升教师对课程的理解能力、对教材的二次开发能力、校本创生能力和课程实施能力。学校要注重发现和培养本校课程专家，并为其提供培训、经费等各方面的支持，使其逐步成长为专家型教师。

第二章 破冰而行的主题课程

Heya Wenhua Xiaoben Kecheng De Chuangxin Goujian

第一节　主题课程的研究背景

目前，国外的课程改革呈现出一个重要特点，就是世界性组织的积极参与以及教育界以外的社会组织的积极参与。这些社会组织热衷于课程改革，是社会发展的需要在教育领域的体现。也就是说，教育改革，尤其是课程改革呈现出综合化趋势，需要社会组织的共同参与才能解决课程内容的选择与组织问题。

从世界范围看，20 世纪 70 年代以来，各国对中小学教育内容的选择与组织引起了联合国教科文组织的关注，并组织召开了相关的研究和讨论会，其成果总结为专题报告《从现在到 2000 年教育内容发展的全球展望》。该报告根据课程改革所面临的处境及其发展趋势，对未来教育内容的变迁做了描述，设计了“课程计划的方法论框架”作为实现课程整合的依据。此框架把教育教学内容分为“精神和文化教育”“自然科学教育”“体育和闲暇教育”“技术和劳动教育”“社会科学和人文科学教育”“艺术和审美教育”“母语和外语教育”“现代家庭教育”“新教育与当代世界性问题”“道德教育和公民教育”十大类，内容包罗万象。但从根本上看，它只是对现实课程内容进行了分析和综合，并没有跳出学科课程规范的范畴，没有实现“课程整合”的根本原则。

与此不同的是，美国科学促进会以普及科学、提高国力为宗旨，以解决教育内容机械膨胀问题为目标，开始实施《普及科学——美国 2061 计划》（以下简称“2061 计划”），其最终指向就是建立和实施一种与现在课程结构根本不同的课程模式。“2061 计划”分为三个阶段：一是根据科学文化观重新选择教育教学内容与材料；二是根据重选的内容设计课程模式，根据课程模式制订改革计划；三是通过各种组织和团体通力合作，把第二阶段的计划付诸实践。

实际上，美国“2061 计划”的出发点就是完全抛开现有课程教材的束缚，根据不同的文化价值观重新选择教育教学内容，按照科学发展综合化的趋势和特点，把教育内容分为五类，分别为“自然科学、信息科学和工程学”“社会科学和行为科学”“生物科学和保健科学”“技术”“数学”。基于此框架，按照水平维度重新整合这些“分科”内容，分成“历史观点”“被改造了的世界”“数学世界”“数学的性质”“人类社会”“生存环境”“技术的性质”“思维习惯”“通用概念”“科学的性质”“人类机体”以及“自然环境”共十二个部分。其课程整合具有自己独特的特点，在该计划中表现明显。

首先，通过重新选择教育内容实现课程的整合。固定的学科课程具有封闭性，课程内容不能自动更新，导致内容不断老化，通过调整、修改部分内容并不能解决根本问题。课程内容必须彻底打破固有的框架结构，通过构建新的课程结构，重新组织编排课程内容，才能彻底解决知识老化与断裂的问题。

其次，确立统一的价值观来整合课程内容，以经验、儿童、历史、地理等概念作为课程改革的中心来整合课程。

再次，设计新的课程模式完成内容的整合。所谓课程模式，就是课程实施的程序和结构，不仅涉及形式与内容，还涉及课程的构成要素、时间顺序以及结构安排。此前的课程模式注重知识、技能、生活经验等显性要素，而新的课程模式增加了态度、能力、情感等要素。

通过对国外课程整合的相关文献资料进行研究，我们可窥见其中的一些研究趋势。

一是注重科学主义课程观影响下的课程改革研究。在科学课程设计上，以学科中心、学生中心和社会中心三种课程设计的平衡，逐渐替代以严格的科学知识体系为中心设计的课程体系；在课程结构方面，多学科交叉融合的综合课程逐渐取代原有的严格的分科课程；在课程内容方面，以寻求科学知识与学习需要、社会需求之间的整体关联取代单纯的科学知识。

二是课程改革研究注重人文美学的影响。美国课程学者格林妮强调从个人意识的觉醒和反省出发来构建课程，解释学校生活世界的意义，认为教育就是帮助人成长、奋斗、抉择、反省和学习待人接物的多种学习历程，教育的本质就是意义的赋予、分享和创造的过程，经验课程和情意学习是课程的重要内容。这就意味着，在课程设计理念上，要走出理性主义的泥潭，还原人作为人的创造性、活力、激情和对意义的追寻，根据主体的期望和假设进行意义赋予；要反映出关注课程研究的人文性，毕竟科学是人们认识世界的一种方式，而不是终极目的，人的存在才是终极的存在。在科学主义课程中更加关注人文性，将使科学主义课程更好地发挥其功能。

三是课程改革进入实践层面。美国教育家詹姆斯·比恩在《课程整合：设计民主教育的内核》一书中指出，1994 年，由美国国家社会科协会颁布了《美国国家社会科课程标准：卓越的期望》，构建了以学生社会性发展为中心的课程架构。此架构包含十大主题，包括“文化”“个人发展与认同”“人、地与环境”“生产、分配与消费”“个人、团体与制度”“科学、技术与社会”“权威、权力与管理”“公民意识与实践”“时间、连续与变迁”“全球联系”。这十大主题打破了原学科间界限，改变为以学生的社会性发展为中心组织学习体系，使社会科课程体系在更为广泛的意义上实现了个体社会化的发展，促进了跨学科探究和学习的基础，较好地实现了课程的综合化发展。可以说，这是国家层面较为全面的关于课程整合的架构，对于我国深化课程改革具有较好的启示和借鉴作用。

日本在其《学习指导要领》（1998 年）中对课程结构做出了改革，在学科（基本学科领域）、道德（培养儿童道德性的教育实践活动）和特别活动（培养儿童适应集体、社会生活的具体实践活动）的基础上，增加综合学习（体验型、问题解决型的学习活动），并且强调各种课程之间的相互关联和沟通。日本在 1999 年颁布的初中和高中学习纲要是继 1989 年修订后，时隔十年又一次大的调整，强调沟通各类课程之间的关系，主张在各类课程中整合环境和健康教育、信息技术教育、国际理解教育等内容。这是较早地实施课程整合的具体做法，潍坊北海学校研究的个性化课程建设与此思路较为一致。

国外的课程整合改革研究也得到了我国学者的关注，如黄甫全在《国外课程整合的发展走势及其启示》一文中分析了国外进行课程整合的情况，尤其对美国的课程整合进行了典型性分析和解释，明确国外课程整合的特点：一是为了实现课程整合的目的，美国“2061 计划”中明确提出，采取大规模行动，重选课程内容，构建现代知识结构与分类的体制框架；二是创新课程结构与模式，实现课程整合；三是以新的文化和价值观念为核心来实现课程内容的重新整合。课程整合的目的是实现其范式的转变，整合新的价值观和材料，解决当代课程整合面临的现实问题。实际上，课程整合就是以面对现实问题、解决重大难题为突破口的。这些问题凸显出：一是要确立正确的价值观，围绕课程价值观构建课程内容；二是要构建适应时代发展需要的课程模式；三是如何培养能够操作新课程模式的教师。这篇文章较为全面地阐述了国外课程整合在国家层面上的上位思考、操作思路、实施策略及教师培训，对于我国新一轮课程改革具有较好的借鉴作用。

陈晓端、龙宝新在《中、英、美、加四国基础教育课程改革比较》一文中指出，调整课程目标，优化课程结构，改进课程实施与评价方式，是当前中、英、美、加四国课程改革的根本构成和共性所在。同时，共同的时代背景和不同的国情又使这些改革举措各具特色，体现出明显的反思补缺、殊途同归的基本态势。对这四国课程改革的比较与横向参照不仅有助于开阔我国新课程改革的国际视野，而且有利于推动基础教育课程改革的深化发展。

钟启泉、杨明全在《主要发达国家基础教育课程改革的动向及启示》一文中选取美国、英国、德国、日本、法国和澳大利亚作为代表，从课程改革的背景与理念、课程改革的内容、教科书改革和教育评价等几个方面阐述发达国家课程改革的现状，并提出对我国课程改革的启示。对我国国家层面的课程改革、学校层面的课程实施都有较好的借鉴作用。

在研究文献方面，亢宇坤的硕士学位论文《课程整合：问题与对策》提出课程整合是当代世界各国基础教育课程改革和发展的共同趋势。论文简要介绍了以英国和美国为代表的一些西方国家以及我国香港和台湾地区的改革经验。其研究主要分为三部分：第一部分提出我国在中小学课程整合中的理论研究和实践探索一般集中在综合课程的建设上，有将课程整合简单理解为设置综合课程的倾向；第二部分提出了可以把学校本位课程整合的策略尝试作为解决目前中小学课程整合问题的途径之一；第三部分主要论述的是学校本位课程整合实施问题。可以说，这篇文章比较准确地指出了当前国内课程整合方面存在的问题，并进行了可行性较强的尝试研究。

王绍晶在《课程整合是新课程的基本理念》一文中指出，课程整合是新课程理念的要求。同时，论文对语文课程的整合性问题提出意见，要改变过去分门别类讲授知识点的状况。读、写、说勾连贯通，各种知识相互渗透，才能使不同课程的共同价值在一门课程中得以实现。这篇文章针对语文学科的课程整合在一定程度上做了拓展性的整合研究，思路与策略都具有可操作性，但文章隶属于单一学科的知识拓展，缺乏对国家课程整体性的研究，存在明显的局限性。

从目前对课程整合的研究现状看，国内课程学者正积极投身于课程整合的理论和实践研究中，翻译介绍国外和港台地区的课程整合，热心研究社会、科学和综合实践活动课程的课程结构、主题选择、内容设计、课程资源开发等。对综合实践活动课程的研究集中于三种基本形式：一是以主题或解决问题为主线组织教材；二是以知识的逻辑结构为主线组织教材；三是以学生活动为主线组织教学内容。

国内对课程整合的研究在理论研究层面还存在不少问题。一是将课程整合界定为学科的整合。如“课程一体化”就是试图把分割开的学习科目紧密联系在一起；“课程综合化”就是强调各个学科之间的联系和一致，避免过早或过分地强调各个领域的区别和界限，从而防止各个领域之间彼此孤立、相互重复。这些对人们正确认识和把握课程整合的本质都产生一定的影响，认为课程整合就是相关学科的整合或设置学科性综合课程。二是对课程整合的研究多集中在综合课程的设计和实施。三是多介绍国外的课程整合模式，对国内中小学课程整合模式探讨的较少。

进入21世纪，我国在新一轮基础教育课程改革过程中，着眼于培养适应新时代要求与适应未来需要的新公民。教育部提倡课程综合化，课程整合成为课程改革的应然选择。众所周知，科学合理的课程结构是教育取得成功的基础和前提，有什么形态的课程结构，便产生相应的不同功能的教育效果。

我国的基础教育课程编制分为国家课程、地方课程和学校课程三级。三级课程设置的目的在于有效地增加地方和学校的自主权。然而，地方课程和学校课程内容的编制是按照学段编排，分学科进行的，这样就造成各学科之间、不同学段之间缺乏沟通，交叉、重复现象严重，甚至出现各行其是、互不联系，乃至割裂的状态。

小学国家课程中的品德与社会、品德与生活与同年级的地方教材环境教育、安全教育等课程虽不乏创新之处，各具特色。但从总体上来审阅就会发现，这些同属于社会科领域的本来联系密切的课程倒显得缺失内在的逻辑性和系统性，呈现出一盘散沙的状态，从内容和结构上出现了明显的相似或相同，导致交叉、重复现象严重。

从横向上来看，思想品德与安全教育、环境教育到底存在什么关系？

从这三门科目来看，其性质同属于社会科课程。前一门课程属于国家级课程，后两门课程属于地方课程。由于地方课程的教学目标较为笼统，而新的课程方案也没有进行合理的横向结构的融合，只是把这三门课程简单并列，结果就出现了三门课程之间内容交叉、重复问题。从纵向来看，《基础教育课程改革纲要（试行）》的重要指导思想就是要整体设置九年一贯的义务教育课程。但与其相反的是，不同年段、不同学科在内容设计上缺乏科学合理的有效衔接。

《基础教育课程改革纲要（试行）》从整体一贯的九年义务教育课程的设置出发，实行以综合课程为主的课程设置原则。从小学到高中设置综合实践活动并作为必修课程，主要包括信息技术教育、研究性学习、社区服务与社会实践以及劳动与技术教育。之所以把综合实践活动作为必修课程，其目的就是要学生通过社会实践活动，学习科学研究的方法，增强探究和创新的意识，增进学校与社会的密切联系，培养学生的社会责任感。然而，由于种种原因，综合实践活动课程在落实层面上与指导纲要存在严重的脱节，名不副实或名存实亡的现象严重。

新课程在学科内容与设置上存在着的这些问题，不但导致了课程实施者的不满与困惑，而且影响到了三级课程功能的发挥，负面影响日益凸显，引起了有关研究者的关注。针对这些问题，2009 年在杭州召开的“社会科与公民教育国际研讨会”就把中小学学科的逻辑关系和结构问题作为大会的主题，要求加强衔接，避免学科内容的脱节与重复，主张对小学、初中和高中的学科进行统一的设计，实现一体化的目标。

同样，潍坊北海学校在新课程实施的过程中也发现课程在内容与实施方面存在以下问题：学科门类多，界限分明；内容交叉、重复现象严重；探究活动时间难以保证；教师兼课多，课程意识不强。对此，学校重新审视现行三级课程，从课程改革入手，对现有国家课程、地方课程进行校本化、师本化的改造，选择必修课程的教学内容，围绕某个主题，把三级课程中的相关内容予以整合，形成以自主性、研究性、活动性为主要特征的新型课程，即“主题课程”。主题课程的教学内容来源于原有课程，是在原有课程的基础上重新糅合形成的。主题课程的学习借鉴综合实践活动的思想方法，采用课上研究性学习和课下实践体验相结合，按照“学生全面成长、教师全能发展、课程全面落实”的课程改革理念，将科学、思想品德、环境教育、安全教育、科学发展观、综合实践活动教材及部分学校课程中的相关内容予以整合。

潍坊北海学校将课程整合作为重点研究与探究领域，进行了相应的课程改革，为使课程内容与功能发挥相得益彰做出了努力，并且得到了同行的认可与肯定。此项课程的改革与研究，还成为教育部“十一五”教育规划课题，被评为潍坊市重大创新项目，获得潍坊市政府成果奖。

第二节 主题课程概述

（一）课程性质

从广义上讲，课程整合是指把各种技术手段完美地融合在课程中，超越不同知识体系，以关注共同要素的方式来安排学习的课程开发活动；从狭义上讲，课程整合是指将两种或两种以上课程融合成一门课程组织教学，并达到或超越原课程设置目标的课程实践活动。

主题课程中的课程整合主要倾向于狭义概念，适当延伸到外延概念。主张以国家课程中的科学、品德与社会等为主体，将地方课程中的环境教育、安全教育等与校本课程中的相关内容，通过删减、融合、增补、重组，形成以自主性、体验性、开放性、生成性为主要特征的主题模块实施教学。整合后的课程称为主题课程，属于综合课程范畴。

主题课程的价值定位：基于问题解决，致力跟进，培养学生的科学素养、环保意识、人文精神、实践能力。

主题课程不是对原课程内容的拼盘，而是重新审视传统的学科分类，淡化学科界限，改变单纯以学科的逻辑来组织内容的做法，强调以学习者的经验、社会需要和问题为核心进行的课程整合。主题课程既继承了分科课程的优秀传统和宝贵经验，又在教育理念、教学形式、教学评价等方面进行了重大突破。

主题课程的综合性在学习空间上，体现课堂学习与课外学习的有机结合；在学习内容上，体现自然、社会、人文领域与学科课程内容的综合；在学习方式上，体现实践性学习、研究性学习、合作性学习、体验性学习等多种学习方式的综合。

主题课程适应当今世界教育改革的潮流，是我国教育改革深入发展的需要，是在实践层面上的探索与尝试，也是学生发展的需要。

（二）基本理念

进一步贯彻落实《基础教育课程改革纲要（试行）》课程改革的精神，对相关课程进行整合，以实践为核心，以活动为载体，以培养学生创新精神和实践能力为重点。

1. 促进学生的全面成长

在主题课程实施过程中，既要传授学科知识、方法，又要培养学生的人文精神，大胆放手让学生自主探究、合作学习或亲身体验，让他们从不同的角度以不同的方式，对社会生活、现象和问题进行研究，并且联系社会生活中的实际问题，将所学知识加以运用，让学生的智慧得到自由地释放和发展，成为“和而不同，各雅其雅”的全面发展人才。

2. 促进教师的全能发展，实现教师的四个转变

主题课程呼唤综合型教师，每一位教师在知识结构和实践技能方面都需要补充与提高。因此，教师必须实现四个转变，即由知识的传递者向学习的促进者转变、由单一型教师向全能型教师转变、由经验型教师向研究型教师转变、由守业者向创业者转变，从而实现教师的全能发展。

3. 促进课程的全面落实，做到开齐、开全课程，确保开好课程

通过对课程的整合、教师的整合、课时的整合及学校管理的全面改革，促进主题课程全面开展，既要保证在有限的时间里落实三级课程，又要通过各种形式的实践活动，提高学生的兴趣与参与度，实现全体学生的全面发展和主动发展，使课程目标有效落实。

（三）课程目标

潍坊北海学校确立的主题课程总体目标为着眼于学生学习方式的转变，培养学生的创新精神和实践能力。目标指向学生兴趣的满足和能力品性的提高，强调学生对所学知识、技能的运用，经验的获得，能力的形成；注重通过亲身体验激发学生的学习兴趣，加深学生对学习价值的认识；在思想意识、情感意志、精神境界等方面得到升华，使学生的综合素质全面提

高。课程目标体现主题课程的整体性和阶段性，从知识与技能、过程与方法、情感态度与价值观三个维度进行设计，各学段相互联系，螺旋上升，最终全面达成总目标。

如情感态度与价值观目标中关于“爱家、爱国、爱世界”的情感意志、精神境界的升华，三年级到六年级的目标如下。

三年级：通过了解自己身边的动植物、了解自己的家乡等丰富多彩的活动，使学生从大自然中获得美的体验，并尝试用一定的方式赞美大自然、赞美家乡，增进对大自然、对家乡的热爱之情。

四年级：通过调查研究、查阅资料等方式，了解本地区的地理环境、人文环境、物产特色、民间风俗和传统节日，学会从不同的角度观察、认识、分析事物，在学习中感受到生活的快乐，热爱祖国，尊重地区间文化差异。

五年级：了解不同自然环境、文化背景下人们的风俗习惯，发现不同地理环境下人们生产、生活方式的差异。知道社会生活中不同群体、民族之间和睦相处的重要意义，从而树立民族团结意识，进而激发民族自豪感。

六年级：通过分小组做专题研究的方式对比世界各地人们的文化、生活习俗的差异，产生探究世界历史文化的兴趣，感受世界的多姿多彩。

（四）课程开发原则

1. 全人化原则

即从课程的内容到结构的编排，从问题窗口到解决问题的材料援助，力求促进学生个性的自我张扬、学生人格的和谐发展、学生精神底蕴的充实饱满、学生能力的全面提升。

2. 全程化原则

即课程设计的动态性和发展性。对学生而言，本课程不是接受的对象，而是开发、开创的对象，学生面对的不是既定的、静态的课程，而是以学生的主动性、能动性、创造性为基础的可以叠加、拆分、完善的学习体系。对于学习而言，本课程不是学习的终极目标，而是一种履历、一种经验、一种方式、一种导向。学习本课程不是为了占有它，而是为了感知它、享用它。

3. 全息化原则

即课程所含的信息量无穷大。本课程追求一定的学问性知识，但更注重体验性知识，并且力图促进两者之间的依存与融合，努力实现学科知识在应用中的沟通与活化；追求事实性知识，但更重视方法性知识，并力图体现两者之间手段与目的、基础与升华的统整性。

（五）课程设置

1. 课程内容

综合考虑国家、地方、学校三级课程的开设要求，在小学三至六年级阶段，以主题为依托，从科学、品德、环境教育、安全教育等学科中找出活动性、体验性、探究性强的内容，及各学科中内容相关、相似的章节，归类到一个主题下，进行教学资源重整，并命名一个主题，作为主题课程的研究专题，采用集中学习的方式进行教学。而科学、品德等学科中没有被整合的知识利用课程表中单列的课时学完。

2. 课程时间

主题课程采用课上研究性学习和课下实践体验相结合的方式。课上研究学习时，由于传统的课时每节课只有 40 分钟，且各自独立安排，时间过于分散，不利于学生的探究学习。所以学校进行课时调整，采用大课时制，选取相应的课时予以统筹安排，在 3～6 年级设置周二 3 节、周四 2 节连排，形成大课时。但要注意的是调整前后课时的总量不变，不能违反国家课程计划。每节大课时 2 小时左右，给学生提供了探究、学习的时间和空间。

整合后的主题探究活动，在每周二和周四的大课时完成；未整合的内容按照常规的主题罗列，在常态课时中完成学习任务。

科学、品德、环境教育、安全教育、综合实践活动以及学校课程按照国家课程计划有规定的课时，每周 7 课时，从科学、品德中分别拿出一个课时整合入主题课程课时，这样就给学生留出了充分的探究、汇报、展示的时间。

5～6 **年级课时安排**

调整前		调整后	
品德与社会	2	品德与社会	1
科学	2	科学	1
综合实践（不含信息技术）	2	主题课程	5
环境教育	0.5		
安全教育	0.5		
合计	7		7

（六）课程实施保障

学校成立主题课程项目组，汤善香校长任领导小组组长，考俊花主任任实施小组组长，双管齐下全面负责主题课程的开发与实施研究，从课程标准、课程理念等培训入手，对项目组的全体教师进行跟进式培训，在落实主题课程的目标、内容、结构、评价的过程中进行指导式检查评价，确保主题课程的顺利开展，让所有教师、学生在行动中研究，在研究中成长。

第三节　主题课程资源包的整合及使用

（一）编写资源包的初衷

潍坊北海学校课程整合的内容来自于国家课程、地方课程和学校课程，整合课程的呈现则是以主题为模块，以主题的方式组织三级课程内容。同时，综合考虑国家、地方、学校三级课程的开设要求，学校在小学三至六年级，以主题为依托，从科学、品德、环境教育、安全教育等学科中找出活动性、体验性、探究性强的内容以及各学科中内容相关、相似的有关章节，归类到一个主题下，进行教学资源重整，为便于学生对所学内容归类，重新命名一个主题，作为主题课程的研究专题。

潍坊北海学校经过多次梳理、重整，最终形成了以国家课程的科学、品德与社会、综合实践活动三门学科为主干，地方课程和学校课程为枝叶的整合课程。对于科学、品德等学科中没有被整合的知识则利用课程表中单列的课时完成学习任务。

但是散乱的教学知识给教学带来了很多麻烦，为了学习来自于不同课程、又整合为同一主题的内容，上课时教师和学生不得不带着几本书，不断翻看分散的教学内容。

教师既是课程的实施者，也是课程的开发者、建设者，在主题课程的研究过程中，这点体现得尤为突出。为便于教师的教和学生的学，研究之初教师对课程整合的对象——国家课程中的综合实践活动、科学、品德以及地方课程中的安全教育、环境教育等学科，进行了目标分析与整合、内容梳理与重组、主题选择与确定、活动设计与构建等课程开发活动，形成了课程整合课题研究的成果——《主题课程学生活动资源包》等一系列材料，有力推进了主题课程的研究进程。

（二）编写资源包的原则

课程整合是课程改革的主导思想之一。潍坊北海学校的课程整合就是要通过学科内容的整合、学习方式的转变，实现知识目标的优化组合，提高课程实施的成效。学校正是因为遵循了正确的整合原则，才取得了一定的成效。

1. 连贯性原则

课程整合确立了总目标和年级目标两部分。年级目标在总目标之下，体现了主题课程的整体性和阶段性，也较好地注意到了课程的连贯性。同时，年级目标从知识与能力、过程与方法、情感态度与价值观三个维度设计，各学段相互联系，螺旋上升，最终全面达成总目标。

2. 结构性原则

主题课程具有明确的目标，课程围绕着某一主题形成了相对完整、独立的学习体系，是一种在主题统摄下的具有一定逻辑结构的知识框架。这种内容结构最终会在实践参与中成为学生的认知结构，促进学生思维的全面发展。主题课程既继承了分科课程的优秀传统和宝贵经验，又在教育理念、教学形式、教学评价等方面取得了重大突破。

3. 与社会密切联系的原则

主题课程内容反映社会发展的最新进展，社会经济的、政治的、科学的、文化的新成果通过主题模块的形式呈现，主要通过两个途径来实现：一是课程主题的选择要实现与社会的密切联系，反映社会生活的实际状态；二是课程组织打破学科界限，以生活为中心来组织课程内容，通过社会问题把相关学科的知识联系在一起，实现课程整合的目的。潍坊北海学校的课程整合在一定程度上要实现与社会的密切联系，促使学生的学习回归原生态，让学生在间接经验的获取过程中掌握知识，提升学习能力。

（三）资源包的使用

整合后的课程仍然以平行年级的教学内容为主，以学期为时间单位予以编排。每个学期在课程内容设计上分为 10～12 个一级主题，涉及领域包括科学探究、亲近自然、了解社会、认识自我、动手操作五个方面。每个一级主题下都有 2～4 个二级主题，二级主题分为选修主题和必修主题。对于选修的内容要求教师应明确选修不是不修，而是让学生根据自己的兴趣选择主题进行学习研究、交流汇报、展示评价等，学生未能选修的内容借助班级成果交流补充学习。剩余的非交叉重复的内容以主题模块形式构成一类，在常规课时中采取常规的教学方式施教。

五年级上、下册《主题课程资源包》内容框架目录见下表。

五年级上册主题课程内容框架目录

序号	活动主题	子课题	序号	活动主题	子课题
1	神奇的大自然	1. 秋天的变化（选修） 2. 疯长的水葫芦（选修）	7	小水滴变身记（一）	1. 有趣的蒸发 2. 热闹的沸腾 3. 我变大了——凝结
2	神秘的秋冬星空	1. 观北斗七星 2. 解密耀眼星座（选修）	8	小水滴变身记（二）	1. 水的可爱三态 2. 小水滴旅行记（选修）
3	认识地球	1. 地球内部活动多 2. 地球资源真丰富	9	民以食为天	1. 粒粒皆辛苦 2. 走进食品加工厂（选修） 3. 谨防食物中毒（选修） 4. 深蓝渔业（选修）

（续表）

序号	活动主题	子课题	序号	活动主题	子课题
4	声音的秘密	1. 振动的旋律 2. 声音快递员 3. 让人又爱又恨的声音（选修）	10	e时代	1. 天涯若比邻 2. 安全文明网上行（选修）
5	生活中的材料（一）	1. 木材知多少 2. 神奇的纸 3. 中国名片——陶瓷 4. 多样金属 5. 解密塑料	11	科技改变生活	1. 身边的科技 2. 科技推动社会发展 3. 锋利的双刃剑
6	生活中的材料（二）	1. 材料的辨别、使用 2. 童眼赏剪纸（选修） 3. 巧手剪纸乐（选修） 4. 面塑艺术长廊（选修） 5. 学学捏面人（选修）	12	安全伴我行	1. 乘车进行时（选修） 2. 危险来临时（选修） 3. 机智话交往（选修） 4. 交往协奏曲（选修）

五年级下册主题课程内容框架目录

序号	活动主题	子课题	序号	活动主题	子课题
1	一方水土养一方人	1. 林海雪原 2. 江南水乡 3. 黄土高坡 4. 雪域高原	8	小垃圾大污染	1. 身边的顽固垃圾（选修） 2. 给垃圾找“家”
2	植物生长真有趣	1. 种子发芽了 2. 美丽的花儿 3. 果实成熟了	9	镜片里的奥秘	1. 有趣的凸透镜 2. 眼睛——微型照相机 3. 潜望镜的秘密 4. 神奇的“眼睛”（选修）
3	与种植亲密接触	1. 一次种植体验（选修） 2. 家乡的种植业（选修）	10	小工具撬动大世界	1. 斜面 2. 杠杆 3. 滑轮 4. 齿轮
4	生命繁殖的奥秘	1. 植物的分身术 2. 克隆技术 3. 植物繁殖新技术	11	车辆里的机械	1. 自行车的科学 2. 制作车辆模型（选修）

（续表）

序号	活动主题	子课题	序号	活动主题	子课题
5	神秘的春夏星空	1. 北斗星与北极星 2. 闪亮的银河 3. 春夏显著星座（选修）	12	人体内部的秘密	1. 食物到哪里去了 2. 我们的呼吸 3. 心脏和血管 4. 脑与神经 5. 身体的“隐形”杀手（选修）
6	魅力齐鲁	1. 会当凌绝顶（选修） 2. 拥抱母亲河 3. 寻迹孔子故里			
7	我们都是龙的传人	1. 相亲相爱一家人 2. 同是炎黄子孙 3. 为了祖国的振兴（选修）	13	当灾难降临的时候	1. 自然灾害早知道（选修） 2. 应对灾害我能行

第四节　主题课程的课堂教学模式

潍坊北海学校的主题课程主要通过组成主题课程师资团队，确保课程的有效实施，引导教师的教与学生的学，学习借鉴综合实践活动的思想方法，采用课上研究性学习和课下实践体验相结合的方式实施。按照学校研究实施的教学模式，实施教学流程和规范，让教师和学生明确在课堂的每个环节各自的任务。

在课程整合的探索研究与实施中，我们致力于课堂教学模式与课型结构框架的研究，经过几年的研究与探索，在构建框架体系的基础上研究构建了“四环节五课型”教学模式。四环节指的是立项开题、科学探究、交流展示、拓展运用。五种课型模式分别是方案制订课、方法指导课、科学探究课、交流展示课、动手操作课。

（一）方案制订课

教师指导学生确定近阶段的研究课题，并通过讨论确定要研究的子课题，指导学生制订研究方案。具体流程一般包括：引出主题，确定目标—提出问题，生成课题—小组合作，初定方案—交流展示，完善方案。

“面塑艺术长廊”主题活动方案制订课

【主题来源】

“面塑艺术长廊”这个主题活动，是五年级科学“材料与我们的生活”和五年级品德“粒粒皆辛苦”的内容，通过整合而形成的一个新的活动主题。把各科之间的相关内容放在一起学习探究，保持知识的整体性和连贯性，有利于学生从整体上把握事物，建立完整的思想体系。

【教学过程】

一、引出主题，确定目标

师（出示图片）：同学们，看这些栩栩如生的人物，这些憨态可掬的造型，还有这些活泼可爱的动物，赏心悦目的面食创意……你曾在哪里见到过它们的身影？知道这种艺术叫什么吗？今天就让我们走近这美丽的艺术，去探索面塑艺术的秘密好吗？

教师板书主题，出示活动目标。

(1) 了解活动方案制订课的基本流程和活动步骤。

(2) 学会从活动主题中发现问题，并学会将问题转化成研究课题的方法。

(3) 进一步培养学生组织、参与活动的能力，收集、整理信息的能力，从活动中获取新知识的能力。

二、提出问题，生成课题

教师引导学生围绕主题提出问题。

生：面塑的种类很多，它有哪些具体的分类？

生：面塑开始于什么时间？它的存在有怎样的价值？

生：面塑的制作有哪些方法和技巧？

生：潍坊的哪些地方有面塑艺术？

生：现在有没有面塑方面的艺人？

……

根据学生的提问，师生共同对提出的问题进行归纳、整理，形成有研究价值的子课题。

课题一：源远流长的面塑文化史

课题二：多姿多彩的面塑艺术类别统计

课题三：面塑作品的制作技巧调查

课题四：面塑艺术的价值意义调查

课题五：我们身边的面塑艺术调查

课题六：面食艺术的美点寻踪

课题七：走近面塑文化艺术家

课题八：我们的元旦面食节

三、小组合作，初定方案

教师指导学生依据感兴趣的主题重新分组，并出示方案表格，提出方案各部分的填写要求。

准备阶段	实践活动	成果展示
1. 收集资料（小组） 2. 分工（分几组，选组长，安全教育等） 3. 学习方法（师），制订计划或方案并调整、完善计划 4. 工具准备 5. 设计观察记录表	1. 具体实施。针对计划和实践中的具体情况，教师给予一定的组织和指导 2. 对生成问题逐个研究 3. 进行必要的方法指导	1. 根据进展撰写文章或报道 2. 写总结性的文章或是ppt 报告 3. 举行班内或校内成果展览等

经过我们的实验，在一个主题设计方案中包含这样几个要素是比较实用的：活动主题、活动目标、活动分工、活动时间、活动过程（可以是分阶段的学生主要活动、时长、教师指导重点，根据活动形式的不同而不同）、实施建议等。

（1）活动主题。即回答为什么要选择这样一个主题。主题要有趣味性，起一个好听的名字，能激发学生的活动欲望。

（2）活动目标。即活动可能达成的效果。可以采用分维度设计，也可以采用集中设计的方式。目标设计得具体、相对集中，有利于活动后运用本目标对活动效果进行考查，更具可操作性。活动目标的设计是方案设计需要重点考虑的环节，它是下面所有活动设计的导向。

（3）活动分工。即承担活动实施任务的学生。明确每个成员的任务和分工，有利于活动团队的形成；每个成员明确各自的任务，有利于活动的落实。

（4）活动时间。即活动起始至活动结束的时间长度。在当前教学管理体制下，活动方案设计中既要有总长度，如几个月，又要有具体的课外活动时长和课内活动时长。这样的时长设计，便于学校管理，并对活动进行整体的规划。

(5) 活动过程。这个环节是活动设计的重点，可分阶段对活动过程进行设计，也可采用可跳转的模块设计思路。各阶段的目标设计是对主题活动总目标的分解，在过程设计中，不仅要有学生主要的活动内容的设想，还应有与之相对应的教师指导重点的设计。

(6) 实施建议。即对主题活动实施过程中可能遇到的问题、困难及相应的对策的预设。由于主题活动是由一个教师团队共同实施的，所以，明确的实施建议将帮助团队内各成员了解活动中可能出现的难点及相应对策，关注活动细节，有效减少活动的阻力，保障活动的顺利进行。

可操作性是主题活动方案设计的灵魂，所以，教师可根据活动的实际情况，对以上基本要素在设计中的项目名称和次序进行必要的调整或相应的增删。

四、交流展示，完善方案

1. 各小组汇报展示活动方案。各组依次展示自己的活动方案，其他小组学生要认真倾听，从中获得启发并提出好的建议和补充，对其进行恰当的评价。

2. 全班交流讨论，提出合理的建议。引导学生关注生成的问题是否符合实际、生成的问题是否有研究的价值、小组分工是否合理、时间安排是否得当、研究方法是否切实可行。

3. 修改完善，确定方案。根据学生提的合理化建议，各小组认真参考，然后进一步完善、补充自己小组的方案，形成完善的最终方案。

（设计教师：王欣香）

（二）方法指导课

方法指导课是主题课程教学的一种基本课型，是针对学生在主题课程中存在的方法问题而设计的课型，即以学生的方法问题为线索而展开的指导课。具体流程一般包括：情境导入—交流归纳—模拟训练—评价反思。

方法指导课基本流程设计

一、情境导入

例 1：“实地考察研究方法指导课”情境导入环节

老师用多媒体播放各种颜色的树叶图片，激发学生对“神奇的大自然”这一主题的兴趣。然后教师通过多媒体课件提出问题：树叶为什么会由绿变黄、变红呢？直接引导学生关注方法，引出“观察”这一话题，并鼓励学生实地考察研究，也来学学观察的方法，比比观察的成果。

二、交流归纳

交流归纳是方法指导课实施的重要环节，是培养学生合作意识、探究意识，提高学生分析能力、概括能力的重要途径。

例 2：“采访方法指导课”交流归纳环节

（1）小组交流。首先讨论根据活动主题研究哪些问题，然后将问题进行归类。

（2）深入交流。进一步思考将采访分为几个步骤，每一步骤怎样做。

（3）教师和学生一起梳理总结。

以“校园知多少”为例。根据问题确定采访对象，比如，你要想了解学校的基础设施、学校的建设等信息就应该去采访校长，你要想了解学校教学管理就应该去采访教导处主任等。

一次完整的采访要经历采访前（充分准备）、采访中（有效交流）、采访后（整理归纳）的流程。

（1）采访前：确定采访目的，设计采访问题，确定采访主题，做好人员分工，选择采访对象，准备材料物品，确定采访方式，预约时间地点。

（2）采访中：注意礼仪，着装得体，言谈举止要得体，认真记录。

（3）采访后：信息整理、提炼、归纳，形成采访稿，以便为后续的研究做好支撑。

三、模拟训练

模拟训练是方法指导课的核心环节，是培养学生实践能力、语言表达能力、解决问题能力、应用能力的重要途径。

操作步骤：

（1）教师给予学生模拟任务，小组制订模拟训练计划，教师随时指导。

（2）全班交流并完善模拟训练计划。

(3) 小组进行情景模拟表演，教师随时关注学生表现。

例 3:“采访方法指导课”模拟训练环节

(1) 以小组为单位制订包括采访时间、地点、被采访者、采访问题、人员分工、预期效果、注意事项的采访计划。

(2) 全班交流模拟活动提纲，提出建议，教师总结，各小组修改完善各自的活动计划。

在“科技改变生活——锋利的双刃剑”这一主题中，某小组设计了这样的采访问题：你知道科技发展带来的好处吗？你知道科技发展带来的弊端吗？你能举个例子吗？学生提出，问完科技带来的好处后，应接着举例证实；在提出科技带来的弊端后，再举例证实。

(3) 各小组逐次在全班范围内选取一名学生进行采访，教师关注学生的模拟情况，反馈模拟信息。

四、评价反思

在学生探究和交流的基础上，教师应当及时进行方法的归纳和提炼，使学生对方法的认识从经验层面的感性认识提升到一般方法论的高度。

值得注意的问题：

(1) 方法指导应与具体的主题活动相结合。

(2) 要让学生充分感受获得方法指导的需求。

(3) 让学生充分经历寻找方法的全过程。

(4) 要以学生的实践经验为基础，及时进行方法的归纳和提炼。

（设计教师：刘冉冉）

(三) 科学探究课

科学探究课是开展主题课程教学的一种基本课型。它是依据主题课程目标要求和活动内容，引导学生经历发现问题、分析问题、解决问题的过程，学习科学探究基本方法，培养学生科学素养的基本途径。科学探究课的形式包括科学实验和探究性实践活动。具体流程一般包括：提出问题—引导猜想—计划有效性的探究—合作探究—展示交流。

“变废为宝”科学探究活动

【问题背景】

这是一个结合生活实际的科学探究活动案例，问题是针对如何改变学生在日常生活中乱扔纸屑、乱吐口香糖这种不文明现象提出的，属于六年级主题课程中“变废为宝我能行”的研究领域。六年级的主题课程学生活动资源包中“变废为宝我能行”，是将科学中的“牛奶的变化”、环境教育中的“秸秆的处理”和“绿色能源”、安全教育中的“小心烫伤”内容整合出的主题活动。它增强了学生对生活中的事物的观察能力和处理能力，锻炼了学生的动手能力，实现了真正的让学习服务生活。

废品也就是人们常说的垃圾，是与人们的生活息息相关的。它不仅给人们生活带来不便，使环境变得不雅观，而且容易滋生细菌影响人们的健康。学生用自己童真的眼睛发现了这个问题，并用一颗纯美的心去尝试改变。

【教学过程】

一、提出问题

师：同学们，每当我们坐在窗明几净的教室里时，是否可以低头看看我们的脚下和你们的书桌里，是不是像你们可爱的脸庞一样清洁漂亮？每当我们漫步在水清镜明的湖畔，飞驰在绿草如茵的足球场时，是否看见一块块黑斑正在向我们“吐着舌头”嘲笑人们的不文明行为？一张小小的纸片可能不会引起我们的重视，但我们每天会制造多少垃圾？又有多少垃圾正在被回收利用变废为宝呢？我们先来看看垃圾的分类：不可回收垃圾包括瓜果皮、蔬菜叶、变质食品、剩饭菜等；可回收垃圾包括废纸、废金属、废塑料、废玻璃、废织物（布料）等；有害垃圾包括废电池、过期药品、水银温度计、废油漆桶等。

二、引导猜想

师：潍坊市已经是国家级的文明城市，难道我们能任由这些垃圾散布在大街小巷，影响它的形象吗？你们能不能为环保局的叔叔阿姨出出主意，帮他们想想，如何处理这些已经产生的垃圾？怎样变废为宝？

借机引导学生回忆，结合生活进行想象推测：垃圾可以……还可以……

到底这些猜想对不对？学生根据不同的观点自由组合小组，小组成员协商选出组长。在小组长的带领下，大家一起商讨验证猜想的办法，并填写“问题猜想及研究方法”记录表格。

问题猜想及研究方法

我们的问题	
我们的猜想	
解决办法	

三、计划有效性的探究

小组学生进行探究计划的制订研究，教师巡回指导。小组在汇报方案时，所有的学生都要做文明的小听众。如果有不同意见，在这位学生汇报完后再进行补充。根据这些讨论和补充完善自己小组的实施计划，并做好跟踪统计，以保证方案操作落实到位。小组成员明确自己的任务分工、活动形式、完成时间、注意事项等。

四、合作探究

协商好解决问题的办法之后，学生利用课余时间分组开展了各种各样的验证活动。有的学生通过网络进行资料查询；有的学生利用放学和节假日到附近的商场、工地以及酒店、宾馆进行实地采访；有的学生则走家串户向邻居和朋友进行取经；有的学生走进图书馆翻看图书资料；有的学生利用家长的资源向环保部门进行咨询……

五、展示交流

一周以后的主题课上，师生一起对活动成果进行总结分析，各个小组进行展示交流。

第一小组介绍说：生活垃圾的管理主要分为清扫、收集、运输和处理四个环节。同学们每天在市区看到的清洁工人大部分是清扫街道和收集垃圾的。清洁工人每天早上 4 点多上班，晚上 10 点才下班。工作时间长，工作量也相当大。清洁工人的收入不高，但工作非常辛苦，每天来自宾馆、饭店、农贸市场等地方的垃圾量相当庞大，如果不加处理，后果将不堪设想，而这些都需要清洁工人付出辛苦的劳动。

第二小组介绍说：日常生活中，人们习惯将垃圾分成四类。一类是可回收垃圾，主要包括废纸、塑料、玻璃、金属和布料；一类是厨余垃圾，包括剩菜剩饭、菜根菜叶、果皮等食品类废物；还有一类是有害垃圾，包括废电池、废日光灯管、废水银温度计、过期药品等；最后一类是其他垃圾，包括除上述几类垃圾之外的砖瓦陶瓷、渣土、卫生间废纸、纸巾等难以回收的废弃物。国家环保总局近日向社会公布了《中国城市垃圾填埋气体收集利用国家行动方案》。这个方案中规定今后中国的城市垃圾将进行填埋处理，并把垃圾填埋后产生的气体收集起来发电。

第三小组用视频和对比图片更详尽地展示介绍。他们播放自己摄制的短片《我们身边的垃圾及人们对垃圾的认识和处理》。他们通过对比实验发现，有废物的盆花渐渐枯萎，而不放废物的盆花依然开得十分茂盛，从而证明有害垃圾污染土壤。

第四小组介绍说：变废为宝不再是幻想。目前，世界上许多国家都在开发环保产品，以取代传统的纸杯、纸碟、饭盒。前不久，波兰一家面粉厂的厂主维索茨基制造出了能吃得下肚的环保杯碟。他把磨完小麦剩下的麸子压制成各种大小的杯碟和碗具，在旅行野餐或开生日派对时，人们可以在餐后将这些环保杯碟吃掉。

第五小组介绍说：我们要养成良好的处理垃圾的习惯，才会营造更美的生活环境。一是深埋垃圾，把垃圾埋入泥土让它渐渐腐烂，最后消失在泥土之中。二是垃圾分类，可以减少垃圾处理量和处理设备，减少土地资源消耗，给生活带来方便。三是让垃圾变废为宝，把垃圾进行很好的利用。

【活动反思】

通过本次实践活动，学生了解了我们生活的环境状况。大家一齐努力，出谋划策，很是可爱。与此同时，学生也设身处地，真切地进行了一次自我教育。在活动中，大家积极性高，在主题课程中忘我地投入探究。学生的交流能力得到了提高，表达能力得到了加强，更重要的是知识、技能、创造力有了发展，活动收到了实效。我深深地体会到“学生的创造力是无穷的”这句话的深刻意义。当然，通过本次活动我也发现，在活动进程中，学生表现出来的凝聚力不强，归纳和总结能力还有待提高，每个过程还需要教师的不断辅助才能完成任务。这告诉我们，在今后的探究活动中还要进一步加强训练。

（设计教师：于学敏）

（四）动手操作课

动手操作课是以实践操作、探究学习为主要内容，立足实践、亲历探究、讲究综合、体现科学与人文融合的课型。具体流程一般包括：问题引发—分析设计—反馈论证—实践操作—作品展示—拓展创新。

个性相框的制作

一、问题引发

请同学们拿出自己的生活照片，照片所记录的一切让我们感受到生活真的很精彩！如果要把这些精彩的瞬间留在我们身边，你们想想有什么好方法？你看，老师把照片放到了一个相框里，这样摆在桌子上就可以天天看到了。同学们想不想留住自己的精彩瞬间呢？（板书课题：个性相框）

二、分析设计

1. 欣赏各种各样的相框：教师出示课件，学生欣赏不同形状、不同色彩、不同图案的相框。

2. 探索研究：每一小组发放一个相框，观察制作一个相框需要什么工具和辅助材料，分析制作的方法和步骤是什么。

3. 设计方案：学生合作填写设计方案。

个性相框设计方案

相框题目	
主要材料	
制作步骤	

三、反馈论证

1. 交流设计方案：教师用投影仪投放学生的设计方案，学生先点评，教师再点评。

2. 完善设计方案：学生根据点评完善设计方案。（主要材料包括铅笔、直尺、双面胶、胶棒、美工刀、剪刀等）

3. 探究制作步骤和方法：首先，学生总结制作步骤，教师补充；其次，学生总结制作方法，教师补充剪、刻、粘；最后，学生质疑怎样正确做相框。对于这一问题，教师先让学生自己尝试探究，然后采用视频讲解和模仿示范相结合的方法，再让一名学生利用实物展台边讲解边演示自己的做法，其余学生模仿。

四、实践操作

1. 制作内容：小组合作，设计个性相框来装点生活。

2. 温馨提示：在遵守制作原则的基础上，充分发挥想象力，制作有创意、有个性的相框；合理选择材料和工具，注意使用工具的安全；控制好时间，当音乐停止时，停止制作。

3. 教师加强巡视指导，发现学生操作中的困难和闪光点，及时加以帮助和发扬。

五、作品展示

每一小组出一幅作品上台展示，小组代表先谈谈制作个性相框的特点和制作过程中的体验（包括快乐与教训），然后教师引导全员参与评价（主要从相框的外观、设计、色彩等方面考虑）。

六、拓展创新

请同学们思考：可以将相框放在什么地方？还可以用其他的材料来制作吗？

（设计教师：张萍梅）

（五）交流展示课

交流展示课能为学生的调查研究结果汇报提供一个平台，给学生一个互相展示的机会。具体流程一般包括：结合实践，导入新课—材料检查，拟定提纲—展示交流，汇报反思—感悟所得，制订新的计划。

顽固垃圾不顽固

一、结合实践，导入新课

同学们，最近一个星期，我们对生活中的顽固垃圾进行了研究，确定了切合实际的小课题，并且以小组为单位制订了研究计划，确定了组员分工，还利用课余时间进行了实地调查、研究。今天，我们就对调查、研究情况进行展示交流。（出示课题）

二、材料检查，拟定提纲

进行展示汇报前，首先要做好准备。学生将在调查研究过程中的随机记录在小组内合作整理。在课堂上，教师检查学生准备的情况，起到提醒、指导和督促的作用。

师：要展示交流就要准备材料，我们应从哪几个方面准备材料呢？

学生随机发言，教师点评并出示幻灯片，把资料准备的要求用多媒体课件展示出来，让学生加深印象。

资料的准备项目：

（1）确定课题的讨论记录。

(2) 查阅和收集资料的登记表、笔记本。

(3) 调查时拍摄的照片、录像资料等。

(4) 展示所用的ppt课件、看板等。

(5) 各种形式的研究成果。

(6) 研究体会、心得。

汇报材料准备好后，再指导学生拟定汇报提纲。因为学生还处于小学阶段，对如何有条理地进行展示还不熟悉，教师要加以指导。

师：材料准备好了，展示之前还要拟定一个汇报提纲。那么拟定提纲应从哪几个方面入手呢？

学生发言，教师做随机评价，并放映拟定提纲的幻灯片。

拟定汇报提纲：

(1) 介绍研究课题的名称及内容。

(2) 介绍合作伙伴与指导教师。

(3) 介绍活动或课题的研究时间、过程。

(4) 展示研究成果和解决的问题。

(5) 反思：存在什么问题？还有什么问题没有解决？今后应该注意什么？

三、展示交流，汇报反思

1. 在交流展示之前，每个小组首先要进行小组成员的自我介绍。如辛思涵组："嗨，大家好，我们是攻无不克的坦克小组！我是辛思涵，是本组组长，在本次探究活动中负责拍照。""我是于凌浩，在本次活动中我负责采访。"

2. 自我介绍完毕后，各组轮流展示。

各小组按照讨论的顺序进行展示交流，每个小组成员根据组内分工进行展示。如学生甲负责介绍本次活动的主题及时间、地点；学生乙负责讲解探究过程；学生丙负责介绍探究的结果；学生丁负责介绍活动的收获等，要确保人人有事干。

以下是日月星辰组关于课题"难以去除的口香糖残胶"的调查汇报。

首先，学生自己模拟设计了一个生活中被口香糖残胶粘住的尴尬的场景，以此导入课题的汇报。

日月星辰组6名学生一边说着一边往台上走，一个说："今天玩得真快乐!”一个说:“唉,可累死了,快找个地方歇歇吧!”张芷陌:“啊,前边有个凳子,我去坐一下。”可当她再站起来时同学们惊讶地喊道:“呀!张芷陌,你的裤子上粘了什么?”一边说着一边看,“是口香糖!”

张芷陌:“是谁这么不道德将口香糖吐在凳子上了?同学们,在生活中,肯定有不少人也遇到过这种尴尬的场面。所以本周我们组就对这讨厌的‘城市雀斑’进行了调查。先请我们日月星辰组的成员做一下自我介绍。”

(成员进行自我介绍。)

接下来,组长介绍活动地点及当时的情形。

(1)本周我们实地调查的地点是××小区,这是我们在小区的地上拍到的照片,大家看,这种口香糖残胶实在是太多了,(一边说着一边放图片)这种残胶被踩在地上后,牢牢地粘在地面上,又粘上了灰尘,变得黑黑的,就像人脸上的雀斑一样,所以口香糖残胶也叫城市雀斑!

(2)关于口香糖的利弊,我想请冯晓彤和朱佳乐来说说。

(3)我们在实地调查时也亲自进行了铲除,请郑建宁谈谈清除地上的口香糖残胶时的真实感受。

“口香糖残胶粘得太牢了,很难往下铲,我们费了好大的劲才铲下一块来,可又粘到铲子上了,这是我们铲除时拍的录像。”

(放录像片段,边放边说当时的真实感受。)

(4)人们对口香糖残胶有什么看法呢?请看我们小组实地采访的录像。

(张芷陌放录像,并配上自己的讲解,朱佳乐做补充。)

(5)去除口香糖残胶有什么好方法吗?请我们组的刘兆文给大家做汇报。

(刘兆文介绍清除口香糖残胶的10大妙招,其他同学做补充。)

(6)通过本次活动,我们组的共同感受是这个东西粘得太结实了,很难铲除。所以,我们小组有一个倡议,请大家少嚼口香糖,如果嚼了,请自觉用纸包好后放到垃圾箱里。谢谢大家!

(用幻灯片出示调查结果:现在社会上,口香糖残胶乱吐现象严重,人们环保意识不强,所以,我们及周围的人应该加强这方面的宣传、教育。)

在一个小组汇报完毕之后,教师让其余小组成员积极发表自己的见解,以调动全体学生倾听、思考的积极性。

教师点拨启发：台下的同学，在他们的汇报中，你最感兴趣的是什么？在后面的其他课题的汇报中，肯定还有令你吃惊或感兴趣的地方，到时候我们看看谁找得好。其他调查这一问题的小组有什么可补充的吗？

教师提醒：补充的小组注意，前边的小组说了的就不要再重复，补充的是他们没有说到的地方，或是你们组有特色的一面。

“遗弃的电池”课题调查组、“白色垃圾”课题调查组、“电子垃圾”课题调查组分别上场汇报。

后面的这三个调查组汇报的过程与第一组是相同的，但是汇报的方式有所不同，如“电子垃圾”课题调查组和“遗弃的电池”课题调查组都采用ppt课件的形式展示，“白色垃圾”课题调查组采用制作看板的形式汇报。不管采用什么方式，关键是能把自己的调查情况和结果汇报出来。

四、感悟所得，制订新的计划

1. 师：同学们，通过刚才的汇报交流，我看到了你们非凡的能力。我们身边的环境问题值得每个人深刻反思，此时此刻，你最想说什么？

2. 学生发言说自己的感受及反思。

(1) 在研究的过程中，我们每个课题小组都形成了自己的研究报告。我们认为，国家虽然对顽固性垃圾的处理做了一系列的规定，但监督、管理机制还不够健全，必要的检查和服务都跟不上。对废旧电池的处理问题，通过调查研究我们发现，废旧电池随处遗弃，在垃圾箱或垃圾箱周围、建筑工地周围、家的角落里随处可见；人们对废旧电池的认识不足，有的人不了解，认为随便一丢就可以，有的人觉得乱丢不对，但也不知道该放在哪里。

(2) 环保意识的强弱与人们的素质有关，与人们的工作生活环境有关，城乡结合部的白色污染比城市的要严重，这就是一个明显的例子。所以要想从根本上解决顽固垃圾的污染问题，让顽固垃圾不再“顽固”，提高公民的素养是一个重要的方面，这就需要环保局等部门加大宣传力度，当然，我们也会从身边做起，当宣传环保的小卫士。

……

3. 针对顽固性垃圾的现状，我们下一步该怎么做？

学生讨论发言，制订下一步的探究计划。

（设计教师：武翠萍）

以必修主题“秋天的变化”为例解读一下这五种课型的使用方法：第一课时为方案制订课，学生在教师的带领下通过讨论确定要研究的子课题，指导学生制订研究方案；第二课时为方法指导课，教师和学生一起学习方案中所用到的前面没有学过的研究方法。比如，“秋天的变化”用得较多的是观察法，那么教师就要带学生一起经历情境导入—交流归纳—模拟训练—评价反思的环节，让学生学会观察法；第三、四课时为科学探究课，教师指导学生进行课外找秋天的变化和课内观察落叶、动物等的变化的活动；第五课时为动手操作课，学生在教师的指导下，进行展示交流前的准备，可以做叶画、做看板，也可以做书签、做图片展等；第六、七课时为交流展示课，学生以小组为单位，展示前期研究的成果。

第五节 主题课程的评价体系

潍坊北海学校的主题课程追求一定的学科知识，但更注重体验性知识，并且力图促进两者之间的依存与融合，努力实现学科知识在应用中的沟通与活化；追求事实性知识，但更重视方法性知识，并力图体现两者之间手段与目的、基础与升华的统整性。为实现以上课程价值取向和追求，在实施课程评价时，我们主要以表现性评价和描述性评价为主。

（一）主题课程评价的类型

1. 学分制评价

在主题课程实施中制订了《主题课程学分制评价实施方案》，对学生在主题课程中的表现进行评价。此评价重在描述学生在研究性学习过程中的变化，主要形式是评语加活动特长，体现课程的意蕴和学习的价值，关注学生的发展。

主题课程学分制评价实施方案

采用学分制评价的方式，在课题研究过程中，根据学生课题研究难度、小组合作意识、学生研究成果价值、成果展示等方面给学生以相应分值。每学期末把学生参与的所有课题及所得总分纳入综合素质评价手册。

一、主题课程学分的构成

每个活动主题学分由研究学分与奖励学分两部分构成。每学年总学分按每个活动主题的学分累计计算。

二、研究性学习学分评价的内容与方法

研究性学习学分由课题小组学分和学生个人学分组成，分别占6学分、4学分，共计10学分。

1. 课题小组学分的评定

评价方法：采用《课题小组学分评价表》进行评价。整个评价过程采用自评与全班评相结合的方式。自评中，小组长带领本组成员，针对表中各项进行集体评议。总成绩由立项小组负责汇总，指导教师全程监督指导。学生在所在的课题小组得的学分即为该学生的小组课题研究学分。

课题小组学分评价表

<table>
<tr><td>小组名称</td><td></td><td>组长</td><td></td><td>主题</td><td colspan="2"></td></tr>
<tr><td>评价内容</td><td colspan="4">评价标准</td><td>自评</td><td>全班评</td></tr>
<tr><td rowspan="4">成员表现</td><td colspan="4">每个成员都能积极参与小组活动☆☆☆</td><td></td><td></td></tr>
<tr><td colspan="4">大部分成员能参与小组活动☆☆</td><td></td><td></td></tr>
<tr><td colspan="4">只有少部分成员参与小组活动☆</td><td></td><td></td></tr>
<tr><td colspan="4">每个成员几乎都不参与小组活动</td><td></td><td></td></tr>
<tr><td rowspan="4">倾听</td><td colspan="4">别人发言时每个成员都能认真听取☆☆☆</td><td></td><td></td></tr>
<tr><td colspan="4">别人发言时大部分成员能认真听取☆☆</td><td></td><td></td></tr>
<tr><td colspan="4">别人发言时少部分成员能认真听取☆</td><td></td><td></td></tr>
<tr><td colspan="4">成员不能认真听取别人发言</td><td></td><td></td></tr>
<tr><td rowspan="4">讨论结果价值</td><td colspan="4">讨论有实质性的进展，或有有价值的成果出现☆☆☆</td><td></td><td></td></tr>
<tr><td colspan="4">讨论有进展，或有成果出现☆☆</td><td></td><td></td></tr>
<tr><td colspan="4">讨论有一些进展，或有一些成果出现☆</td><td></td><td></td></tr>
<tr><td colspan="4">讨论几乎没有进展，结果不明显</td><td></td><td></td></tr>
<tr><td rowspan="4">小组团结合作</td><td colspan="4">每个成员互相配合共同完成任务☆☆☆</td><td></td><td></td></tr>
<tr><td colspan="4">大部分成员互相配合完成任务☆☆</td><td></td><td></td></tr>
<tr><td colspan="4">小部分成员互相配合完成任务☆</td><td></td><td></td></tr>
<tr><td colspan="4">成员互相不配合，大家只顾忙自己的</td><td></td><td></td></tr>
</table>

(续表)

评价内容	评价标准	自评	全班评
成果展示	每个人配合默契，完整地表达出研究成果☆☆☆		
	大部分成员配合默契，比较完整地表达出研究成果☆☆		
	小部分成员配合默契，表达得不完整☆		
	成员配合不默契，没有研究成果		
总评	25☆以上，学分是6分 19☆～24☆，学分是5分 13☆～18☆，学分是4分 7☆～12☆，学分是3分 6☆及以下，学分是2分	学分：____分 评委签字：	

2. 学生个人学分的评定

评价方法：此项评价分为学生自评、小组评价两部分。先由学生根据自己参与活动的情况进行自评，再由小组长带领小组其他成员讨论给出相应的评价，最后小组长汇总得出学生个人的学分。

学生个人学分评价表

学生姓名		主题名称	
评价内容	评价标准	自评	小组评
积极参与活动	全程积极主动参与☆☆☆		
	大多时候参与☆☆		
	有时能参与☆		
	从未参与过		
表达自己意见	经常发言，表达清晰☆☆☆		
	有时发言，表达不太清晰☆☆		
	有想法但不好意思说☆		
	没有想法		

（续表）

评价内容	评价标准		自评	小组评
小组成员合作	经常主动与人合作☆☆☆			
	多数时候与人合作☆☆			
	愿意并有过与人合作☆			
	从未与人合作			
按照计划完成任务	全程能够做到☆☆☆			
	大多时候能完成☆☆			
	有计划并做过☆			
	有计划但从未做过			
创新思维	想法有创意，并能提出☆☆☆			
	有自己的想法，并能提出☆☆			
	有好的想法但不好意思说☆			
	没有好的想法			
信息收集	活动中收集了很多有价值的信息☆☆☆			
	活动中收集了很多信息，但价值不大☆☆			
	活动中收集了一点信息☆			
	没有收集到任何信息			
活动收获	收获很多，有自己的想法☆☆☆			
	收获很多，没有自己的想法☆☆			
	有收获，没有自己的想法☆			
	既没有收获，也没有自己的想法			
总评	32☆以上，学分是 4 分 21☆～31☆，学分是 3 分 11☆～20☆，学分是 2 分 10☆及以下，学分是 1 分	学分：____分 评委签字：		

三、奖励学分评价

1. 学分奖励方法

（1）学生能自主建立主题课程学习档案，材料齐全，一学年奖励 0.5 学分。

（2）活动成果（展示）、活动反思获得校级以上（包括校级）奖励或发表的，每次加1学分。若由多人共同完成，奖励学分平均分配。

(3) 被评为校级及以上“主题课程优秀学生”，一学年奖励2学分。

2. 操作说明

奖励学分只能在获得奖励的学年内使用，不得重复奖励。

四、教师评价建议

1. 对主题课程的认识

注重评价教师能否深刻领会主题课程的实质并以负责的态度参与这门课程的实践，能否不断完善和更新自己的知识结构以应对学生广泛的知识需求，能否逐步发展活动中的规划、组织、管理、指导以及与其他教师协同工作等方面的能力。

2. 对主题课程课题实施的过程管理

主要评价课题负责人是否注意指导学生对过程材料的收集、整理与归档。教师要指导学生收集和积累反映研究过程动态的、真实的和完整的记录，包括探究计划、活动记载、实验观察记录、采访记录、学习总结，等等。这些记录是综合实践活动评价不可缺少的重要素材，也是学生自我评价和反思的重要依据。

3. 对主题课程课程的实施成果呈现

通过展示和交流课程实施成果可以综合地评价学生的学习过程和学习结果，也是学校评价教师综合实践活动课题管理的重要依据。展示和交流可以通过学生的绘画、制作、文章展示、口头演说以及讨论会、辩论会、表演会等方式进行。

为鼓励教师积极参与改革、大胆创新实践，学校除搭建平台、制订保障制度、搞好相关服务外，还重点实施有效的评价激励措施。结合日常考查和期末展出，评出优秀主题指导教师。对于在全区、全市本学科优质课、观摩课、交流汇报活动中获奖的指导教师给予相应级别的奖励，并计入绩效考核。

2. 演说式成果汇报评价

学校采取以彼此欣赏为特点的描述性评价方式，以质性评价为主，形成了内容与操作简约化的评价机制；采取班内小组互评—年级集约化展评—校内课题展示的层层评价，形成了演说式成果汇报模式，即研究小组按照活动主题—活动方案—活动过程—活动成果四个步骤进行成果汇报。对学生的评价重展示，轻定性；重过程，轻结果。

（二）主题课程评价的原则

1. 过程性原则

教师要重视对学生活动过程的评价。只要学生在活动过程中对自然、社会和自我形成了一定的认识，获得了实际的体验和经验，教师就应给予积极的评价。教师要重视学生在活动过程中获得的宝贵经验的发展价值，通过肯定其活动价值，营造体验成功的情境。

2. 多元性原则

主题课程的评价要鼓励并尊重学生极富个性的自我表达方式，如演讲、绘画、写作、表演、制作等。在教师对活动做出评价的同时，还要通过讨论、协商、交流等方式引导学生进行自我评价、相互评价。教师在评价中要肯定学生与世界交往的多元方式，允许学生对问题的解决有不同的方案。

3. 关注学生态度的原则

教师在评价过程中要时刻关注学生的参与态度，即学生的情感态度与价值观。它可以通过学生在活动过程中的许多外显行为表现出来，如是否认真参加课题组活动，努力完成自己所承担的任务，做好资料的积累和分析处理工作，主动提出活动设想、建议，在学习中不怕困难和辛苦；是否乐于帮助同学，主动与同学配合，认真倾听同学的观点和意见；是否能积极参与小组活动，主动帮助别人和寻求别人的帮助，乐于和别人一起分享成果，在小组中主动发挥自己的作用等。

4. 注重培养探究精神和学习能力的原则

教师可以通过对学生在提出问题、解决问题过程中的表现及其对探究结果的表达来评价。如是否敢于提出问题，以独特、新颖的方式着手解决问题和表达自己的学习结果；是否善于观察记录，能够综合运用相关的资料，积极采用多种多样的方法，生动形象地表达自己的学习过程与结果等。

5. 积累性原则

教师要为每个学生建立学习成长手册，用以记录学生参与课题活动的时间、内容和行为表现。学习成长手册可以包括观察日志、讨论过程、访谈记录、探究计划或结论、收集到的资料、作品，还可以包括学生自己的感想、别人的评价等多方面的内容。学习成长手册能比较充分地体现学生参与学习的过程，展示个人独特的风格。另外，档案材料的积累也有助于学生获得成功和满足感，并为师生对主题课程学习活动进行调整和反思提供依据。

第六节 主题课程的实施成效

潍坊北海学校通过主题课程建设，加强了学生的学习与社会生活的联系，促进了教师的专业成长。主题课程的研究弥补了以往课程实践的不足，真正让学生在直接经历中释放潜能，增长智慧。主题课程的实施成效主要体现在以下几个方面。

（一）实现课程实践育人的功能

主题课程面向学生的生活，基于问题解决，致力实践跟进，全面培养学生的科学素养、实践能力和人文精神，对学生价值观的形成与发展起着积极、正面的引导作用，顺应学生的发展需要，实现课程整体育人、实践育人的功能。

主题课程面向全体学生，面向学生完整的学习和生活领域，采用课题研究类、项目设计类课程形态，利用课内课外各种途径，在教师的指导下，通过学生的自主参与、质疑研究、实践体验，提高学生综合解决问题的资质和能力，促进学生知、情、意、行和谐统一的发展。

在主题课程的学习中，学生的生命状态得以完善。学生在团队竞争、自我竞争、自律等因素的作用下，成长为充满天性、灵性、野性的天使，实现了人本的大解放。学生的思维模式、心智模式得到训练，口头表达能力，微机操作水平，收集资料、处理信息的水平显著提高，不良习惯逐渐改变……学生在课堂上展现的自信、大方、投入、开心、幸福感动着每一位教师，也得到了家长的一致认可。多样化的主题课程丰富了学生的学习内容，吸引着学生去探究、尝试。当学生学会自主选择课程，发现自身的学习兴趣时，就会由冲动到理智、由热爱到酷爱，积极地参与到学习实践中。可见，主题课程给学生的学习带来了生机和活力。

我们对五、六年级828名学生进行问卷调查后发现，在问题“你认为在主题课程的学习中自己有什么收获”中，认为能提高探究能力的有719人，能学会更多知识的有662人，能提高合作交流能力的有632人，能更关注身边问题的有530人，能提高演讲水平的有425人。认为自己有收获的有811人，占98%，远高于其他课程的问卷数据，而认为学不到知识的仅有17人。

在调查问卷中，我们还发现学生对主题课程的喜欢率高达99.5%，充分说明这是学生喜欢的课程。喜欢才能产生兴趣，兴趣才是最好的老师，只有激发了学生对课程的兴趣，才能真正有效落实课程的实践育人功能。

（二）课堂教学焕发出生命力

1. 主题课程改变了教师的教

（1）强调师生合作。以往的教学通常是教师掌控着课堂，重教不重学，教师决定讲什么，学生就得听什么。现在，教师是教学活动的指导者，是学生各个学习环节的引导者，是平等互动中的合作者。

（2）强调以生为本。以往的课堂重在知识的传授，现在的课堂成为“学堂”，教室变身“厨房”，教师将主题内容提供给学生之后，学生就犹如在一个自主“厨房”中，对各色的“菜蔬”和各类的“调味品”自主选择、探究、交流、共享，最后形成了丰富多彩、风味独特的“美味佳肴”——研究成果，真正体现了学生是学习的主人的教育理念。

（3）强调课堂的开放性。以往担任教学任务的只有教师，现在学校聘请了高水平的家长、有影响力的社区人士和各行各业的专家走进课堂，既获得了在校内难以获取的资源，又解决了教师在教学过程中分身乏术的困难。

（4）强调知识的延展性。学习过程是学生求疑、质疑、解疑、再生疑的过程，问题的解决不是学习的最终目的。以往的课堂认为把学生的疑问都解决就算完成任务了，而现在的课堂更关注的是学生学习后疑问的再次衍生。所以在课题研究之后将会出现一系列子课题，体现了“学贵生疑”的学习境界，也使课堂中时刻都充满着一种涌动的生命力。

（5）强调教师的优势发挥。以往教师基本上是担任语文、数学、英语学科教师之外，再兼任安全、环境、综合实践活动、学校课程等学科教师，每位教师都要执教两三个学科。课程整合之后，学科门类减少，教师兼任一个优势学科即可，为教师留出充足的时间、空间，是实实在在地给教师“减负”，有利于教师的专业成长。

2. 主题课程改变了学生的学

（1）强调内容的选择性。学生在目标引领下，自主选择探究内容。如“走近家乡名人”这一课题，喜欢木版年画的学生选择研究杨洛书（山东潍坊杨家埠百年画店“同顺德”的第十九代传人，国家级非物质文化遗产项目杨家埠木版年画的代表性传承人，2002 年获联合国教科文组织颁发的“民间工艺美术大师”证书），喜欢各种特色蔬菜的学生选择研究王乐义（发明和推广日光温室蔬菜种植生产技术，掀起了一场“菜篮子革命”），喜欢革命故事的学生选择研究革命烈士，但不管研究哪个人物，最终的结果殊途同归，都能了解名人，激发对家乡的自豪感。

（2）强调过程的参与性。学生由以往的被动接受到现在的自主选择研究课题、自由组合形成小组、小组合作制订方案、确定分工、划分活动步骤、实施探究，最后总结、形成研究报告，相互交流、分享、展示、评价，学生亲身经历每一个环节，在过程中体验，在参与中成长。

（3）强调学生的个性发展。随着课程的实施，课程评价也随之调整，改变了以往学生之间“以成绩论英雄”的竞争心态。正如郑丽萍老师所说，学生在研究过程中人人有特长，个个是专家。而且，越是平日调皮好动、成绩略差的学生表现越突出，反差越大，学生的成长有目共睹。

（三）教师树立了科学课程观

为了使实验达到预期设想的目的，学校推行学校一级的课程管理，坚持以培训为提升师资水平的技术路线，指导教师成为学校课程的管理者、决策者，主动参与到新课程开发与管理的过程中。这改变了教师只是既定课程执行者的角色，改变了教师仅把课程当作贯彻教科书的观念，从而形成开放的、民主的、科学的课程意识，促进教师自身的专业成长。

从另一个角度来看，潍坊北海学校的课程整合也是国家课程、地方课程的师本化使用。课程改革对教师产生了很大的影响，教师树立了科学的课程观，参与课题的实验教师在课程整合过程中明显增长了智慧。教师不再照本宣科，而是精心研究每一本教材、每一个主题。在教学的过程中，教师由“教教材”到学会“用教材教”，由照本宣科到灵活处理，成为课程的利用者，体现了“教师即课程”的理念，提高了把握课程、驾驭课程、改变课程的能力。武翠萍老师说：“在主题课程的教学中，从参与整合教材编写资源包，到指导学生进行课题探究活动，我有种当家做主的感觉，老师就是课程的主人。我开始大胆地尝试对教材的二次处理，连我也不敢相信自己能够有这么大的改变!”

（四）有效提升了学校影响力

1. 赢得了家长的满意

学校分 5 项从 13 个方面对学生进行了主题课程阶段性问卷调查，参与对象是五、六年级共 14 个班，计 828 名学生。其中在“家长是否支持孩子课外搞主题探究活动”一问中，非常支持的家长有 586 人，支持的家长有 227 人，不支持的有 15 人，反对的为 0 人，家长的支持率高达 98.2%。学生李明洁的爸爸说：“开展此课程非常好，使孩子走上社会后能与人融洽相处，使孩子的各项能力得到了提高。孩子们不但懂得了课本上的理论知识，也能在实践中成长，让他们能融入到社会中去，从而发展他们的各项能力，对他们将来走向社会，找到自己适当的定位，有很大的帮助!”

2. 承担各级课程研讨会议

2011 年，教育部领导与香港教育专家专程到我校参观指导课程改革工作，对我校的主题课程给予一致好评。潍坊市教育局张国华局长做经验介绍，大篇幅叙述了我校实施的课程改革，我校的研究经验获得市政府成果奖一等奖。

2011 年，我校为中美合作公民养成教育项目提供场地。我校初中部和小学部的学生做了精彩的公民素养展示。同时，我校被美国公民教育中心、潍坊市教育科学研究院评为公民教育项目工作先进学校。

2012 年，我校成功举办了全国课程整合高端论坛，汤善香校长做了课程整合的专题报告，主题课程教师王丽用小课题“可爱的家乡”做了细致解读。

2012 年，在山东省首届课程整合论坛会议上，汤善香校长做典型经验介绍，得到与会专家、领导、教师的一致好评。

3. 专家评价较高

杭州师范大学教育科学研究院院长、国家课程研究促进会主席张华教授说："我们中国的课程理论在原创性方面还不能和国际接轨，没有达到国外水平，但是我们的实践界，潍坊北海学校搞的课程整合，在国际的同等水平上是不落后的。"

浙江大学课程与教学研究所张文军副教授说："潍坊北海学校的主题课程每一步的研究都是采用行动研究的方法，做得非常踏实，而且在时间上给予了保证，尤其是每周拿出两个下午的时间来探索、学习，这一点，全国还没有几所学校能做得到。"

山东省教育科学研究所所长、研究员亓殿强说："课程整合的研究有三点给我留下了深刻印象：一是把脱离社会的活动回归到现实学习生活中来；二是将孤立的知识学习回到了生活的源泉中；三是将单一的学习方式还原成为丰富多彩的学习方式。"

山东省教育科学研究所研究员、山东省课程与教学专业委员会秘书长张斌博士说："潍坊北海学校的这种课程改革的思路好，因为它跟孩子的生活相联系，真正变成了孩子的活动，让他们亲身去体验。这样的整合有实效，孩子的发展显而易见。"

潍坊市教育科学研究院副院长崔秀梅说："主题课程的研究弥补了以往课程的不足，真正让学生在直接经历中释放潜能，增长智慧。"

第七节　我们的主题课程故事

主题课程在潍坊北海学校实施五年来，深受学生、教师、家长的喜爱，社会影响力很大。任教主题课程的教师们在实施过程中将自己与学生的主题课程故事进行了随笔式的叙写，用真情实感表达自己和孩子的成长心路。

俯身而拾的是惊喜

——我和孩子们的主题课程故事

潍坊北海学校　武翠萍

我们潍坊北海学校在汤善香校长的大力倡导下，把主题课程教学开展得如火如荼。这不，在今年10月，我和我们班的54名学生就顽固性垃圾的现状及污染问题展开了广泛的调查。

为什么要选这个课题呢？因为在五年级的环境教育第三单元、科学的第二单元以及品德与社会中，都有关于顽固性垃圾的现状及污染问题的内容，我们把这一部分内容抽取出来，作为一个实践性的主题去研究，于是就有了顽固性垃圾的调查这一主课题。围绕这一主课题，通过研究讨论、自主筛选，学生又确定了“白色污染”“废弃电子垃圾”“废旧电池”“难以去除的口香糖残胶”这四个子课题。

确定了子课题后，同学们又根据各自的家庭住址、喜好等自由组合成调查小组，选出了课题组长，安排好每个组员的分工——有负责拍照的，有负责采访的，有负责记录的，有负责整理资料的等，每个人都忙得不亦乐乎。各小组根据自己组员的具体情况，共同商量，确定本小组要研究的子课题，并讨论出要研究的具体问题和方向。如坦克小组这样跟我说：“武老师，我们坦克小组确定的子课题是‘废弃电池的处理问题’。”确定了研究方向后，各小组就利用课余时间到社会上去进行实地的调查。

经过一周的调查，在又一次的主题课程课上，各小组进行了汇报、展示。因为是自己的亲身经历，所以同学们既有话可说，也有事可写，每个组的汇报都热情洋溢、精彩纷呈、形式多样、内容丰富。

有用看板汇报的（如下图），有用幻灯片汇报的，有的直接把当时拍的照片拿来作为证据。

通过三节课的汇报交流，学生对顽固性垃圾的污染问题有了深刻的认识，并产生了深刻的思考：为什么人们明明知道这些顽固性垃圾有严重的污染问题，却不能在生活中引起注意，还随地乱丢垃圾呢？看来，这个问题真的应该引起我们大家的共同关注，尤其是政府部门的极大重视。政府部门应制定相关政策，解决这一问题，这是我们搞社会调查活动的根本所在。通过主题课程，学生当家做主的社会责任感增强了，他们的所作所为令人欣喜。

一元钱，有多重？

——我和孩子们的主题课程故事

潍坊北海学校 张 娟

随着年级的升高，班里学生的零花钱越来越多了。有一次，在主题课程的课堂上，我从地上捡到一元钱，询问是谁的，居然没有一个人承认是自己的。见此情景，我脑海里萌生了继续深入探究三年级下学期选修课题“简朴的生活”的想法，以“一元钱有多重”为主题展开探究活动。孩子们在小组内，自主设计研究方案；在方法指导课上学习了调查法，孩子们设计了调查问卷，设计的问题挺有价值，比如，你手里的零花钱来源、数目以及用途等都有所涉及。

课外探究课上，孩子们在组长的带领下兴致勃勃地开始了调查、体验之旅。经过几天的奔波，孩子们都被调查结果震惊了：所有学生的零花钱都是家里的长辈给的；购买零食占了零花钱用途的八成。看到这样的结果，不少同学已经难为情起来。在汇报展示课上，牟天宇同学说：“调查结果显示，很多同学在问家长要零花钱的时候，家长都是非常痛快地就给了。所以，我们都觉得钱来得很容易，就不知道珍惜小小的一元钱。我提议利用周末两天的时间大家靠自己的努力去赚一元钱！”这个提议得到了全班同学的支持。

周一，我一踏进教室，就感觉班里的气氛变了。孟子涵拿着皱巴巴的几元钱站起来告诉我：“老师，这钱太难赚了！”“是啊，是啊……”班里的孩子都迫不及待地讲述着自己挣钱的经历：有的去捡拾废品，被人讥笑；有的去和父母一起做零售，遇到讲好了价后又不买的顾客……看着孩子们时而喜悦时而烦恼的表情，我知道他们已经深刻体会到了金钱的来之不易。

当孩子们被问到这些辛苦赚来的钱他们

将用到何处时，没有一个孩子表示会去购买玩具和零食，而是都想给自己的家添置些实用的东西。有的为家里买了餐巾纸，有的买了牙膏，还有个孩子买了一瓶醋，她说原来没打算买这个的，但早饭时发现家里的醋吃完了，爸爸吃饺子喜欢用醋蘸着吃，所以她临时决定买一瓶。她的这番话多么令人感动啊！谁说我们的孩子不懂得爱父母？

通过这次活动，我感觉孩子们都长大了，他们懂得了感恩父母，懂得了如何合理利用零花钱。我也切身体会到了主题课程教法的灵活性和多样性。主题课程如此美丽！

这 14 天，孩子们过得很充实，收获非常大。我和孩子们一起，真实地感受到了参与的快乐和收获的喜悦！

绿苗成长记

——我的主题课程故事

潍坊北海学校　牟艳丽

去年冬天，班里的一个孩子拿着一把发了芽的大蒜问我："牟老师，我们家的大蒜发芽了，妈妈说不能吃了，就把大蒜都扔了，我觉得很可惜。我很想知道这些小嫩芽能长成什么样子，你能告诉我吗？"

我惊讶于孩子对这么一个简单问题的不理解，但孩子的这个问题也给了我一个启发，这不正是一个对孩子们进行植物种植、观察、生命教育的好时机吗？于是，我结合主题课程五年级下册的"植物种植真有趣"的相关内容，带着孩子们开始了我们的种蒜苗旅程。

活动开始之后，孩子们的热情让我吃惊。班里的窗台上摆满了蒜苗，由于班里人太多，地方有限，所以我建议孩子们把部分蒜苗带回家种。早上到校后，孩子们的任务是在小组内交流自己的观察日记。下了课，孩子们都不愿走出教室，就怕自己的小蒜苗受伤，而且每天都要量一量自己的蒜苗是否长高了。在这沉闷的冬天里，一棵棵小蒜苗让教室里充满了生机与活力。

蒜苗一天天长高，孩子们的热情也在一天天地高涨。隔几天，孩子们就会自发地组织蒜苗宝宝比赛，比一比谁的蒜苗长得最高、最健壮。

孩子们就在这样的活动中收获着、快乐着。很快到了寒假，我开始担忧起来，不知寒假期间，孩子们能否坚持写观察日记，活动是否会就此中断；不知过完寒假，孩子们的蒜苗会怎样。寒假开始不久，我才知道自己的担心是多余的，我的电子邮箱里常常收到孩子们发给我的种蒜日记，很多孩子还把自己的种蒜日记发到了自己的博客上，这让我松了一口气。

寒假过后，当我还在思考如何展示的时候，孩子们却已经设计好了。王博韬同学用了一晚上的时间制作了一张“蒜苗展览会”的海报，虽然海报并不精美，但是却花费了他四五个小时的时间，活动流程写得非常详细。他还发动同学把自己最喜欢的小贴纸都贴在了海报上。

经过了一周的准备，我们终于成功地举办了一次蒜苗展览会。大家把自己的蒜苗带到学校，通过测量，评选出了“蒜苗王”“蒜苗后”“蒜苗将”。

通过这堂课，我深深地体会到，主题课程资源就蕴藏于学生好奇的天性和教师敏锐的思维之中。只要教师真正站在学生的位置上，让学生健康、自主、活泼地学，不搞程式化，他们就能迸发出活力与快乐。

这段时间是紧张、繁忙而充实的，有了过程，也就有了收获。在主题课程的实施中，我与学生同实践、共成长，真正感受并体验到了喜欢、参与、快乐、成长的丰富内涵。

听，花开的声音

——忆我与主题课程的故事

潍坊北海学校　刘冉冉

一种声音，用心倾听；

一种语言，用心感受；

一种艺术，用心感悟。

从 2009 年开始，我校高年级的课程表上便多了一门新的课程——主题课程。一路走来，一路花香，我和班里的孩子都有了巨大的变化。我对教材从陌生到熟悉，学生的知识结构从单一到丰富，我们都实现了自我的超越。置身于花的海洋，我分明听到了花开的声音。

主题课程有着比课堂教学更为丰富的内容。它有开放的主题、精彩的活动、绚丽的课件，更让我们看到了团结的小组、和谐的课堂。先是分组，七八个人一组，然后确立小组名称。在孩子们的智慧碰撞中，我们班有了

“墨竹”“雨荷”“永恒之光”“星光”等有趣而可爱的组名。我们每一次都让小组长自由选择子课题，然后开始一系列的分工合作，最后小组长和组内成员一起上台汇报。因为课题涉及不同方面，有科学的，有历史的，有生物的，等等，所以孩子们非常喜欢这门课程。孩子们在自主探究的过程中，不仅培养了兴趣爱好，拓展了知识领域，增加了交友范围，增强了个人自信，更提高了团结合作的能力。

对我而言，这门课的开设更让我明白了教育、幸福的真谛。当我看到学生亲手做的精美的课件时，我很高兴；当我听到学生为了一个问题争得面红耳赤时，我很欣慰；当我品尝到学生亲自做的美食时，我很激动。总之，我分享着他们成功时的喜悦，享受着每一个幸福的瞬间。

在“大自然的奥秘”这个课题中：

我们首先确定了子课题“叶子黄了”；然后进行小组讨论，共同确定有价值的研究问题；后又经过收集资料、外出观察、小组讨论后，找出原因并解决问题；最后形成了一份研究报告。各小组将研究成果做成看板，配上精美的图片、工整的文字，小组成员全员参与为大家展示汇报。

在“水果聚会”课题中：

瞧！这幅《“果”娜丽莎的“微笑”》，是用苹果、梨等常见的水果做成的，既锻炼了同学们的动手操作能力，又提高了同学们的团结合作意识，这就是主题课程带来的无限魅力。

再看这幅《蜜罐也疯狂》（见下页），虽然卖相不咋地，但味道真是让人难以忘怀呀！它的嘴巴是由一名刀工精湛的同学切的芒果做成。它红宝石般的眼睛仿佛在说：“虽然我很丑，但我很好吃。”

在“锋利的双刃剑”课题中，孩子们这样写道：

“接到老师的通知后，我们着手准备。分好正方、反方人员，并通过收集资料丰富自己的大脑，以便在辩论会上大放异彩。听！大家你一言、我一语，争论得热火朝天，难分胜负。其间，不时有热烈的掌声传来。这次活动既锻炼了我们的语言表达能力，又提高了我们的团结合作意识。”

我始终相信，今天种下一个绿色的希望，明天一定会收获一个五彩的梦想。就让孩子们带着满满的希望和满满的爱，在主题课程这片沃土上静静倾听花开的声音。

听花开的声音　看花开的美丽

——我的主题课程故事

潍坊北海学校　花雪莲

燕子去了，有再来的时候；杨柳枯了，有再青的时候；而岁月却如流水一样一去不复返了。我和孩子们的故事，虽然没有那么多感天泣地的故事情节，但每每回忆起主题课程研究过程中的美丽瞬间，那种无比的激动、兴奋与幸福之感便油然而生。

从去年9月份开始，我担任五年级的主题课程教师。我们班里有个小女孩叫时益群，她聪明伶俐，活泼可爱，成绩不错，而且小嘴巴能说会道，好像一只百灵鸟。由于父母离异，她跟着年迈的姥爷一起生活，从来都没有人给她过过生日。我听孩子们说她的生日快到了，于是就想给她在班里举行一个生日宴会。

我结合我们主题课程中的“民以食为天”这一主题，让孩子们亲自动手来完成这次生日宴会。当我在班里说了我的想法后，孩子们就开始积极地在自己的小组里展开讨论、制订方案，最后每个小组汇报自己的结论。学生推选小组长，小组长合议后进行小组分工。有的组带制作蛋糕的材料，有的组带制作水果沙拉的材料，有的组带制作果汁的材料。可浩同学利用家里的便利条件，还带来自己制作的菜肴。孩子们怕把教室弄脏，还专门带来了的桌布，等等。组长分工细致，且想得周到，初战告捷，孩子们的组织能力和动手操作能力之强大大超出我的想象。

经过孩子们的共同努力，在主题课程的课堂上，我们成功举办了时益群的生日宴会，整个宴会都是由孩子们自己策划，他们先自己制作作品，再讲解作品的含义，然后互相品尝作品。孩子们收获了很多，有的孩子会制作水果沙拉了，有的孩子会制作橙汁了，也有的孩子会做三明治了……孩子们收获的不仅仅是快乐，更多的是同学之间合作与分享的幸福。

下课后，孩子们还把自己制作的食物拿到办公室里让老师们品尝，并得到了老师们的高度评价。这种融洽的师生关系又一次诠释了我校“和雅育人”理念的真谛。是呀，你给学生一个舞台，他们会给你一个惊喜。

这让我想起了这样一段话：每个孩子都是一颗花的种子，只不过每个人的花期不同。有的花，一开始就会很灿烂地绽放；有的花，需要漫长的等待。不要看着别人怒放了，自己的那颗还没有动静就着急，相信是花都有自己的花期。细心地呵护自己的花，慢慢地看着长大，陪着他沐浴阳光风雨，这何尝不是一种幸福。相信孩子，静待花开。也许你的种子永远不会开花，因为他是一棵参天大树。

主题课程让个性飞扬

——六年级（3）班孩子的心里话

潍坊北海学校　吴瑞臻

我们六年级（3）班是一个充满自由民主气息的班级，孩子们个个精力充沛，活泼好动，充满了好奇心和求知欲。主题课程正好营造了一个宽松和谐的学习氛围，在这样的学习环境中，孩子们心情舒畅，思维活跃，个性得到了充分的张扬。

在主题课程中，教师已经不再是知识的传授者，而是主题活动中的指导者和参与者、学习过程中的合作者，学生才是活动的主角。主题课程最大的受益者是学生，很多学生都写了自己在主题课程中的收获。

董旭坤同学说道：“在主题课程中，我领悟到了团结就是力量。我身为本队的队长，当然应该以身作则。我的文笔较好，所以一大半的报告、方案都是我写的。除了我这个写手，小组里还有摄影高手徐宇轩，他负责拍照片；还有健谈的李冠霖，她负责采访、调查；刘家明有图书馆的借书证，可以到图书馆收集需要的资料；更有电脑高手孙泽中，他负责把材料录入电脑，并把拍摄的照片等各种材料组织好做成精美的课件……主题课程让我感受到了团结的力量。”

卜嘉诚同学写道：“在这学期里我的收获很大，不说其他的，单是演讲能力就提高了不少。我以前很内向，从不敢举手回答问题，没有勇气在大家面前发言。通过主题课程的锻炼，我不仅主动参与调查资料、研究问题，更敢于在大家面前展示自己的研究成果了。当我站在讲台上洋洋洒洒地介绍自己小组的成果时，我觉得很有成就感，自信心大大增强。感谢主题课程，是它让我变得自信从容！”

付蓉同学写道：“主题课程探究活动中，我的收获很多，除了自己主动探究获得知识外，我还学会了制作精美的课件。一开始我做得很简单，内容也单调，缺少美感。但是现在我做的课件不仅精美，而且内容丰富。大家收集的材料、活动的过程、获得的结论，我都可以通过课件有条理地展示出来。”

王尚同学写道：“……在以前的主题课程中，我什么也不会做，只是坐在那儿看他们发言。现在我会积极举手发言，把自己的想法表达出来，就算错了我也不后悔，毕竟是一个锻炼的机会嘛……我在主题课程中成长了！”

邓克杰同学写道：“……在主题课程中，我学会了动脑思考问题、主动解决问题，大家都说我不一样了，我感谢主题课程。”

孙郡泽同学写道：“……因为主题课程，我改变了自己，以前那个胆小的我早已不在了，剩下的是一个活跃上进的我了。在此，我要感谢主题课程，是它让我找回了信心，成了一名优秀学生……”

不用举太多的例子，我想主题课程不论以何种形式，也不管涉及哪一方面的内容，只要根据学生的年龄特点、遵循学生的成长规律设置活动或情境，让学生亲手实践、亲自体验，就一定会让他们有所收获、有所提高，让他们的个性得以张扬！

当梦想照进现实

——我的主题课程故事

潍坊北海学校　苑晓娜

梦想是一颗不死的种子，种在心的土壤里，只要心还在，梦想总会发芽。

——题记

曾经，主题课程，于我而言，犹抱琵琶半遮面，让我欢喜让我忧；而今，拨开云雾见天日，征途漫漫任驰骋。在主题课程阳光的沐浴下，那颗梦想的种子已然发芽，追梦的脚步变得坚实，渴望的梦想越发清晰。今天就让我和大家一起来分享在主题课程实施中发生的故事。

一、生根：拨开主题课程的神秘面纱，播下课程意识的新种子

1. 初次见面一头雾水

2012 年，我加入了学校主题课程编写的团队。这是一门全新的课程，没有现成教材，没有固定模式，没有传统经验，我对其肤浅的认识使我面对这门课程时忐忑不安、无所适从。

2. 一次座谈化解疑惑

2012 年 6 月 15 日，我有幸参加了潍坊市教育科学研究院孙俊勇主任关于主题课程实验的培训会。孙主任从课程整合的要义、载体及行动三方面给大家做了报告，重点介绍了主题课程开发的四个步骤，从目标的分析与整合，到主题选择与确定，到内容梳理与重组，再到活动设计与构建，孙主任把我们在实践中遇到的或将要面临的问题都做了精心的阐释和举例。一堂报告下来，使我对我校主题课程的编写、实验都有了清晰的思路和明确的方向。

3. 多次尝试终有所获

开发课程，编写教材，课堂实施，那段时间是紧张、繁忙而充实的，那段日子是阳光灿烂的日子，我过着令人难忘的主题课程生活，收获着富有诗情画意的师生故事。

二、发芽：洒下主题课程的智慧泉水，生出课程开发的小绿芽

1. 做个课程开发的有心人

请相信阿莫纳什维利的话：只有把自己当作儿童，才能帮助儿童成为成人；只有把儿童的生活看作自己童年生活的重现，才能使自己日益完善

起来。在主题课程的编写与实施上，应该从孩子的角度出发，让他们怀着浓厚的兴趣去探究、去发现，从而使孩子们产生创新动机，激活创新行为。

2. 做个课程实施的智慧人

由于主题课程要求学生在开放的空间中开展学习活动。因此，主题课程的实施过程就增加了一些不确定因素。这就要求指导教师应具有灵活处理各种问题、及时把握生成性资源的教学机智。活动的生成性需要教师改变过去以自我为中心、以教案为中心的教学观念，坚持以人为本，以学生为中心。例如，在上“我们周围的空气”这一主题课时，本来我在活动预案中设计的最后一个环节是让孩子们一起来编写环保标语。可是，在活动过程中，我发现不少孩子不是特别感兴趣，但是他们对制作环保实用品，如防雾霾口罩等活动很有兴致。于是我及时进行调整，让孩子们自主选择感兴趣的内容进行互教互学，整个课堂气氛非常热烈，将活动推向了高潮……现在我想起来还一直觉得庆幸，如果当时缺乏教学机智，局限于活动预设，孩子们的兴趣也就被局限了。

三、开花：徜徉主题课程的广阔天地，梦想之树开放灿烂花朵

1. 不断实践，提高学生综合能力

主题课程，让我不断成长，也让学生的综合能力飞速提升。课程解放了学生的头脑，解放了学生的双手，解放了学生的嘴，解放了学生的眼睛，解放了学生的空间。在潍坊市第二届课程整合学生成果展示活动中，学生展示的“雾霾，雾霾，空气你怎么了?”荣获一等奖。我感谢主题课程，它让我们的孩子直接感受生活的美丽，让他们的个性得到张扬。

2. 不断反思，提高教师自身素养

“努力＋不断反思，是教师成长的基石”主题课程在成就学生的同时也成就了我，但任何一门学科本身都是有着遗憾的美丽，因此必须反思。我想，如果从第一天上主题课程起，将每次上课的所有资料都打成一个资源包，那么我现在备课、上课就会轻松了，在某种程度上就可以有备无患，只需在原有资料的基础上不断完善即可。这样认真归纳、总结两三年，自己就可以开发一门课程了，何乐而不为？我建议所有的主题课程教师，不仅要做一个善于开发、利用资源的人，还要做一个善于归纳、整理资源的人。

我清楚地知道，我与主题课程共同成长的故事并不精彩，但当这梦想

照进现实时，坚持越久，对自己的选择就越是无悔。所以，我相信，今后我与主题课程共同成长的过程将更为精彩……

多姿多彩的元旦面食节

——主题课程故事

潍坊北海学校　王欣香

在“民以食为天”这个主题中，学生提议举行面食节活动，以展示前期的活动成果。于是，扬帆活动社团在团长白津宇带领下，结合课题特点举办了班级面食节。

本次活动以“发现美、创造美”为宗旨，每位学生利用元旦前一周的时间，准备材料、学习和面、设计面食，并把自己制作作品的过程及感受制作成美丽的卡片或用语言展示。

12 月 31 日下午，孩子们把作品带到学校在班级内进行了展示和交流。他们都积极地参与这项活动，制作了栩栩如生的小刺猬、莲花、南瓜、小猪等可爱可口的面食作品。展览结束后，孩子们又亲口品尝了自己和同伴们制作的面食，幸福和欢乐溢满了每个孩子的脸庞。

下面的一组镜头记录了此次活动的快乐瞬间——

活动掠影一：和面的早期培训

活动掠影二：忙碌而紧张的活动现场

活动掠影三：台前展示的快乐与自豪

活动掠影四：小组长谈体会意味深长

活动掠影五：获奖同学的全家福

刘晓琳的《漂亮小刺猬》

李彤阳的《快乐一家人》

活动掠影六：形态各异的面食作品

教师后记：

什么是教育？教育就是教师和学生在一起体验生命成长的历程。开展面食节活动如此，探究植物生长如此，探秘星空也如此……每次活动在孩子们的血液中沉淀下的欣喜、惊讶、困惑、幸福……正是“和雅育人”的魅力。潍坊北海学校的主题课程一直特别注重构建生态教育，进行和雅教育，提升生命质量，提高幸福指数。在教学的过程，我们不但注重了让学生自然而然地健康成长，而且极大地调动了学生的主体性与主动性，最终实现主动幸福地成长。

主题课程，流淌出童年的快乐

——我的主题课程故事

潍坊北海学校　张小红

一说到主题课程，我的心里总会涌起阵阵的激动。记得教五年级的时候，我们班第一次上主题课程，那次的主题是“秋天的树叶”，我和学生准备好相机和纸笔，一起跑到校园里去观察，去探索。

我依稀记得那温暖的阳光，校园宽阔的操场和茂盛挺拔的小树。孩子们都那么天真，那么活泼，欢快得像一只只小鸟，几乎与阳光融为一体了。

也就是那一天，孩子们第一次敲开了主题课程知识的大门，第一次看到了课本外面的大千世界。初秋，绿影婆娑，他们三人一伙，五人一群，拍下了秋的倩影。在诗人的眼中秋天是萧瑟的，在农民的眼中秋天是忙碌的，而在孩子们的眼中初秋依然是生机盎然的。秋叶的美，让他们对秋天有了几分情有独钟的眷恋。

孩子们用ppt课件把主题内容展示出来，我把全班学生分成八个小组，组长进行分工，有人收集材料，有人制作课件，有人整理知识点，小组全体成员在班里展示自己的劳动成果。其中邱凡硕组做的“秋天的树叶”内容丰富，画面精美，探讨了秋天树为什么会落叶、落叶的作用是什么、为什么秋天树叶会变黄。全组成员展示课件后，我又让孩子们写了学习“秋天的树叶”主题课程的感想，一篇篇优美的文章跃然纸上，我和孩子们的心醉了。在主题课程上，孩子们懂得了团结力量大，学会了查找资料。他们孜孜不倦地吮吸着主题课程知识的甘露，从此爱上了探究。一路走来，在孩子们的童年岁月里，主题课程带给他们的是一路欢歌。

时光流去无痕，岁月掷地有声。曾经的风景，耳际的笑语，还有那无邪的眼睛，童年的味道，都已随着成长的脚步，渐渐地流淌在主题课程的光影里。

第三章 润物无声的德育课程

第一节 德育课程的开发、实施及评价

（一）德育课程的开发背景及意义

俗话说，“十年树木，百年树人”，青少年的思想道德素质直接影响到中华民族的整体素质，关系到国家前途和民族命运。因此，注重未成年人思想建设，是学校德育工作的首要任务。

德育校本课程的开发，可以有效地弥补学生思想教育的不足，更能够形成学校的办学特色，有利于教师专业素养的提升和学生的发展，使学生从小受到基本道德规范的熏陶，从而养成良好的道德品质。

潍坊北海学校从2007年建校以来，一直坚持以深入实施素质教育为核心，以全面提高教育教学质量为目标，科学规范学校管理，在德育课程开发上狠下功夫，集中力量、全员参与，积极探索未成年人德育课程开发的新途径。

学校创新工作思路，创建育人课程，提升育人品质，力求使学生在和雅文化的引领下，陶冶情操，规范行为，培养气质，力求让每一位北海学子无论是在学校学习，还是将来步入社会，都烙有我校“各雅其雅”的印记，使之终身受益。

（二）德育课程开发的目标

德育课程的目标是党和国家对青少年学生在政治品质、思想品质、法纪品质、道德品质、心理品质方面所要达到的规格要求。我国小学阶段的德育目标是要培养学生正确的政治方向，使其初步形成科学的世界观和共产主义道德意识；培养学生良好的道德认识和行为习惯；培养学生的道德思维、道德评价能力及自我教育的能力。

结合国家的德育目标，潍坊北海学校德育校本课程开发坚持新课改理念，坚持科研兴校与创建特色学校相结合，充分利用校内外丰富的德育资源，将各方面的教育内容进行整合，培养能够使学生受益终身的良好行为习惯。学校形成了富有本校特色的德育工作目标，即培养品德优良、身心健康、崇尚学习、主动发展、乐于创新、勇于实践的“和雅”北海学子。具体解读为以下几个方面：

（1）注重营造良好的育人氛围，在活动中进行思想品德教育，为学生提供发展自我、表达自我的平台。

（2）落实各项常规教育，在自我管理中提高学生的能力。丰富少先队活动，引导学生在体验中感悟、习得。

（3）开展丰富多彩的道德体验活动，为学生找寻展现自我风采的舞台，促进学生良好思想品德的形成和高尚人格的发展。

（4）加强育人队伍建设，促进德育工作科学有效地开展。优化组织管理，进一步凸显学校特色。

（5）挖掘教育教学中蕴藏的德育资源宝藏，努力构建学校、家庭、社会一体化生态教育圈。

（三）德育课程开发遵循的原则

1. 科学性原则

德育课程的内容要反映学科基本特点；与学生生活环境紧密联系；内容的组织及表达具有科学性；注意与其他学科的配合及协调程度。

2. 针对性原则

德育课程的开发活动应当针对学生的年龄结构、心理特点，认真考虑学生的需要、兴趣与经验，一切从他们的健康成长、全面发展出发。

3. 灵活性原则

德育课程的内容及呈现方式要活泼多样，图文并茂，注重发展学生的个性，符合学生的认知规律，调动学生的兴趣，激发学生的求知欲，提高学生的实践能力，培养学生的创新精神。

4. 系统性原则

开发德育校本课程就是将思想道德教育进行系统化、规范化，要将德育校本课程的开发与学生的思想道德教育有机结合起来，使各种内容融为一体，相互作用，相互渗透。

5. 实际性原则

要从学校的实际和教师的专业素质进行考虑，开发出有实际意义、有实用价值、有活力的校本课程。

（四）德育课程开发的主要内容

德育校本课程的开发以“和而不同，各雅其雅”的育人理念为切入点，以学生的养成教育为突破口，立足学校实际和学生需要，从大处着眼、小处着手，将行为习惯的培养与系列德育活动有机融合，营造体现学校办学特色的学校文化，提升学校办学品位。在具体内容设置上，从礼仪课程、节点课程、绿色课程、演讲课程、安全课程、活动课程、德育生活化课程等方面拟定课程内容，进行校本课程的开发。

（五）德育课程的课时及人员安排

德育课程的授课时间单独专设：每周一下午，每课时30分钟，由班主任及专门的品德、安全老师担任，在一至九年级中开设。

（六）德育课程开发的步骤

1. 成立组织，建立机制，实施科学引领

校本教材开发是一个专业性很强的复杂过程，需要校长、教师、学生及家长的协作，因此，建立有效机制十分必要。我校坚持民主参与、科学决策的原则，成立了领导小组、开发小组、实施小组，并鼓励全体教师积极投身校本教材开发。领导小组负责校本课程开发的组织、统筹和领导工作，并为开发小组成员进行任务分工。

德育校本课程领导小组：汤善香　徐　宁

德育校本课程开发小组：宋晓敏　于爱华　王　帅　王　莹
花雪莲　于艳群　杜逢春　刘　婧

德育校本课程实施小组：全体班主任及任课教师

2. 依托培训，提高认识，强化教师素质

为保证校本课程开发的顺利进行，我校从三个方面抓教师培训工作。一是坚持领导班子、教研组长、骨干教师、青年教师、全体教师五个层面一起抓，促进教师专业知识、专业技能的提升；二是讲座式培训与参与式培训相结合，开展讨论交流、教师论坛、案例分析等各种形式的主题活动；三是注重教师的反思成长和学校现有培训资源的开发，促进教师专业化发展和教师业务素质的整体提高。

3. 依托骨干，示范引领，倡导全员参与

我校充分发挥骨干教师的带头辐射作用，有步骤地推进校本教材的开发和实施工作。在此基础上，动员全校教师共同参与校本教材的开发与实施，积极投入到相关的调研、讨论中去，提出建设性意见或建议，共同修改教材，提高校本教材的编写质量。

4. 健全管理制度

为确保校本课程开发质量，学校进一步拟定《校本课程开发审议制度》《校本课程评价制度》和《校本课程管理岗位责任制》等制度，监测德育课程开发实施的全过程。

（七）德育课程的评价方式

评价的目的，是为了教师和学生的发展，是为了鼓励和促进校本课程的开发与实施。因此，学校努力做好以下几方面的工作。

1. 德育课程的评价采用动态方式，以发展的眼光看待学生

学校制订了《学生综合素质测评表》，结合学生的年龄特征及具体情况有针对性地进行评价。既要横向评价，又要纵向评价；既要看到被评对象与其他学生之间的差距与不同，又要看到他们自身的努力与进步，用多把“尺子”衡量学生。

2. 采用多种评价方式，灵活地对学生进行评价

在评价方式上采用自评、小组评、师评、家长评相结合的形式，通过等级评价、评语评价等内容呈现、细化评价过程，全方位、多角度地评价学生。

3. 根据评价建议不断改进、完善对德育课程的评价

学校、教师、学生、家长以及其他相关人员对课程的实施情况要给予评价，并提出改进建议。课程开发小组根据实施情况和大家提出的建议进行不断的改进和完善。

第二节 礼仪课程

文明礼仪是中华民族的优良传统，培养温文尔雅的青少年是我们首要的目标。同时，实施礼仪教育也是潍坊北海学校四年发展规划中提出的重要目标。开发和实施礼仪教育是适应本校发展的一项重要举措，符合学校的校情与学生的发展需要。

然而，由于当前许多学生是独生子女，家长们的过度宠爱造成了他们的性格缺失。在学校，有的学生任性散漫，唯我独尊，与人交往时缺乏良好的礼仪规范；在社会或家庭中，学生在怎样尊老爱幼、怎样与熟人或陌生人打交道、怎样着装、怎样待客做客、怎样遵守社会公德等方面都显得比较薄弱，这些都是不容忽视的问题。因此，学校确立的首要德育目标就是要培养学生的文明素养。

在长期的教育过程中，学校的德育工作已取得了一定的效果，教师们也积累了一定的经验。为了更系统地对学生进行连续性、完整性的教育训练，也为了落实学校和雅育人的目标，拓展更加广阔的教育空间，我们将礼仪教育作为工作重点，以更好地形成文明的校园风貌。

潍坊北海学校的礼仪课程涵盖了个人、家庭、公共场所等各个方面的内容，特别是对小学生的在校、出行、乘车、购物、观赛、就餐、行车等日常行为做了规范性的提示。

学校的礼仪课程包括三册：一、二年级礼仪课程主要注重文明习惯的养成，教学生坐、立、行的标准，如何有礼貌地与人交往，如何尊敬师长、孝敬父母等，并采用儿歌形式进行拼读，简洁易懂，朗朗上口；三、四年级礼仪课程主要注重能力的提升，从如何接人待物、如何文明集会等方面对学生进行文明教育，并采用主题模块的方式，形成模块系列化；五、六年级礼仪课程则采用故事的方式，教给学生如何乘车、如何就餐、如何观赛等社会层面的礼仪规范，让学生走出校门也能彰显出一个文明学生的高尚情操。如五年级一班的周洁同学就通过为大家讲述“一场激烈的比赛”的故事，告诉同学们如何文明观赛、维护公共秩序。学生通过身边人讲身边事，用实际行动影响周围的人，起到了非常好的教育效果。

在礼仪课程的编写过程中，学校还创新性地发挥学生的资源优势，所有教材中的图片演示者都是在学校历次文明行为评选中的优胜教师和学生。如在“校内公共场所礼仪”一节中，王艺霖和宋博文同学就当了一次小“明星”，给大家演示了如何文明行走、如何维护公共卫生、见到老师主动问好敬礼等场面，这样既能吸引学生的阅读兴趣，又有很强的说服力。

校内公共场所礼仪

1. 应该自觉保持校园整洁，不在教室、楼道、操场乱扔纸屑、果皮，不随地吐痰（特别是吐泡泡糖残留物），不乱倒垃圾。

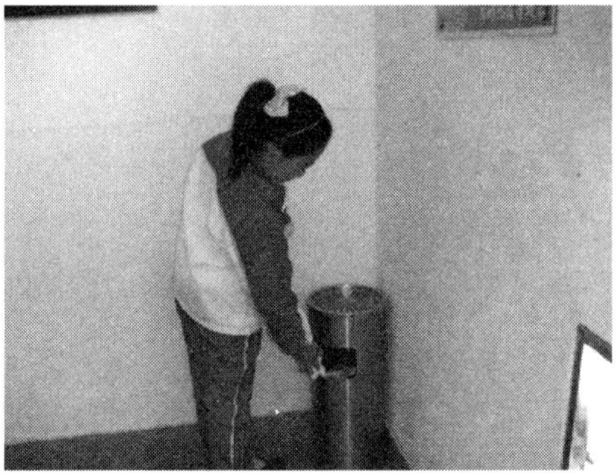

演示者：王艺霖

2. 不在楼道内打闹、玩耍、大声喧哗，需要放松、运动可到楼下场地活动。

演示者：宋博文

3. 不在黑板、墙壁和课桌椅上乱涂、乱画、乱抹、乱刻，爱护学校公共财物、花草树木，节约用水用电。

演示者：宋博文

4. 见到老师应该主动打招呼问好。

演示者：宋博文、刘冉冉老师

第三节　节点课程

节日总能带给孩子们无限的乐趣。学校开发节点课程的目标就是为了让学生更好地了解各种节日文化，探究节日的起源，了解节日的文化内涵及各种节日习俗，感受传统文化的博大精深。

学校创新工作思路，利用多种途径进行节点课程的开发。通过主题班会、演讲征文、手抄报比赛、社会实践活动、感恩歌谣传唱、感恩美文欣赏等形式，多方面、多层次、多角度地开展主题教育，形成了多姿多彩的节点课程。如春节、元宵节课程、学雷锋课程、母亲节课程、清明节课程、植树节课程、儿童节课程、老人节课程、教师节课程、重阳节课程等系列课程。

（一）节点课程——春节、元宵节

每年寒假，我们都要开展丰富多彩的“春节、元宵节”课程。在活动中，学生通过查阅资料、上网等途径了解了春节、元宵节的由来及重要习俗，并亲自收集春联、写春联，体会动手的快乐。与此同时，与之相关的花灯历史大探究、网上大拜年、“我的新年愿望”班级讨论会、关于压岁钱的调查、学会合理支配压岁钱等社会实践活动也红红火火地开展起来。活动结束后，学生们制作了精美的春节手抄报、元宵节手抄报，制作了“我的春联”小册子。学校在第一时间组织评比、选拔，优秀的作品及出色的活动都被记录在《我们的节日》校本教材中。

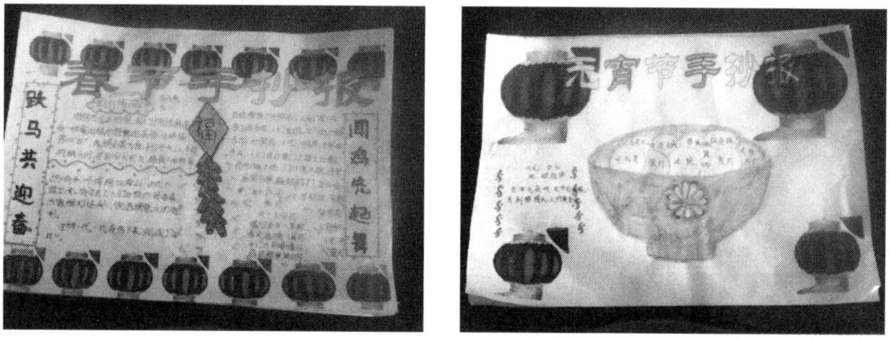

学生制作的手抄报

（二）节点课程——学雷锋

每年的学雷锋月都是对学生进行教育的有利时机，学校都会开展一系列的德育主题教育活动。

（1）利用升旗仪式，开展“弘扬雷锋精神，做北海文明少年”活动启动仪式。

（2）利用阅读时间，组织学生读雷锋故事，学习雷锋名言，引导学生认识雷锋。

主题班会

（3）召开以“学雷锋，懂礼仪，讲文明，做好事”为主题的班会。

（4）开展学雷锋征文比赛、手抄报比赛。

（5）开展学雷锋服务活动。主动做好事，净化、美化校园，做到“杂物三不扔”（不扔废纸，不扔塑料袋，不扔废包装盒），“两见两主动”（见到地上有杂物主动拾起，见到有人乱扔杂物主动劝阻）。

在活动中，学生的自我素质得到提升，同时也将爱心传递到社会大家庭中。发掘身边典型的好人好事，德育课程“身边的好人”也得到学生的欢迎。

（三）节点课程——妇女节、母亲节

结合三八妇女节和母亲节，学校组织学生开展“感恩母亲”活动，让学生为妈妈制作一张心意卡，给妈妈洗一次脚，给妈妈写一封感谢信，做一件力所能及的家务活等，让学生用实际行动表达自己的感恩之情。

（四）节点课程——清明节

（1）开展“网上祭英烈”活动。学校组织广大未成年人在网上向先贤先烈鞠躬献花、抒写感言寄语，表达对先烈、先辈、先贤的感恩和敬仰之情。充分挖掘、运用清明节蕴含的爱国主义精神，教育引导未成年人学习历史、传承文化、缅怀先辈、向往未来，铭记革命先烈的光荣事迹，珍惜今天的幸福生活，学习民族精神和时代精神，树立热爱祖国、热爱人民、热爱中华民族的人生信念。

清明节诗文朗诵会

（2）开展中华经典诵读活动。我校开展清明诗文朗诵会和诗词歌会，诵读古今吟咏清明的诗词和老一辈无产阶级革命家的经典诗文等中华经典名篇，传承中华文化，弘扬民族精神。

（3）开展节日小报评比活动。围绕节日主题，结合我校实际，深入挖掘清明节的文化内涵，举办清明节征文、清明节小报评比活动，

让学生在制作小报的过程中了解节日习俗，感受传统文化的魅力。

（五）节点课程——植树节

学校以植树节为教育契机，开展“将爱心献给地球”活动，组织学生写一条环保标语、植一棵树，收集绿色植物的相关信息并形成书面材料；组织学生参加美化校园的活动，引导广大学生积极投身养绿、护绿活动，不断增强绿化意识、环保意识和家园意识，争做“爱绿护绿小卫士”。

除此之外，我们还充分利用儿童节、教师节、国庆节、老人节等重要节日，开展相对应的节点活动，让学生充分参与，在活动中既锻炼了能力，也积累了重要的过程性材料，为校本课程的开发做好铺垫。

六一儿童节活动

老人节活动

第四节　绿色课程

潍坊北海学校采用古典园林的不对称结构设计，种植了50多种苗木，285株乔木，3万多株灌木和竹子，绿化面积3600平方米，绿地覆盖率52%，绿化用地率42.2%。同时建成了现代化高标准的塑胶操场，校园裸露地面和建筑物出入口全部硬化、美化。学校实现了校园环境园林化、校内道路林荫化、活动场地塑胶化、室内环境盆景化，集花园、学园、乐园于一校，融自然美、艺术美、人性美于一体，形成了绿色生态与人文素养的和谐统一。

基于学校良好的绿色文化氛围，学校自建校之日起就把建设绿色和谐校园、开发绿色课程工作放在首位。学校积极进行绿色校本课程的开发与建设，目标就是要培养学生爱绿护绿的意识，让学生自觉爱护花草树木，抵制白色污染，用实际行动守护绿色家园。

学校通过多种途径进行绿色课程的开发，开展了各类综合实践活动，如“绿色认领行动”“绿色讲坛”“绿色实践活动”“守护绿色家园活动”等，实现了“一草一木皆育人”。

1. 积极进行绿色课程的开发，落实“绿色”责任

学校领导非常重视绿色课程的开发工作，成立了以校长汤善香为组长的领导小组，全面负责，宏观调控。教导、政教、少先队等部门负责人为组员，负责具体工作的落实，从人力、物力、财力等几方面给予绿色课程开发工作以支持，推动工作的开展。

2. 重视宣传教育，创设教育氛围

学校利用周一升旗仪式、主题班会、班级博客等途径宣传绿色知识，壮大绿色课程开发的队伍，让学生了解环保信息，掌握环保知识，认识家乡、校园环境存在的污染问题。每个学期，每个中队都有一期以绿色为主题的黑板报，宣传环保，让学生认识保护环境的重要性。通过多渠道的宣传活动，全校师生参与绿色课程的积极性大大增强了。

3. 开展形式多样的绿色主题活动

（1）学校组织了“做绿色公民”系列主题中队活动。学校各个中队分别以“向白色污染说不”“做节能小卫士”“珍惜水资源”等为主题，结合学生身边的优秀事例和非绿色生活的反面典型开展了丰富多彩的班会活动。

（2）开展“争当绿色小公民”主题活动，通过征文比赛、手抄报比赛等系列活动，为绿色课程的开发积累了第一手过程性材料。

（3）开展绿色认领活动。

学校充分利用绿色资源开展了“绿色认领”活动。每个学生认领一棵绿色植物，并亲自制作、悬挂“我的绿色认领卡”，了解绿色植物的知识并形成文字材料，负责植物日常的浇水、施肥等活动，真正实现了“一草一木皆育人”。学生在活动开展的过程中学到了丰富的绿色知识，积累了宝贵的课程资源。

（4）定期开展“绿色讲坛”活动。

学校借鉴中央电视台“百家讲坛”的形式开展了“千名名家进校园”活动，聘请家长当中的农业专家定期为学生做绿色专题报告，使学生对绿色知识的积累得到了进一步的提升，同时也为我校绿色课程的开发留下了专业的视频资料。

4. 把绿色教育向社区延伸

学校把东盛园林有限公司确定为实践基地，定期开展“绿色实践活动”。通过一系列的活动，学生有了亲近社会、走进大自然的机会，他们参加活动时兴趣高涨，活动观察时异常仔细，听介绍也很认真，收获颇丰。参加活动的陈帅荣同学说：“东盛园林里的植物非常多，我们认识了很多新奇植物，收获特别大!”郑晴晴同学说：“没想到绿色植物的作用这么大，以后我们一定要呼吁更多的人参与到爱绿护绿行动中来!”一次次的活动，既增长了学生的知识，开阔了学生的视野，又愉悦了学生的身心，丰富了学生的实践活动经验，促进了学生的健康成长。活动结束后，我们还积极组织学生写下活动体会和收获，形成校本课程，让更多的学生感受其中的乐趣。

听取专业人士的讲解

绿色、生态、孩子的笑脸构成了世界上最美的图画，文化、书香、孩子的未来是世界上最美的文字。绿色课程的开发，让更多的孩子感受到大自然的和谐，学习到更多的绿色知识，实践能力也得到了进一步提高。

第五节 演讲课程

一个人的演讲能力在一个人的学习、求职、生活、工作中处于非常重要的地位，所以学校把演讲作为一门教育课程，目的就是要通过举行各种主题、多种形式的演讲比赛，鼓励学生敢说、能说、会说，做到个个敢登台，人人能演讲，提高学生的应变能力、思维能力和语言表达能力，提升学生的整体素质。学校演讲课程的实施途径主要有以下几种。

1. 开设演讲班

学校根据学生的特长爱好，成立了包括拉丁舞、面塑、魔术等在内的40多种艺体超市课程，其中就有专门的演讲班。外聘潍坊市星慧口才培养学校的教师进行专门授课，每周五下午进行集中学习。

2. 课前演讲

学校充分利用每天的语文课，组织学生利用课前5分钟，采用班内同学轮流演讲、合作小组组内演讲相结合的形式，锻炼学生的演讲能力。

3. 主题班队会演讲

学校充分利用主题班队会、家长会等，组织学生开展各种形式的主题演讲、汇报演讲，并将演讲内容进行系统整理，作为演讲素材保存使用。

4. 国旗下演讲

学校充分利用国旗下演讲，展示和锻炼学生的演讲能力；每周一个班，选派优秀学生代表进行演讲，可以是个人，也可以是集体演讲，锻炼学生演讲能力的同时也增强了学生的集体荣誉感。

5. 红领巾广播站

学校充分利用红领巾广播站，结合学校活动主题确定演讲内容，每天中午上课前及下午课间时间进行演讲。

6. 演讲比赛

结合各种主题活动，学校定期组织各种形式的演讲比赛。每次活动做到计划安排明确、材料积累充分，并及时总结，将整理的内容刊印下发各班级作为演讲素材保存使用。

演讲比赛

7. 英文演讲

英语是我校的一大特色，通过努力，学校已经成功举行了英语的区级推介会。因此，英语演讲也是学校对学生的要求，从一年级开始，由易到难，结合英语系列活动的开展，学校都会有针对性地组织英语演讲活动。

演讲课程的开发与实施，让更多学生能够自信地走上舞台侃侃而谈，让更多学生的能力得到进一步提升，教育效果明显。

如今，德育课程的开发与实施在潍坊北海学校已经初具规模，而它更重要的意义在于润物无声的育人效果，使学生在课程的实施过程中逐步成长！学生形成了良好的礼仪习惯和行为规范。无论在学校、社区还是公共场所，潍坊北海学校的学生都能严格要求自己，处处展示着北海学生的和雅形象。德育课程产生了独特的魅力，在生活化、情境化的课程开展过程中，拉近了师生间的距离，形成了民主、平等、和谐的教育氛围。德育课程的实施，全面提高了学校的管理效率和育人质量，得到了各级领导和社会各界的充分肯定、广泛赞誉。

第六节　安全教育课程

（一）安全教育课程开发的背景

安全大于天，安全高于一切。一直以来，校园安全都是全民重视、关注的问题，因此学校的安全教育就显得尤为重要。全国各地频频发生的校舍失火、楼梯踩踏、校车侧翻、校园暴力、体育课伤害、溺亡、自杀等校园安全事件，足以引起我们的深思。班主任单纯的说教、出黑板报、知识竞赛能让我们的学生在灾难来临时正确逃生吗？学校的安全教育应该让我们的学生知道怎样做是安全的，更应该让他们感受到怎样做是不安全的，不安全来临时是什么样子，我们应该怎样冷静对待，我们应该怎样正确逃生……这些都要让学生了解、掌握，让学生体验，直至让安全行为成为一种习惯，才会在危险来临时不会措手不及。潍坊北海学校地处潍坊高新区东风街与金马路交通要道，学校占地 2 万多平方米，但净用面积只有 1.4 万多平方米，活动面积有限，3000 多名学生的安全问题更是牵动着千万人的心。让学生学习必要的安全知识，掌握一定的安全技能成为创建北海平安、和雅校园的重中之重。为了进一步强化我校安全教育，提高学生的安全意识，加强学生面临突发安全事件时的自救自护能力，学校以人为本、以生为本，根据《国家突发公共事件总体应急预案》《中小学幼儿园安全管理办法》《教育系统突发公共事件应急预案》，在汤善香校长的带领下着手进行安全校本课程的开发，将安全教育编入课程并实施。

（二）安全教育课程的指导思想

树立并落实科学发展观，立足以人为本、全面发展，把中小学安全教育贯穿于学校教育的每个环节，使全校学生树立珍爱生命、安全第一、遵纪守法、做和雅北海学子的意识，具备较强的自救自护能力。

（三）安全教育课程的目标

1. 总目标

通过实施安全教育课程，让每个北海学子都具有强烈的社会安全责任感、较强的安全意识，掌握全面的安全行为知识和技能，养成心中时时想安全、事事讲安全、处处有安全的行为习惯，具备在日常生活中应对突发安全事件的能力，能正确处理个体生命与自我、他人、社会和自然之间的关系，人人知法、学法、懂法，人人安全健康成长，人人争做平安、和雅北海学子，确保学校安全零事故。

2. 分类目标

知识方面

(1) 了解《中华人民共和国道路交通安全法》的相关内容，掌握出行时道路交通安全常识。

(2) 知道生命是最可贵的，了解必要的生命健康知识，了解自己身体及其发育特点。

(3) 知道突发事故发生时带来的危险和危害，并掌握突发安全事故的防范知识和应对措施。

(4) 了解吸烟、酗酒的危害，知道吸毒是违法行为，了解基本的公共卫生和饮食卫生常识，了解传染病的危害和防治措施。

(5) 了解网络给人们带来的好处及危害，学会正确上网，不沉迷于网络。

(6) 了解常见的自然灾害给人类带来的灾难，知道躲避自然灾害的最基本方法。

(7) 了解日常生活中的意外伤害事故，知道事故发生时如何进行求救和自救逃生。

(8) 了解如何应对敲诈、恐吓、性侵害等现象。

能力方面

(1) 能够识别各种危险标志，掌握普通家用电器、煤气、刀具等日常用品的安全使用方法。

(2) 能够预防自身安全事故的发生，学会应对安全事故，能够进行求助、自救、自护。

(3) 学会正确地辨别和判断不安全因素，学会避险。

(4) 认识到社会生活中不安全因素的存在，学会做出正确选择。

(5) 危险发生时在保障自身安全的情况下，能够采用恰当的途径和方法对他人进行施救。学会正确使用和拨打 110、119、120 等求救电话。

(6) 能够在与他人交往过程中有效保护自己。

情感、态度与价值观方面

(1) 养成良好的个人卫生和健康行为及饮食习惯，远离烟酒及毒品，懂得生命的意义和价值，尊重生命，珍视健康，形成健康的生活意识，懂得为他人的生命与健康负责。

（2）知法、学法、懂法，远离邪教，拒绝毒品。遵守社会公德，维护公共秩序，做遵纪守法的合格公民。

（3）树立与同学之间和睦相处的意识，学会正确处理与同学之间的纠纷。

（4）时时、处处、事事讲安全，具备高度安全意识，养成良好的安全习惯。

（5）树立自觉抵制各种诱惑、时刻防范各种侵害、远离危险的保护意识。

（6）形成积极乐观的生活态度，拥有健康心理、健康人格。

（四）安全教育课程的基本原则

根据学生年龄特征，遵循学生身心发展规律，结合当地环境、学校实际与学生的现实生活，注重针对性、实用性和实践性。坚持学校教育与家庭教育、社会教育相结合的原则。注重安全知识、技能的教育与学校日常安全强化管理、学生安全习惯培养相结合。引导学生在活动中不断感悟体验，培养学生良好的安全行为习惯。

（五）安全教育课程的内容

学校安全教育课程的内容主要包括六个方面：预防和应对社会安全、公共卫生、意外伤害、网络信息安全、自然灾害、影响学生安全的其他事故或事件。

（六）安全教育课程的实施途径

1. 充分利用现行教材，唤醒学生的自我保护意识

教会学生自我保护的方法，培养学生自我保护的能力，使之有足够的能力和勇气沉着应对突发事件，这是安全教育的目的。安全教育的最终目标是促使学生形成安全行为，从而在学习、生活中远离安全事故。要促使学生形成安全行为就必须唤醒学生的自我保护意识，引导学生以安全的行为在安全的环境中学习、生活、成长。教育家第斯多惠说过，教育艺术的本质不在于传授，而在于唤醒、激励、鼓舞。

学校充分利用国内外频发的重大安全事故及灾害的媒体报道作为现行教材，即时唤醒学生的自我保护意识。学校将其纳入安全教育课程内容，要求班主任将《焦点访谈》《今日说法》等栏目中与安全相关的内容进行视频剪辑或文字剪辑，通过给学生家长发飞信、升旗仪式、安全班会等形式，让学生与老师、与同学、与家长谈自己的感受和体会，以此对学生进行即时的安全教育。真实的案例及视频效果能引起学生心灵的震撼，比起口头的说教效果好得多。学生从鲜活的案例中吸取教训和经验，懂得了怎样做是安全的、怎样做是不安全的，适时地掌握了逃生自救的基本技能，唤醒了自我保护意识。

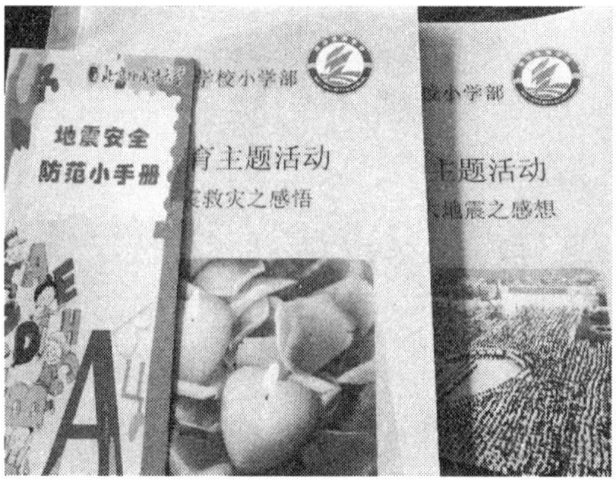

编订成册的《大地震之感想》

学生观看安全教育片《火海逃生》

每个学期学校都要组织学生集体收看《火海逃生》《玩水危险》《安全学游泳》《如何对待陌生人》《护好身体小秘密》《不慎落水怎么自救》《同伴溺水禁止盲目营救》《性伤害远离我》《拒绝野外游泳》《同伴溺水如何正确救援》《掌握心肺复苏技巧》《燃气泄漏如何应对》等安全教育片。《火海逃生》中大量的火灾现场镜头让学生触目惊心，观看影片后学生自发进行大讨论并写了观后感，真正增强了他们的防火意识及逃生技能。

2. 大胆尝试“反式教育”，规范学生安全行为

有研究表明，体验是学生发展能力、形成技能的最好途径。教师只是一味地反复叮嘱学生要注意安全，而不让学生真正去体验、去感受什么是不安全的，那么学生是无法形成良好的技能的。学校通过开展“校园不安全因素知多少”“我的危险经历征文”“今天我是小交警”“这样做很危险”等活动，让学生将自己的危险经历及所见所闻进行重现和交流，让学生在主观意识中知道了哪些是危险的活动，哪些是可以积极参加的活动，从而

增强了学生远离危险活动的意识，懂得了危险的地方不去，危险的事情不做。同时学校还积极引导学生开展丰富多彩的、有益身心健康的课外活动，规范学生不参与不科学的活动，不到有安全隐患的区域活动。

3. 努力构建安全文化，促使“安全”入脑入心

潍坊北海学校的安全文化作为学校文化建设的一部分，是在广大师生直接参与、精心培养下发展起来的。它对于学生安全意识的培养与安全行为的养成起着至关重要的作用。

开放的安全展室

安全长廊

学校把师生的人身安全提到了至高无上的地位，在校园的安全设施、安全制度和活动中处处显现出“以人为本、安全第一”的理念。同时学校通过积极营造安全文化氛围来指导、规范学生的日常行为。学校充分发挥墙报、黑板报、橱窗、标语牌的宣传教育作用，营造良好的安全教育氛围。学校操场上的横幅内容根据安全形势的需要及安全课程计划随时更新；每个教室都设有“安全园地”，根据课程内容的安排，针对不同的安全教育节点，学校定期组织“优秀安全园地”评选，及时让学生在教室内接受不同的安全教育；学校出资制作了 700 多块有关交通、消防、法制、卫生、防溺水、防暴力、防雷电等各方面的安全儿歌和童谣看板，张贴在每个教室门前，真正做到了使每一面墙壁都会说话，让学生随时随地接受润物细无声的安全教育，强化了学生的自我保护意识，规范了学生的安全行为。

4. 深入开展系列化活动，做到接受教育全方位

为了让学生接受全方位的安全教育，学校在制订学期、年度工作计划时总是精心安排，严格计划。根据学校的实际情况及学生的实际需要，学校将所有的安全活动进行了精心设计和安排，不仅形式多样，而且将选择

的教育内容编排成系列，如每学期要进行“防震防火防踩踏疏散演练”“上放学交通安全教育”“春（秋）季食品卫生安全教育”“防灾灭灾安全教育”“汛期安全教育”“防雷防电教育”“如何应对雾霾天气”……使学校师生在形式多样的活动中受到全方位教育，避免了安全教育内容的遗漏。

学校为安全教育活动提供各种平台，不但将专家请进校园，同时还带领学生走上街头、走进社区开展各种安全教育活动。如“交警进校园”“我是小交警”“大手拉小手，安全文明行”“消防安全讲座”“参观消防大队”“远离网吧、健康上网签名活动”“学校隐患我排查，家庭隐患我发现”“我是小小普法宣传员”等活动。每周一的升国旗仪式上，校长、教师、学生代表轮流讲话，讲话的内容结合当前的安全形势和校规校纪，切合实际，震撼了学生的心灵，唤起了学生的安全保护意识。

“安全生产月”启动仪式

远离网吧、健康上网签名活动

交警查看校车

交警进校园

5. 高度重视法制及心理健康教育，确保师生“零犯罪”

学校将普法教育、心理健康教育作为安全教育课程的重中之重。学校定期组织师生学习相关的法律，如《中华人民共和国环境保护法》《中华人民共和国义务教育法》《中华人民共和国未成年人保护法》《学生意外伤害事故处理办法》等法律知识，定期邀请法制副校长张宪府、法律顾问朱伟红为师生进行法制讲座及法律咨询，不仅提高了师生们的责任意识，还增强了师生们的安全意识。学校除了在校园中建设心理健康辅导室，组织学生进行心理健康教育外，还要求班主任定期排查学生思想状况，在班级内对学生思想上存在的问题进行疏导、干预，把问题扼杀在萌芽状态。

走上街头 法律法规义务普法宣传

潍坊市“六五”普法先进单位验收

6. 全力实施家长培训计划，实现“大手拉小手”

安全教育是学校、家庭和社会的共同责任。学校通过各项积极措施强化家长的安全意识，指导家长全面掌握安全知识，通过家长对孩子的安全监督、指导，让孩子接受一对一的安全教育。学校充分调动家委会的积极性，号召家委会成员积极组织学生开展各种安全教育活动。如到消防大队参观、听消防官兵讲课……学校还通过召开家长安全培训会、亲子安全知识竞赛等活动，让家长接受安全教育，从而使家长有的放矢地对孩子进行安全教育，真正实现了“大手拉小手”，收到了事半功倍的教育效果。

家长安全教育培训会议

7. 长期推行量化考核机制，内化学生安全意识和行为

结合学校实际，学校成立了学生日常安全行为管理大队，每学期通过竞选，选出大队长和队员，由他们对每个学生的日常行为进行安全管理和成绩量化。这支安全管理队伍由上放学交通管理小队、课间操管理小队、课间活动管理小队组成。学校在学期初给每个学生固定的分数，通过平日量化，学期末再给出每个学生的最后分数，并将此纳入班级管理量化成绩及班主任考核之中。如打架、集合时拥挤推搡、集会不按秩序入退场、在楼梯上打闹、攀爬建筑物及围墙、静校后不及时离校、早到校、在大街上聚集玩耍等行为都要通过分数进行量化管理。这样的量化考核机制激励着学生遵守各项安全规定，最终逐步将这种外在的约束内化为安全意识和行为，进而转化为学校的安全精神文化。

上放学队伍整齐有序

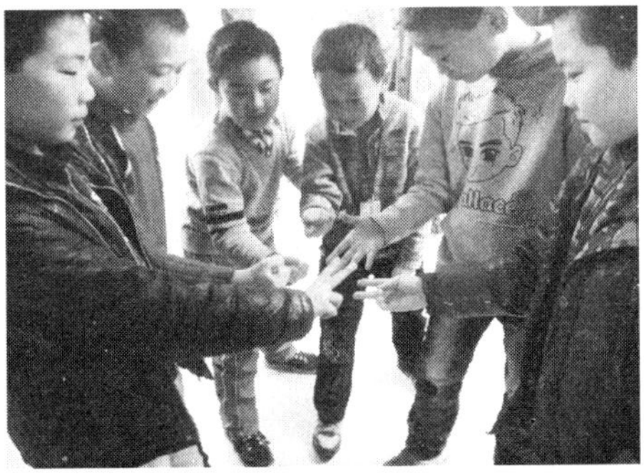

实施课间无缝隙管理　孩子们开心做游戏

8. 大力推行“校园安全啄木鸟行动”，筑牢安全之堤

学校本着全员参与、全员责任、全面排查、全面整改的原则，大力推行“校园安全啄木鸟行动”。即让师生自己发现隐患，让专家对学校进行会诊，让家长提出问题与建议，大家共同找出安全隐患并进行彻底整治，打造平安和雅的育人环境，实现学校零责任事故、零伤害事件、零犯罪率的安全工作目标，形成学校、家庭、社会三位一体的整体教育安全工作网络。该行动推行三年来，共计1500多名家长走进校园，参与校园隐患排查与整改、提出合理化建议并义务护送学生上放学。他们为学校查找并整改安全隐患50多处，提供有效建议20多条。“校园安全啄木鸟行动”全面提升了师生的安全素养，架起了家校沟通的桥梁，助推了学校前进的步伐，为确保全校师生人身安全提供了有力的保障。该项目曾荣获“第十届潍坊市政

府教学成果安全教育（工作）管理奖一等奖”，同时得到了全国各地来校参观者的高度好评，各大网站也纷纷对此进行了报道。

啄木鸟家长志愿者走进教学大楼

认真查找隐患并记录

（七）安全教育课程的评价与考核

安全教育课程的评价目的不是为了对学生的安全意识、安全知识和技能的掌握作出终极性评价，也不是为了区分学生的等次，而是利用评价对学生的安全教育学习进行鼓励，以保证课程目标的实现，发挥课程强化安全意识和教育安全的功能，对不足之处进行纠正。我们采用了多种形式的评价，收到了较好的效果。

（1）根据安全教育校本课程的实施进度，学校定期通过安全知识与技能测试卷来考查学生的学习效果。

（2）通过日常安全量化管理机制对学生进行评价。学生的日常安全量化成绩计入班级的量化管理之中，学生的集体荣誉感促使他们努力做“最好的自己”。这绝不是以成绩来给学生“定格”，主要目的是发挥其激励和鞭策作用。

（3）在评价手册中设立安全专项栏目让学生自评。学生每个学期对自己在安全教育方面的学习进行自我评价，要求用文字叙述自己的认识、收获及不足。这样学生既学会了肯定自己的成绩，又能够及时地进行自我反思。

（4）班主任在班内开展生生互评，让学生通过互相评论，意识到自己的不足，虚心接受别人给自己提出的建议。

（5）教师在学生的成长档案中采用激励性评价。

（6）通过问卷调查让家长对孩子的安全教育进行客观、公正的评价。

安全教育课程对教师的评价主要是通过量化考核。学校安全科设立专门的督查小组，对教师日常安全教育及管理的情况予以统计，并将成绩纳入教师的年终绩效考核。

（八）安全教育课程的实施保障机制

1. 全体教职工思想高度统一

从校长、副校长、安全科长到班主任、任课教师要统一思想，把安全教育作为推进素质教育的重中之重，认真落实安全教育校本课程的各项目标。为此，学校成立了专门的安全教育校本课程开发领导小组。

“校园安全目标责任书”签字仪式

2. 合理安排师资

学校根据课程内容的需要统一进行师资安排。

课程内容	师资安排（校内外）
安全课（间周一节）	专职安全教师
安全班会（每周一节）	班主任
心理健康	专职心理健康教师（岳振飞）
国旗下的安全讲话（每周一）	学校领导、教师代表、学生代表轮流
法制安全	法制副校长（东明派出所副所长张宪府） 法律顾问（律师朱伟红） 未成年人犯罪教育（高新区检察院检察官刘霞）
消防安全	潍坊市防火中心专业培训人员 高新区消防大队崔警官
食品卫生安全	高新区防疫中心
交通安全	高新区交警大队
防恐防暴力安全	高新区国保大队

3. 创新安全教育形式，提高安全教育实效性

全体教职工将安全教育纳入教育教学的各个方面，每个人都成为安全教育的实施者，群策群力，不断创新安全教育形式。学校鼓励教师积极探索，以使安全教育充分利用学生具有吸引力和实效性，让学生乐于接受。

4. 充分开发和利用资源

学校充分利用已经拥有的资源，同时也将社会、家长的安全教育资源进行充分挖掘和利用，营造良好的育人氛围，让学生更好地接受更全面的安全教育。

5. 加强量化管理，纳入绩效考核

学校出台相关政策对实施安全教育者进行合理的督导、评价并进行量化管理。把教职工开展安全教育的情况作为年终绩效考核的重要内容，并制订奖惩制度进行表彰和责任追究。

6. 确保安全教育实施的时间和安全教育师资队伍的建设

学校除了按课程内容定期开展消防、交通、卫生、防震、防火、防踩踏、防溺水、防恐等专题教育活动外，还确保间周一节的安全课程、每周一次的升旗仪式、每月一次的安全演练，放假前后、安全教育周、安全教育月、5.12 防震日、119 消防日、重大节假日等的安全教育活动的落实。学校按要求配备了安全课教师，并经常对他们进行安全教育培训与测试，定期开展安全教研活动，培养了一支优秀的安全教育师资队伍。

（九）安全教育课程的实施效果

潍坊北海学校结合学校及学生的实际情况而开发的系列化安全教育校本课程极具实效性和针对性，深受师生和家长的喜欢。在问卷调查中，学生说学校开发的这些课程他们非常乐于接受，形式多样，学起来不枯燥；教师说安全教育课程开发提高了他们的安全教育水平，学生特别愿意学，教育效果好，这些课程的实施不仅逐步让学生形成了强烈的安全意识，也让学生掌握了必要的安全行为知识和技能，养成了正确应对日常生活中突发事件的好习惯。家长们都说孩子们对安全教育课程如此感兴趣让他们很意外，孩子的安全意识比大人都强，做家长的省心多了，这是让孩子们终身受益的一门课程。

同时，安全教育课程的开发充分发挥了学校与家庭、社会的教育合力，

真正实现了三者的有效交流与配合，使学生接受了全方位的安全教育。更重要的是，安全教育课程的开发使全校师生的安全意识和行为得到了内化，最大限度地预防了安全事故的发生，保障了学生的健康成长。

自建校以来，学校一直保持着安全事故零记录。中央综治办督导室、省安监局、省安保局、省消防大队、市区安全科等部门对学校社会治安综合治理、安全社区创建、学校安保、消防、交通、校园安全达标建设等工作进行检查指导时，均给予了充分肯定和高度评价。

中央综治办莅临学校检查安全工作

国家消防安全教育示范学校验收

学校曾荣获“全国消防安全教育示范学校”“山东省平安和谐校园建设先进单位”“省级交通安全示范学校”“潍坊市四个能力建设达标学校”等荣誉称号。

消防安全教育

【教学课时】

1 课时

【教学准备】

布置学生在课前收集有关火灾的案例、图片。

【教学目标】

1. 了解发生火灾的主要原因及危害，体验消防安全的重要性。

2. 了解怎样预防火灾事故的发生。

3. 掌握火灾中各种逃生自救的方法。

4. 培养“防火胜于救火”的安全意识，养成良好的安全用火习惯，从小事做起，把学到的消防安全知识运用到日常生活中。

【教学过程】

一、猜谜导入

同学们，大家来猜一个谜语：身上穿红袍，脾气真暴躁。热气心头火，一跳八丈高。（板书：火）

二、通过画面感受火灾危害

1. 用幻灯片展示同学们课前收集的各种火灾现场图片，学生谈看了这些图片之后的感受。

2. 以小组为单位交流火灾事例并谈感受。

3. 教师总结：火推动着人类文明的进步。但是，火一旦失去控制就会造成灾难，毁灭生命及财产。

三、探讨引起火灾的原因

1. 学生结合课前收集到的事例进行讨论。

2. 教师总结引起火灾的原因。

（1）生活用火不慎；（2）雷击；（3）吸烟；（4）生产过程中违反安全操作规程；（5）自燃；（6）电器故障；（7）纵火；（8）小孩玩火；（9）燃放鞭炮等多种原因。

大部分火灾是由于人们消防意识淡薄、思想麻痹、缺乏安全防火知识或者违反操作规程造成的。儿童玩火最容易发生火灾。据统计，因玩火引起的火灾每年达3000余起，造成几百人死亡。因此，对少年儿童来说，不玩火就是预防火灾的最好方法。

四、预防火灾的方法

1. 根据大家的经验及从电视、网络中的了解，交流一下家中的哪些物品最容易引起火灾。

2. 师生交流。

3. 教师总结：电褥子、电熨斗、抽油烟机、天然气、油锅、火炉、蚊香等是最易引起火灾的物品。

五、火场如何逃生

1. 同学们，起火了，你有什么好办法逃生呢？（教师幻灯片出示不同场合、不同情况的火灾，让同学们动脑想办法）

2. 生生评议、师生评议。

3. 教师总结：同学们，不同的地点、不同的火灾情况应采取不同的逃

生方法。（幻灯片、图片展示正确的逃生方法）

4. 师生共同总结逃生注意事项。

（1）遇到火灾首先想办法让自己镇静下来，然后积极采取措施进行自救。

（2）明确自己所在的位置，观察分析周围的火情。

（3）尽快报警。

（4）先用手试探门把手是否热，不要盲目打开门窗，以免烟雾跑进来。

（5）听从指挥，有序疏散。

（6）将毛巾多层折叠，用水打湿，捂住口鼻。过浓烟区要匍匐前进，不能轻易将毛巾移开。

（7）就近有水，可以将衣服打湿或在身上裹上浸湿的毯子。不要吸气，以免浓烟熏呛窒息而死。

（8）不能乘坐电梯，因为电梯极易断电且没有防烟功效。

（9）根据情况判断是否可以逃向天台。

（10）开窗大声呼救。

（11）利用身边的绳索或自制绳索下楼。

（12）公交车着火砸窗逃生。

六、背诵防火自救逃生歌谣

第七节　活动育人课程

活动是育人的载体，也是我们德育课程能够有效开展的重要途径。学校实施活动育人课程的目的，是让学生在一次次形式多样的活动中受到启发，得到锻炼，从而更好地提高道德意识，锻炼意志品质，逐步养成良好的行为习惯。

潍坊北海学校创新工作思路，多途径、多方式开展各类活动，为活动育人课程的开发奠定了基础。

（一）常规类活动

学校坚持规范的升、降旗仪式，教育学生热爱祖国，增强学生的责任感。每周的“国旗下讲话”也是学校活动育人课程的重要组成部分。

学校开展“弘扬和培育民族精神月”活动，通过组织红歌比赛、革命故事演讲比赛等方式，增强学生爱国、爱校的责任感、使命感。

学校开展“管住口、管住手、弯下腰、慢步走”活动，教育学生从身边小事做起，注重日常行为习惯的养成。

学校开展“千名名家进校园”“五个一工程”、社区活动、闲暇教育、感恩教育等系列活动，让学生在活动中进行自我体验、自我教育，提高学生的综合素质。

（二）实践类活动

学校在潍坊学院、山东乐航电子科技有限公司、潍坊紫鸢牧业发展有限公司、坊子火车站、潍坊东盛园林有限公司、潍坊歌尔电子有限公司建立了德育基地，形成了学校、家庭、社会三位一体的综合实践活动课程教育网络，带领学生开展了丰富多彩的校外实践活动。

在富华社区活动中，王老师带领孩子们捡拾地上的垃圾，都方宇激动地说：“平时捡烟头这种看似很平常的小举措，当时居然变得那么神圣，周围的人们看到我们主动把垃圾捡起来，也自觉地加入进来。榜样的作用真大!”

在参观科技馆时，同学们被高科技产品惊得目瞪口呆，纷纷表示要努力学习，掌握更多的科技知识，为祖国贡献力量。

通过这一次次的实践活动，提高了学生的社会实践能力，培养了学生的独立性、组织性、适应性。学生在活动中实践，在实践中体验，在体验中成长。

在富华社区活动中捡垃圾

在坊子的流光剪影

这是一次心灵成长的体验之旅……

2010年9月8日到10日，我们的扬帆社团在实验基地一起走过快乐而忙碌的三天。

经过这三天的实践，孩子们体验到了生活的艰辛，生活的不易；体验到了合作互助的团队力量；体验到了课外知识带来的心灵震撼。完善心智、磨炼意志、激发潜能、感悟体验，三天的难忘历程，使孩子们获得了成长！

1. 课堂小天地，天地大舞台

回顾三天的时间，孩子们走出课堂，走出校园，到社会实践的大课堂中增长了才干、磨炼了意志，在实践中检验了自己。虽然三天的生活相对比较艰苦，但对他们来说可谓乏味中充满着希望，苦涩中流露着甘甜。此次综合实践活动培训的几门必修课——建模制作、跳跳球、电脑沙画、折纸艺术、快乐布艺等让孩子们在交流与合作中提升了自我。

2. 自律自强、不甘落后的北海精神

汤善香校长在百忙之中冒雨来看望了孩子们。她还亲自到宿舍和餐厅了解情况，当看到孩子们都在自觉文明地进餐时，高兴地说："培训就是要吃苦的，同学们做得很好！什么是高素质？高素质就是能吃苦，用文明和自觉的行为来展现自律自强、不甘落后的北海精神，你们就是学校的名片，学校的养成教育和道德教育在你们身上得到了充分的展示。"校长的话，让孩子们备受鼓舞。

3. 美丽的校园行为名片

实验学校的老师也给了同学们极高的评价，在给学校的感谢信中这样写道："北海学校的学生文明守纪，整体素质非常高，合作意识特别强。他们第一次离开父母过集体生活，在三天的时间里表现出很强的自理、自立和自律能力，按时就寝、内务整洁、爱护公物，卫生打扫不怕苦、不怕累，广播稿件量多质优。最让我们感动的是在离开学校的时候，同学们还自发对校园的卫生进行了清理，我们都为北海学校有这样优秀的学生而感到高兴。"

学生感言："'成绩只能代表过去''你们就是学校的名片'，这一句句肯定、鼓励的话语深深地烙在了我们每个同学的心中。回想三天的活动，我们经历了很多的苦楚和艰辛，但让我们高兴的是，此次活动提升了我们的能力，为学校赢得了荣誉，更让我们明白了我们每一个人都是学校的名片，一言一行都代表着学校的形象。所以身为北海的学子，我们没有理由不去努力。最后，真心希望，每位同学都能做北海最美、最亮的名片，用我们的自信、自律和自强书写北海辉煌的明天！”

苏霍姆林斯基曾语重心长地告诫父母们，“不要把孩子保护起来而不让他们劳动，也不要怕孩子的双手会磨出硬茧。要让孩子知道，面包来之不易。这种劳动对孩子来说是真正的欢乐。通过劳动，不仅可以认识世界，而且可以更好地了解自己。劳动是最关心、最忠诚的保姆，同时也是最细心、最严格的保姆”。

（摘自王欣香老师的班级博客）

（三）健身类活动

良好的体魄是学习、生活的基础。学校通过开展丰富多彩的校园体育活动，如春季运动会、冬季长跑赛、广播体操及眼保健操比赛等，让学生从各自的年龄特征和不同兴趣爱好出发，人人参与活动，增强了体质。这些活动及比赛使学生充分享受到运动、健身带来的乐趣，提高了学生的身体素质。

拔河比赛

此外，我校还通过健康课程、心理咨询及心理健康教育等，呵护学生的心理健康，排除学生的心理障碍，提高学生的心理素质，确保学生的身心健康。

第八节　德育生活化课程

陶行知说：“生活即教育。”生活是德育建设的广阔舞台，潍坊北海学校开发德育生活化课程的目的，就是要创设一种健康向上的生活环境，促进学生在生活化的环境中获得德行的养成与发展。

从学校实际情况来看，学生的思想观念、学习态度、生活态度、思想道德、行为习惯等方面，主流是积极向上的，但也存在一些不容忽视的问题。如有许多学生对参与社会活动缺乏热情，对父母缺乏理解，对同学缺乏关心和帮助，自理能力太差等。德育和学生生活密切联系，所以，回归生活是改变传统德育方法的必由之路。

（一）德育生活化课程的目标

1. 联系学生生活实际，以生活化、实践化的学校德育对学生施加积极的影响，引导他们在生活实践中形成良好的行为习惯。

2. 联系学校、家庭、社会生活各个方面发展学生的评判能力、自我教育能力，提高他们的道德水平和道德修养，为学生形成正确的世界观打下基础。

3. 培养、发展学生的道德智慧，即能根据具体的情境、场合、对象选择和创造灵活的、个性化的言行方式去实践伦理道德规范，并表现出相应的道德行为。

（二）德育生活化课程的主要内容

结合潍坊市教育局德育生活化实施方案的具体要求，学校创新工作思路，开发德育生活化课程。以学会做人、认真做事、幸福生活为生活化德育课程的主要内容，突出学生参与和实践的过程，让学生在日常学习、生活实践中，着力解决成长中的具体问题，从而感悟人生、接受教育、养成良好的行为习惯。

（三）德育生活化课程的实施途径

1. 德育微课程，具体直观

（1）制作德育微课程——身边小事，浓缩呈现。

为了提高班级管理的实效性，学校组织全体师生及家长积极参与，征集学校、家庭及社会中存在的问题形成“德育一百问”，比如，面对父母充满爱的唠叨，你如何回应？如何过一个有意义的课间十分钟？面对地上的垃圾，你将何去何从？公交车上，你让座了吗？等等。这些问题由学生和家长共同认领后制作成通俗易懂、容易接受的德育微课程。

（2）归类德育微课程——分类汇总，专题切入。

德育微课程制作完成后，学校对其进行评比且归类，如课间管理类、节约类、习惯养成类、广播体操类、交通类等，并将其纳入德育课程资源库，定期对学生循环播放，提高学生的品格素养。

潍坊北海学校德育生活化微课程明细表（节选）

类别	具体内容
课间管理	1. 如何过一个文明有序的课间？ 2. 课间游戏的创新与应用。
节约	1. 今天，你“光盘”了吗？ 2. 一粒米的由来。 3. 做个节约的小公民。
习惯养成	1. 弯弯腰行动。 2. 成就一生的好习惯。
广播体操	1. 我是威武的小标兵。 2. 每天锻炼十分钟，快乐健康伴我行。
交通	1. 马路杀手，你看到了吗？ 2. 我是快乐的小黄帽。

（3）播放德育微课程——触及心灵，接受教育。

我们利用班会、活动课的时间，采用多种形式将德育微课程在班内进行循环播放，每周一个主题。学生看到了自己的作品，享受到成功的喜悦，同时也受到了教育，具有非常好的教育效果。

2. 品格行为，促成习惯

良好的品格可以让人受益一生。为了让学生在德育教育中养成良好的品格，学校加强了对学生的品格教育，形成品格教育校本课程，督促学生养成习惯。

（1）制订有序教育系列，统一印制。我们分别从安全、卫生、课间、路队、如厕、集会等方面确定评价内容，制订评价标准，对学生进行评价。

潍坊北海学校学生行为量化评比标准

评价项目		评价内容	评价标准	评价方法
有序	安全	1. 要按时出人，不早来晚走； 2. 要用好文具，不伤己伤人； 3. 要文明活动，不嬉笑玩闹； 4. 要轻声慢步，不追逐打闹； 5. 要爱护器械，不违规锻炼； 6. 要和睦相处，不打架斗殴； 7. 要右行楼梯，不蹦跳滑行； 8. 要防火防电，不带危险品。	±2 ±2 ±2 ±2 ±2 ±2 ±2 ±2	班主任、值班教师、少先队纪检部、班委每天检查记录。 每周一汇总。
	卫生	9. 要桌面整齐，不乱摆乱放； 10. 要勤洗手脸，不病从口入； 11. 要爱护公物，不涂抹刻画； 12. 要攥手弯腰，不丢弃纸屑。	±2 ±2 ±2 ±2	班主任、少先队卫生部、卫生委员每天记录量化。 每周一汇总。
	课间	13. 要准备充分，不误课拖时； 14. 要多喝开水，不乱吃零食； 15. 要语言文明，不讲粗脏话； 16. 要文明活动，不随意打闹； 17. 要爱护器械，不随意破坏。	±2 ±2 ±2 ±2 ±2	班主任、任课教师、少先队纪检部、班委每天记录量化。 每周一汇总。
有序	路队	18. 要带好物品，不丢三落四； 19. 要维护卫生，不乱丢垃圾。 20. 要有序排队，不插队推挤； 21. 要文明行走，不喧哗打闹； 22. 要服从管理，不粗鲁顶撞。	±2 ±2 ±2 ±2 ±2	路队管理员、班主任、值周班每天记录量化。 每周一汇总。
	如厕	23. 要井然有序，不打闹嬉笑； 24. 要便后冲刷，不堵塞管道； 25. 要文明如厕，不乱写乱画。	±2 ±2 ±2	值班教师、少先队纪检部、值周班每天记录量化。 每周一汇总。
	集会	26. 要迅速有序，不拖沓混乱； 27. 要用心倾听，不分神议论； 28. 要统一着装，不乱穿乱戴； 29. 要听从指挥，不擅自行动； 30. 要言行文明，不起哄打闹。	±2 ±2 ±2 ±2 ±2	班主任、少先队纪检部、值周班记录量化。 每周一汇总。

（续表）

<table>
<tr><th colspan="2">评价项目</th><th>评价内容</th><th>评价标准</th><th>评价方法</th></tr>
<tr><td rowspan="2">重大行为</td><td>正面</td><td>1. 拾金不昧品德高尚；
2. 见义勇为帮助弱小；
3. 家庭个人贡献突出。</td><td>视情况直接授予一枚或两枚勋章。</td><td rowspan="2">学校认证查实。
每月一汇总。</td></tr>
<tr><td>负面</td><td>1. 欺负弱小恐吓同学；
2. 无视责任屡教不改；
3. 无故离班擅自离校；
4. 污言秽语打架斗殴；
5. 偷盗钱财抢夺物品。</td><td>视情况直接扣除一枚或两枚勋章。</td></tr>
</table>

（2）利用班会、主题队会等时间，班主任带领学生学习行为标准，并做好示范，让学生强化记忆、加深认识。

（3）学生付诸行动，班主任、大队委纪检部、值周班进行检查，以督促学生形成习惯。

3. 活动教育，潜移默化

学校结合各种传统节日及系列德育活动对学生进行生活化教育，开展爱国主义教育、革命传统教育、集体主义教育、法制教育等，让学生在活动中接受自我教育，学会关心他人，促进习惯养成，提升品格素养，努力使学生在校做个好学生，在家做个好孩子，在社会上做个好公民。

通过德育生活化课程的实施，学生辨别是非、自我要求的能力逐步提高，形成了良好的品格。家长们也感受到孩子品德思想的进步，共同体会到成长的快乐。

第四章 整体提升的英语课程

第一节 英语课程改革的背景和目标

在现代科技发展和经济全球化的潮流中，全世界的人们好像共同生活在一个地球村里，世界各民族之间的交流日益频繁，不同文化之间的交融不断深化。英语作为一种语言工具，为不同国家的人们架起了一座语言的桥梁。而学生是国家和民族的希望，对英语的学习要从学生抓起。在这种形势下，生活在新世纪的学生不仅要有扎实的英语基础知识，又要具备较高的英语口语交际能力。

（一）英语课程改革的原因

从英语教学的现实情况看，在国家、社会、学校不同层面之间，以及英语教学的内部环境中都存在着一定的矛盾，这些矛盾直接影响了英语教学的质量，具体来说表现在以下方面。

1. 国家课程的基础性与学生英语实践运用能力之间的矛盾

一是国家课程标准较低。国家课程面向全国，体现了国家教育发展的基本要求。国家课程标准是站在国家层面确立的，要考虑到农村教育，因而不太适用于英语学习基础较好的城市学校。如我校地处城市中心，生源质量较好，在教育国际化的进程中，家庭英语教育水平不断提高，部分学生已经走出国门，接受了西方的教育，现行英语课程已经无法更好地为学生的学习服务。许多家长不惜花费大量的时间和金钱在孩子的英语学习上，各种英语辅导班如雨后春笋般大量涌现，且数量明显高于其他学科。

二是现行的英语课程较为简单，内容不够丰富，词汇量太少。与同为语言学科的语文课程相比较，《义务教育语文课程标准（2011 年版）》要求一、二年级的学生认识常用汉字 1600 个左右，其中 800 个左右会写，而这些要求是满足学生日常交际与学习的基础。《义务教育英语课程标准（2011 年版）》整个小学阶段要求学生掌握的英语单词仅有 811 个，初中阶段是 1500～1600 个生词（其中一部分与小学重复）、200～300 条习惯用语或固定搭配，这样的学习标准是无法满足学生日常交际词汇需要的。正如 2011

年 4 月，我校承担教育部组织的京港教育专家课程交流会时，香港著名校长潘笑兰女士了解到这一情况后评价，“内地四年级的英语教材水平相当于香港幼儿园教材”。按照国家英语课程标准，已经无法促进我校英语教学水平的提升，形势发展逼迫着我们不得不进行新的实践探索。这也是我校进行英语课程改革的主要原因之一。

2. 应试教育与学生英语发展能力之间的矛盾

1999 年，国家在小学全面开设英语课程，尽管经过了十几年的课程改革和课程实践，但英语教学中的问题依然突出，以考试为学习目的的英语教育严重影响了英语的教学质量。英语题海战术虽然能提高学生的考试成绩，但却不能培养学生的语言交际能力。英语教学效果与投入的时间成本、费用成本、机会成本相比，显得有些不成比例，绝大多数人在学习十几年英语之后，英语能力仍不理想。学生学习英语的兴趣越来越低，哑巴英语比比皆是。而《义务教育英语课程标准（2011 年版）》为今后分阶段、有层次和系统地培养学生的英语能力指明了方向。

3. 英语课程教学研究与教师专业成长之间的矛盾

虽然市区教研部门发挥了专家引领作用，但在英语校本教研中仍有问题存在。其具体表现：一是学校管理人员的专业性不强，上至校长、分管校长、中层干部大多非英语专业，不敢随便指导英语教学；二是英语教师固步自封，缺乏进取心。英语教师普遍以为自身专业性强，水平高，排斥非英语专业的相关指导，因为不能正确评价自己而影响了自身的专业成长。

在新课程改革中，其他学科均出现蓬勃发展的有利态势，而英语课程教研与发展却明显滞后，英语教师的专业成长也滞后于其他学科教师。潍坊北海学校其他各科均有省市级教学能手多人，唯独英语学科最高荣誉仅有一名市级教学能手，而且是汉语言文学专业毕业的。

4. 学校英语教育资源与学生英语发展能力之间的矛盾

潍坊北海学校教育资源总量比较丰富，但学科间不均衡，尤其是英语学科相对较弱，主要表现在以下几个方面。

一是师生比例不协调。目前市内小学普遍面临英语专业师资力量严重缺乏的困境，潍坊北海学校尤为明显。以小学部为例，小学 40 个教学班，在校生 2250 人，除一、二年级外，三到六年级各班人数均超过 55 人，其中个别班级人数达到 70 人，班额过大。而与之相对应的在编在岗英语教师只有 11 人，学校返聘 1 人，自行招聘实习教师 3 人，共计 15 人，师生比为 1∶50。这种局面导致课堂教学效果不理想，而课后辅导又跟不上，学优生培养和后进生转化滞后，学科教学质量受到极大影响。

二是师资弱。潍坊北海学校英语教师队伍结构性矛盾突出。11 名在编在岗英语教师，年龄集中在 24～30 岁的有 7 人，占 64%，30～35 岁的有 3 人，37 岁有 1 人，没有 40 岁以上的老教师，年龄结构存在严重问题，英语学科教学缺少相应的引领者。11 名英语教师中 2 名为非英语专业，占 18%，9 名为英语专业，占 82%。不考虑学历、专业，从潍坊学院（包括昌潍师专）毕业的有 6 人，占总数的 55%，山东师范大学毕业的有 3 人，占总数的 27.3%。教师学历层次较低、年轻、课堂教学经验不足，导致绝大多数班级英语课堂教学效率明显偏低。

三是课时少。潍坊北海学校严格执行潍坊市教育局的英语课时计划，每周 4 节课，课后不布置英语作业。学生平均每天接触英语的时间不到一节课（40 分钟），学习时间过少与语言学科应有的学习规律不符。

四是质量差。潍坊市英语教学高考成绩位列全省第 10 名左右，与其他学科相比有明显差距。而潍坊北海学校的英语教学质量较差，在 2011 年全区抽测中英语名次偏后，英语教学质量严重影响学校声誉。学校压力较大，不改革就无法提升学生的英语成绩，这也是学校实施英语课程改革的原因之一。

（二）英语课程改革的目标

国家英语课程标准面向全国，体现了国家对英语教育发展的基本要求。课程标准是确保实现这一目标的底线。潍坊北海学校在准确分析国家英语课程标准的基础上，认识到作为市级重点窗口学校，我们不应仅仅把国家课程标准作为学校英语教育的落脚点，应根据学校实际情况，创新教育目标。因此学校确立了适合学校实情的英语目标。

“北海英语提升工程”项目研究的总目标是营造全方位、立体化的英语学习氛围，让英语学习走进学生生活的方方面面，让英语学习回到学生的个体学习生活中，真正做到学英语、用英语；探索“北海英语高效课堂”教学模式，促进教师队伍的专业成长，培养一支业务能力强的英语教师队伍；构建“北海英语”课程体系，加强英语口语交际教学，夯实英语写作，拓展英语阅读，培养学生英语思维习惯，全面提升学生的英语素养。

为了更好地推动项目研究的发展，我们将项目研究的总目标细化为以下八个分目标。

（1）激发学生的英语学习兴趣。

（2）形成有效英语校本教研机制。

（3）打造英语教学规范下的高效课堂。

（4）构建满足学生多样化需求的校本课程体系。

（5）探索过程性的英语素养评价方式。

（6）拓展英语学习环境。

（7）确保英语教师的专业化成长。

（8）实现学校基于英语提升的教育国际化发展。

自2011年以来，潍坊北海学校在市区教育行政部门的领导下，开始实行北海英语整体提升工程，对英语教学进行设计，以“一个面、两条线、三个突出点”为工作思路，坚持以活动促发展的教学策略，定期开展“英语风采大赛”“千人英语素养展示”“英语情景剧展评”“圣诞嘉年华”等多种竞赛活动，让每个学生都能大方地开口说英语、用英语，使英语学习走进了学生的生活，为学生营造了浓郁的英语学习氛围。

经过几年的努力，学校的英语教学有了非常大的改观，解决了学校大班额英语教育质量问题，家长满意、群众满意、教师提高、学生成长，成效显著。这一改革走在了潍坊市英语教学改革的前列，并对全市英语教学的提升产生了非常积极的影响。

第二节　英语课程改革的措施

2011年，我校在对英语教学的诸多问题进行深层次思考后，开始了以提升学生英语学习兴趣，提高学生语言综合应用能力为主的英语提升工程，具体措施如下。

（一）研究性措施

1. 营造英语氛围，改善英语教学环境

（1）实施“跨时空立体式”策略。学校全方位创设英语学习环境，给学生提供更多的英语学习和活动的时间，创设英语展示的平台，给学生提供体验成功的机会。从开学到放假乃至假期，涵盖了学生所有时间段；从学校到家庭到社区，涵盖了所有地点；从课上到课下，从教材到读物，涵盖了所有学习内容。学校充分利用“泡菜缸”理论，让学生浸润其中，逐步提高学习兴趣。

（2）积极落实以活动促发展的教学策略。学校开展了学生喜欢的英语学习活动，并在开展活动前进行了专门的问卷调查，了解学生的心理需求和感兴趣的英语活动。

英语短剧《快乐的一天》

（3）开发“北海英语学习空间”。“北海英语学习空间”是我校英语课程建构的一大创新，是目前国内第一家由学校自主开发的英语学习空间。现在，潍坊北海学校 3088 名学生，既可以通过电脑进入学习空间，也可以通过平板电脑或手机进入学习空间，进行英语学习。它的应用，实现了英语学习的系统化，成为打通校内外英语学习的桥梁，将家庭教育与学校教育有机融合，提高了学生英语学习的兴趣和效率，减轻了学生的学习负担。“北海英语学习空间”成为教育部“三通两平台”的范例。

在“北海英语学习空间”开发的过程中，我们采取了学校软件开发者、课程专家团队结合的开发模式。整个开发过程，课程专家与软件开发者共同商讨，反复交流，由课程专家提出空间的整体设想、具体内涵与要求，学校教师负责提出便于实施与操作的细节，软件开发者提供技术支持和实现。历时近一年，在多次商讨、交流与技术实现的修改后，最终形成了本校学生和家长可以免费使用的、体现潍坊北海学校个性化的、拥有自主知识产权的英语学习空间。

“北海英语学习空间”为学生提供了多种学习功能模块。校本课程、教师教学资料等为学生和家长提供了大量的学习资源，学生可以自主选择、自主学习，最大限度地满足了学生英语学习的需求。说说、日志、留言等模块，让学生可以在空间里进行交流，师生间的跨时空交流得以实现，为师生提供了一个网络虚拟空间交流的平台，实现了虚拟班级交互性学习。在线监测、系统评价模块则突破了教师对学生的指导时间和空间的限制，减轻了教师逐一批阅的负担。

2. 改变教研模式，实现英语教学研究科学发展

学校在英语校本教研中有两个突破，一个是有专门的教研时间，一个是研究遵循逻辑性。这两方面的工作深化了英语教学研究。

(1) 从项目组成立之日起，每周二下午成为我校英语项目教研的时间，所有英语教师全程参与。学校根据英语教师实际情况，多次邀请专家现场指导、共同研讨，提升了教师的教学理念。

(2) 在教研过程中，我们实施了“三步走”策略：第一步，调研研究，发现问题；第二步，归因分析，明晰问题；第三步，制订方案，解决问题。

首先，我们梳理出学校英语教学中存在的七大问题。即学生过多，教师分身乏术；后进生转化困难；英语课时少，任务重，学生的听力和阅读没有充分的时间保障；从高年级开始，学生的英语学习两极分化严重；学生阅读能力差，需要有系统提高的有效策略；英语教师的自身学习、锻炼与工作的矛盾；家长重视程度不够等。

然后，问题归因，探究本源，寻找七大问题背后的原因，最终把影响学校英语教学效果的因素归结为教学方式、教学理念、学生兴趣、英语环境四个方面。

最后，寻找策略，制订方案，解决本质问题。即优化教学方式、提升教学理念、提高学生兴趣、改善英语环境。

专人、专题、专时。学校在英语教学研究中，采取了专业化研究方式，

做到了周周有教研、次次有专题、回回有专人，问题由浅入深，分析由表及里，操作由易到难，并且穿插专家的实践引领，极大地增强了研究的实效性。

3. 改变教学方式，实现课堂教学高效

在课堂教学改革中，我们始终抓住两个基本点：一个是学生的独立学习；一个是教师的帮助发展。从教与学、教师与学生、教材与师生的维度思考如何培养学生自主、合作、探究的学习能力，以期达到“用教材教”“教是为了不教”等教学理念。

如今，学校的英语教学基本形成了“整体认知，主题学习”的教学模式。进行英语教学改革前，学校并没有对英语教师提出过多要求，而是在寻找问题、分析问题、解决问题的过程中，逐步引导教师正确评估自己的教学水平与教学质量，用数据说话，从数据中看到学生对知识的掌握情况、重难点的学习情况、教师课前预设与学生课后效果的比对等，让教师反思自身教学理念与方法，逐步找到适合自己的教学角色定位，最终实现教学方式的转变。

学校出台《英语课堂“十要”教学规范》，明确指出了教师在课堂上必须完成的任务，让教师有标可循。教师依据规范设计课堂教学，堂堂目标明确，迅速地提升了课堂效率。

潍坊北海学校小学部英语课堂规范“十要十不要”

教学资源要合理整合，不要一味照搬照抄教材；

教学目标要明确、重点要突出，不要随意而为、面面俱到；

教学环节设计要贴合学情，不要纷繁复杂、花样繁多；

学习方式要互助合作，不要课堂霸权、单打独斗；

学生错误要适时纠正，不要一味坚持无错原则；

教师要给予学生必要的汉语提示或解释，不要强求全英课堂；

文本阅读要整体输入、增加阅读次数，不要肢解内容、零散教学；

课堂板书内容要规范、字号大小适中，不要杂乱无章、敷衍潦草；

教师要重视学生英语学习常规，课堂内要适量增加学生书写时间，不要只追求听、说、读；

阅读、写作要重视方法指导，不要忽视能力训练与培养。

潍坊北海学校初中部英语课堂规范“十要十不要”

要兼顾知识和技能，不要只重知识和技能；

要统筹听说和读写，不要偏袒语法和讲授；

要注重教学的实效，不要虚假的课堂繁荣；

要拓展学习的渠道，不要完全拘泥于课本；

要注重学法的指导，不要只管“教”不管“学”；

要衡量过程和表现，不要只看成绩与名次；

要精选题目来操练，不要打压题海与战术；

要提纲挈领写板书，不要依赖电脑和幻灯；

要创设语境教语言，不要死板背书赶进度；

要精心设计巧备课，不要照本宣科灌知识。

我们的教学模式注重整体输入，使学生对英语学习有了整体认识，逐步培养了学生英语学习的整体意识与结构意识。因此，不管是简单的还是难度较大的文章，学生都能从文章整体架构着手学习，通过大量阅读，学生在不知不觉中掌握了更合适、更简单的英语学习方法，变被动接受为主动构建，学习意识明显增强，学习效率大幅提升。

4. 改变教师培养模式，实现教师成长专业化

教师的成长有自身的规律，成长规划、关键人物、关键事件等各种因素缺一不可。我们针对英语学科采取适当倾斜政策，鼓励英语教师走研究型教师成长之路。目标引领、自主学习、智慧行动、反思创生是每个教师专业成长的历程。

(1) 以课标研读为推动力提升英语教师的专业素养。教师认识到英语教学要以培养学生英语兴趣为出发点，要创设以人为本的情境教学，要进一步改进教学模式与方法，并辅以多样化的教学评价方式，促进学生英语综合能力的逐步提升。

(2) 实践＋反思＝英语教师专业成长。我们要求英语教师在实践中必须学会反思，对照新课程的理念，从教学观念、教学行为、教学效果等层面学会自觉、主动地审视自己的教学行为，学会从自身的教育教学实践中发现问题，并进行必要的理性分析，从而引发自身的观念冲突，激发改进的欲望，提高解决教育教学实际问题的能力，逐步完善教学艺术，提高并超越自我，不断地向高层次迈进。

(3) 开展教师自我发展四年规划行动。要求教师从走上工作岗位起，就制订自己的职业规划，实施“一三五”目标。所谓“一三五”目标，是针对青年英语教师成长所采取的一项措施，即要求青年英语教师“一年入门，三年达标，五年成为骨干”。到目前为止，学校英语教师已经逐步形成梯队，递进式发展已初具模型。

5. 明晰英语教育框架，实现英语教育课程体系

学生的高素养来自于课程。于是学校积极探索北海英语课程体系，并将其作为学校的个性发展项目。

2013 年暑假，学校从教师的个性与特长出发，引导英语教师全员参与，采用自主认领的方式，成功开发了影视欣赏、西方礼仪、情景剧、英语歌曲、游戏、演讲等 12 门英语校本课程，不断健全英语校本课程。

6. 改革课程评价，增强学生学习英语的动力

学校创新性地启动了自己的英语水平等级评定活动，鼓励学生在达标的基础上有更高的追求。开展这一活动的目的是为了全面了解学生的英语学习状况，提高学生学习英语的积极性，使学生掌握听、说、读、写技能，借助多样化、科学化的评价形式和手段，为学生提供展示自己的平台，让学生在等级评定中萌生更强的学习动力，促进学生综合运用英语能力的发展。

等级评定的级别小学为 1～13 级，中学为 13～19 级，其中的 1、3、5、7、9、11、13、15、17、19 级为各年级应达到的基础级，其水平等同于国家课程标准规定的水平；2、4、6、8、10、12、14、16、18 级为提高级，同时作为更高级别的过渡级。学生报考等级有下限，但无上限，学校鼓励学生单项跨级考试和综合跨级考试。

潍坊北海学校小学生英语水平等级评定汇总表（2013.6）

	总人数	基础级人数	百分比	提高级人数	百分比
一年级	340	250	73.53%	90	26.47%
二年级	373	131	35.12%	242	64.88%
三年级	345	100	28.99%	245	71.01%
四年级	330	181	54.85%	149	45.15%
五年级	393	147	37.40%	246	62.60%
六年级	490	165	33.67%	325	66.33%
合计	2271	974	42.89%	1297	57.11%

(二) 保障性措施

1. 专家引领，顶层设计

潍坊市教育局刘海涛博士对北海英语课程体系项目给予全力支持，从项目组的成立、项目的规划、理念的引领、策略的制订，到实践层面的跟踪指导，刘博士全程跟踪，每周确保到校听课，每周二下午固定全程参与学校的英语教研，与教师们一同备课研讨，碰撞交流，在校本研究过程中，刘博士做了《校本课程开发》的专题报告，指导英语教师如何开发适合学生发展与需求的英语校本课程，为项目的科学发展起到极其重要的作用。

2. 团队管理，项目落实

在对学校英语教学现状做了深入分析与探讨后，学校于 2011 年 9 月组建了北海学校英语提升工程项目组，成立了由专家、校长、学科主任、全体英语教师组成的项目研究团队。

项目组专家：刘海涛

项目组组长：隋海丽

项目组成员：赵艳霞、王静、卢鹏、李海蓉、陈立华、田蕾蕾、牟晓娜、张青青、陈莎莎、赵志军、杜逢春、代璇、程翔凤、潘云、刘爱荣、郎娟、郑晓燕、刘海燕、吉杨荣、李宁、郭雪、杨宗芳、侯秀芬、刘洋

3. 政策保障

完善评价体制，促进英语教师的可持续发展。学校在教师绩效考核方案中将英语项目列为个性加分项目。除了对英语教师的常规考核评价外，每学期还对英语教师教学改革和深层次研究进行过程性综合评价。

第三节　英语课程的开发与实施

(一)“和而不同，各雅其雅”英语校本课程

学校积极探索北海英语课程体系。学校英语校本课程开发以国家课程标准规定的课程目标和教学要求为指导思想，以促进学生的发展为出发点和归宿，围绕所学教材的知识体系，结合学生的实际生活，自主开发了适

合我校自身条件和特点的英语口语交际、阅读与写作等校本课程资源，满足了学生的学习需求，体现了学生的兴趣、爱好和差异性。

北海英语校本课程是在现代课程理论指导下，基于课程标准、满足学生发展和学习需要，以综合语言运用能力为核心，重点以英语学习环境的创设和学生学习兴趣的提升为主旨的特色校本课程。学校在课程开发过程中加强了学校层面的系统设计，强化教师的参与意识，为教师提供了展示能力的机遇。由于是学生自主选择英语课程，所以学生的学习状态良好，精彩不断呈现，北海英语校本课程成为国家英语教材的有益补充。

在北海英语校本课程的实践研究中，我们的开发宗旨是让英语学习走进学生生活的方方面面，让英语学习回到学生的个体学习经验中，回到学生的生活中。因此在注重英语基础知识学习的同时，还加强了英语口语的实际交际教学，让学生真正把英语作为一种交流工具去学习。

（二）重视开展模拟真实的交际活动

学生的实际生活其实就是一种取之不尽、用之不竭的学习资源，既生动又有趣。在英语对话课程的教学中，教师可以以活动为切入点，创设具体的活动情境，如餐馆用餐、超市购物等，这些与学生生活密切相关的情境，都可以作为对话课程的重要资源加以开发和利用，以提高学生的英语学习兴趣。比如，北海英语校本教材 87 页的语言材料是关于旅游的，教材提供了一些经典的旅游照片，在自由交谈中，教师告诉学生自己准备去安徽黄山旅游，询问学生要想野营该带哪些用具，出发前该买些什么物品，可以采取什么方式去。学生们兴高采烈地充当起老师的小参谋，为老师出谋划策，于浑然不觉中进入了对话的情境。教师从自身找切入口，不仅可以将学生尽快地带入对话情境中，还可以为学生创设亲切自然的学习氛围，让学生觉得老师是他们学习的合作者、活动的共同参与者。

（三）英语特色课程资源——音标舞

经常有英语教师说国际音标难教、枯燥。确实，单纯的音素认读、记忆和反复拼读练习确实比较乏味。学习英语的 48 个国际音标如同一年级小朋友学汉语拼音一样，有一个音与形的认识过程。课堂上模仿、拼读时间一长，学生很容易厌烦。如果不在教法上多做文章，学生是不会感兴趣的。

为了更好地培养学生的语感，我们引进了专业教育机构以培养英语学习兴趣、提高英语学习效率、培养语言情感为主旨开发的特色课程——音标舞。该课程利用象形、拟声、联想等手段，以动画、图片、动作等方式，将音标与学生易于理解的生活元素联系起来，打破传统、枯燥、单一的学习方式，让学生在边说边做中掌握音标知识，并在以后的学习中能正确地用、准确地读，使英语学习取得事半功倍的效果。

学生好动，就让他们在活动中学；学生好胜，就让他们在竞赛中练；学生好奇，就让他们在悬念中猜。简易的绕口令和歌曲的配合，既满足了学生的娱乐愿望，又顺利地完成了学习任务。学生在愉快的氛围中学习，在积极的情境中记忆，使音标教学真正从枯燥中摆脱出来。

课间操时间“音标舞”展示

2012 年 5 月 19 日，我校把音标舞融合在学校大型艺术体操《走向新世纪》中，在潍坊高新区体育运动会上进行了初次亮相，让在场的观众倍感新颖与奇特。

现在，音标舞已经作为我校校园艺体活动的一部分，每天上午的课间操都会进行练习与展示，在无形中助推了学生英语学习兴趣的整体提高。英语单词拼读教学活动，更是让学生在实际应用中更好地理解音标舞，让音标舞真正成了学生学习英语的好助手。

（四）丰富多彩的节日活动课程

2012 年 9 月以来，在全体英语教师的共同努力下，我们通过积极探索英语高效课堂的教学模式，开发北海英语校本课程，组织学生开展系列竞赛及展示活动，使北海学校英语提升工程的项目研究逐步深入。如低年级的写话、中高年级的阅读写作一体化、学唱英语歌曲、圣诞嘉年华活动、情景剧表演等展示活动；英语节、英语口语风采大赛、英语单词识记小能手、英语书法比赛等竞赛活动；音标舞、小组合作学习、英语小广播、班级英语角等英语学习活动；母亲节的贺卡、复活节的彩蛋、圣诞节的狂欢等西方节日体验活动……

圣诞节的狂欢活动

英语情景剧《To pull it out》课堂实录

【活动目标】

1. 表演情景剧《To pull it out》。

2. 正确辨认单词及其发音，理解剧本的意思。

3. 通过排演情景剧，学习舞台表演技巧。

【教学课时】

1 课时（80 分钟）

【活动准备】

1. 动物头饰。

2. 情景剧背景音乐。

3. 场景道具。

【活动过程】

一、Warm up

1. Greetings.

2. Betty beats a bit of butter to make a better batter.（练习绕口令，进行课前热身）

二、Enjoy a play

通过欣赏短剧，初步把握短剧的主人公和故事梗概，并回答问题。

Q1：How many characters in this drama?

Q2：What are they doing?

Q3：Who can pull out the radish?

三、Act this play：To pull it out

1. Step—1：Story Skimming.

5分钟，同桌通读故事，将不会读或不懂的单词在剧本中画出，先共同解决读音，要求能通顺读出剧本台词。

Read the new words：a big radish pull out help work hard heavy hungry together.

2. Step—2：Read in Details.

3分钟，自己读剧本，在读的过程中揣摩角色语气，3分钟后比比谁读得好，谁读得符合人物个性，遇到问题可向同学或老师寻求帮助。

Radish：Hi，I'm a radish! I'm a big radish! I'm a heavy radish! No one can pull me out!

Hare：Oh，a radish! A big radish! I'll pull it out. Ai——Hay——Yo! Ai——Hay——Yo! The radish is too heavy. I can't pull it out.

Dog：I'm a dog. I'm hungry. Oh，Miss Hare，What are you doing?

Hare：Hello，Mr. Dog. A radish，a big radish. It's too heavy. I can't pull it out.

Dog：I'll help you. Let's pull it together.

Hare：Thank you. Let's pull it together.

Hare&Dog：One，two，begin! Ai——Hay——Yo! Ai——Hay——Yo! Oh，the radish is too heavy. We can't pull it out.

Monkey：I'm a monkey. I'm hungry. Oh，what are you doing?

Hare&Dog：Hello，Mr. Monkey. A radish，a big radish. It's too heavy. We can't pull it out.

Monkey：I'll help you. Let's pull it together.

Hare&Dog：Thank you. Let's pull it together.

Hare&Dog&Monkey：One，two，begin! Ai——Hay——Yo! Ai——Hay——Yo! Oh，the radish is too heavy. We can't pull it out.

Goat：I'm a goat. I'm hungry. Oh，what are you doing?

Hare&Dog&Monkey：Hello，Mr. Goat. A radish，a big radish. It's

too heavy. We can't pull it out.

Goat：I'll help you. Let's pull it together.

Hare&Dog&Monkey：Thank you. Let's pull it together.

Hare&Hog&Monkey&Goat：One，two，begin！Ai——Hay——Yo！The radish is big. The radish is heavy. Ai——Hay——Yo！We must work hard. We must pull it out.

Hare&Hog&Monkey&Goat：Ai——Hay——Yo！Ah，the radish is out！A big radish！A heavy radish！We'll eat it together.

3. Step—3：Rehearsing the Drama.

10分钟，小组活动，用最生动的方式表演短剧，场地不限，动作表情到位。10分钟后回到组位。

4. Step—4：Show time.

评价标准

(1) 语言准确，台词熟练。

(2) 语气符合人物形象特点。

(3) 动作与人物形象相符。

(4) 注意舞台要素（站位、出场顺序、服装、道具等）的运用。

(5) 能认真观看其他组表演，并主动为其提出建议。

5. Homework.

将排演的情景剧演给自己班的同学，并说说表演收获。

【教学反思】

1. 本课亮点。

(1) 在学生表演过程中，教师大胆放手让学生去做，去表演，去评论，尤其是让一名学生做旁白，使整节课显得顺畅自然，渲染了浓厚的英语氛围。

(2) 学生通过一学期的努力，已经取得了小小的进步。比如，在表演过程中道具准备充分、运用得当，参与积极性高，并对英语产生了浓厚的兴趣。

2. 不足之处。

(1) 学生在表演过程中，表情不够丰富，有些句型学生还不能做到运用自如。这就需要教师在平时的教学中多带领学生看一些这方面的视频，让他们能够更好地整体感知英语。

(2) 整节课，无论是教师还是学生都应注意语言表达时要用英语。

(3) 需要改进的地方还有很多，比如，观看表演的学生的纪律问题该怎样解决，如何能让学生认真地观看表演，学生之间如何对所表演的情景剧进行交流与评分等，这些都值得思考。

在今后的教育教学中，我会不断思考与改进，努力把英语课上得更好。

（英语教师：陈莎莎）

第四节　英语课程的课型分类

《义务教育英语课程标准（2011 年版）》明确指出，本次课程改革就是要改变英语课程过于重视语法和词汇知识的讲解与传授、忽视对学生实际语言运用能力的培养的倾向，强调课程从学生的学习兴趣、生活经验和认知水平出发，倡导体验、实践、参与、合作、交流的学习方式和任务型的教学途径，发展学生的综合语言运用能力，使语言学习的过程成为学生形成积极的情感态度、主动思维、大胆实践、提高跨文化意识和形成自主学习能力的过程。由此可见，教师在教学行为方面发生怎样的变化才能有效地引导学生自主学习，是本次英语课程改革必须解决的问题。

在新课改背景下学生到底怎么学，教师到底怎么教，都是亟待我们进一步研究并解决的具体问题。而我们设定“北海英语高效课堂模式”研究，就是要研究、解决课程实施中“教什么”“怎么教”和“学什么”“怎么学”的问题。项目组课堂研究的核心任务是帮助学生构建以自主、探究、合作为特征的学习方式。因此，我们认为，对学与教的行为变革，如果能从微观的层面进行深入细致的研究，那么问题的解决就会指日可待，课堂教学就会系统化、目标化、最优化。基于上述思考，我们决定让教师们积极探索北海英语高效课堂的教学模式。

潍坊北海学校的英语课程以《义务教育英语课程标准（2011 年版）》为依据，对小学英语教材（新标准）进行分析，把握每类课型的特点及教学任务，并结合小学中年级学生的认知规律和心理特点，研究一类课型的教学环节、自主学习方向、学与教的行为方式，以此优化备课及课堂教学效果。

小学英语若以教学任务作为分类的基点，可分为新授课、巩固课、复习课、测试讲评课等；若以教学内容作为分类的基点，可分为字母教学、语音教学、词汇教学、句型教学、功能话题教学等。两者结合可以获得小学英语基本类型课，如小学英语读写课、对话课、单词课、写作课、阅读课等。

第五节 英语课程的评价体系

《义务教育英语课程标准（2011 年版）》对英语教师的教学标准及小学阶段各年级学生的英语掌握程度都有了更细致、更高层次的要求。学校为了让教师有一个更明确的考核方向，让学生的英语能力有一个更大“量”的满足，更精“质”的提高，开创了潍坊北海学校英语水平等级评定体系。这是针对国家目前现行的新课标英语教材，针对 7～13 岁小学生的听、说、读、写技能进行全面测量的水平考试。

（一）指导思想

《义务教育英语课程标准（2011 年版）》中提出：通过英语学习使学生形成初步的综合语言运用能力，促进心智发展，提高综合人文素养。综合语言运用能力的形成建立在语言技能、语言知识、情感态度、学习策略和文化意识等方面整体发展的基础之上。语言技能和语言知识是综合语言运用能力的基础，所以学校通过这几个大的方面，将所关联的策略、情感、文化意识等加以糅合利用，结合校本课程所提供的话题与素材对学生的综合语言运用能力加以检测。

（二）评价目的

让学生对自己的英语学习有一个更加明确的认识，从而查漏补缺，在以后的英语学习中有一个全能的成长，成为英语学习的小能手。

（三）考评人员

全体小学英语教师。

（四）考评分级

学校采用通用的分级方式，将小学英语课程目标按照能力水平设为13个级别，在学年结束时由学生自主申报，学校英语项目组委会组织专人进行评定，并颁发等级证书。该设计遵循了语言学习的规律和不同年龄段学生生理、心理发展的需求和特点，也考虑到学校学生多，英语水平参差不齐的实际，旨在体现学校英语等级评定的整体性、灵活性和开放性。

（五）课程评价建议

我校英语课程中的英语口语、阅读与写作等的评价以形成性评价为主。我们确定的形成性评价内容包括听课习惯、小组活动表现、发言情况、课内课外主动使用英语的情况、收看英语节目情况、收集英语资料情况、完成英语作业情况等。评价内容全面，包括了学生学习英语的各个方面，对学生的学习习惯、课堂参与、口头作业、书面作业、基本学习策略、语言知识和技能等多项内容进行评价。让家长评、学生自评互评和教师评，并做好日常记录与统计。

第六节　英语课程改革的实施成效

（一）学生英语学习兴趣显著提高

潍坊北海学校英语教学系统提升工程在培养学生英语学习兴趣方面成效显著。在2013年学生“最喜欢的学科”调查中，英语学科从以往排名第五的位置提升至第二，学生对英语课堂的认可度和喜欢程度都有了明显的提高。小组合作学习为学生提供了更多的展示机会，明显提高了英语学习效能感。

（二）学生英语素养明显提升

英语学习兴趣与学业成绩及英语素养直接相关，英语学习兴趣与英语素养良性互促。学生英语素养明显提升，教师切实感受到了学生英语水平的提高，家长也给予充分的认可。对比2012年暑假前后，家长让孩子参加课外英语补习的意愿有了一定程度的降低，尤其在高年级段表现得较为明显，降低大约10个百分点。

（三）家长高度认可学校为改善英语教学所做的工作

在学校没有举办各种英语活动之前，33.6％的学生家长认为自己孩子英语学习状态不好；学校举办系列英语活动之后，80％以上的学生家长认为自己孩子对英语学习积极主动，有热情。75％以上的学生家长评价学校举办的英语活动非常好，90.2％的学生家长认为这些活动对孩子学习有帮助，仅0.06％的学生家长认为没有帮助。

（四）英语教师自我改变之门打开

潍坊北海学校英语教学系统提升工程的实效，提高了英语教师对“高质量、轻负担”课堂的认识，专业自信心明显增强，学校的刘爱荣、赵志军两位老师入选潍坊市首批英语专家型教师。现在，学校的英语教学已经形成了小学英语教师人人参与、初中英语教师积极参与、其他学科教师要求借鉴参与的良性局面。

（五）初步形成了一套较为科学的学校英语课程体系

潍坊北海学校英语教学系统提升工程严格按照既定的指导思想和路线推进，成功开发了影视欣赏、西方礼仪、情景剧、英语歌曲、游戏、演讲等12门英语校本课程，现已全部落实开课，并在实施中不断完善。

（六）对英语教学系统提升工程有了初步论证

初步论证了在师资紧缺的情况下，英语教学系统提升工程在提高英语教学水平方面的可靠性和可行性。

潍坊北海学校坚持与时俱进的观念，坚持以学生发展为本的教育思想，改变陈旧的英语教学模式，改进以往的教学方法，加强英语听、说、读、写的训练，拓展英语阅读知识面，全面提升学生的英语素养和能力，初步走出了一条学生喜爱、家长支持、学校欣慰的英语教学改革之路。

第五章 妙趣横生的童语育人课程

Hoya Wenhua Xiaoben Kecheng De Chuangxin Goujian

第一节 童语育人课程的开发背景和目标

(一) 童语育人课程的开发背景

小学时期正是人的生理素质、心理素质和文化素质得到发展的时期。现在的学生大多是独生子女，随着生理、心理的发育和发展，竞争压力的增大，他们在学习、生活、人际关系和自身意识等方面可能会遇到或产生一系列问题。有些问题如不及时解决，将会对学生的健康成长产生不良的影响，甚至会导致有的学生出现行为障碍或人格缺陷。应试教育的影子还在影响着学生，家长对子女的期望值偏高，重智力开发，轻情商培养；重学习成绩的提高，轻身心素质的提高；让孩子读对考试有用的书，不让孩子读自己喜欢的书。这些内外因素使学生饱受心理困扰，失去童心、童真、童趣，童年没有童味，没有该有的快乐，使很多学生失真地过着自己的童年生活，影响着学生正常的学习和成长。而童味十足的童语，即童话、童谣、童诗、连环画、寓言、小说等学生喜闻乐见的作品，正是治心病的良药。

童话爱憎分明，促人醒悟，催人奋进，许多学生都是伴随着童话长大的，它具有一种无形而巨大的教育力量，影响着学生的心灵，它是学生在其他领域里难以触及的一笔财富。童谣题材丰富，形式多样，篇幅短小，语言通俗，形象生动，寓教于乐。凡喜欢读童谣的学生，都热爱生活，富有正义感，品行端正，聪明伶俐。童诗形象美好，情感真挚，韵律精致，读童诗能让学生修养高雅，心灵高贵。所以，童语可以成为学生内心世界的容器，成为学生认知世界的道路和拐杖。

童语是真善美的文学，它以丰富的想象、美丽的憧憬、善良的心灵和高尚的情操，给学生美的教育，充实着学生快乐的童年生活。“随风潜入夜，润物细无声”，一篇篇精美的童话、一首首美妙的童诗童谣，是学生的精神食粮。它丰厚的营养犹如心灵鸡汤，能滋润学生幼小纯洁的心灵，为其一生打下坚实的基础。因此，我校在语文学科拓展领域开发了校本课程——童语育人课程。

（二）童语育人课程的目标

1. 童语育人课程的总目标

（1）启迪心智，培养情商。童语育人课程的最基本目标是引导学生享受阅读的过程，启迪学生的心智，培养学生的情商。司徒秀薇在《怎样指导初小学生的阅读》一书里指出，儿童的行为均以“追寻快乐，减少痛苦”为原则。如果在他的经验中，觉得看书或听故事是一件享受的事，他就会将它们与积极的感受连成一片。童语以丰富的想象、美丽的憧憬、善良的心灵和高尚的情操给学生美的教育，充实学生快乐的童年生活，启迪学生的心智，培养学生的情商。

（2）构建生命化的阅读体系。多年的应试教育滋长了人们急功近利的心态，就连阅读都围绕着功利目的。家长不敢给孩子快乐的童年，但是学校应该尊重学生的年龄特点和成长发展规律，去除阅读功利化目的，构建生命化的阅读体系，还学生充满童味、充满快乐的童年。

（3）积淀厚重的语文素养。鲁迅先生说过，读书如采蜜，采过许多花，这才能酿出蜜来。倘若叮在一处，所得就非常有限，枯燥了。读书像吃饭，讲究营养均衡。潍坊北海学校的学生在海量阅读中积淀了厚重的国学素养，童语育人课程让学生焕发出生命灵光。

2. 童语育人课程分年段目标

（1）低年级段。

①培养学生阅读的兴趣，在教师的指导下，逐步学会独立阅读适合低年级学生知识水平的课外读物。到二年级时，有一定量的积累，注重感情体验，形成良好的语感。

②学习正确、流利、有感情地朗读，学习默读。

③背诵诗文40～80篇。课外阅读总量不少于2～4万字。培养有感情地朗诵自己喜爱的文章的良好习惯，培养初步的理解能力和欣赏能力。

④能初步了解浅近的童话、寓言、故事，逐步发展个性，丰富自己的精神世界。

⑤会讲童话故事。二年级下学期会口头续编短小的童话，会给浅近的诗词配画，学会仿编简单的童诗、童谣，要求说真话，富有想象，不会写的字可以用拼音代替。旨在培养学生学会用文字表达自己的所见、所闻、

所感，丰富学生的想象和内心世界。

（2）中年级段。

①学会略读，适当提高阅读速度，粗知文章大意，体会文章表达的思想感情。

②喜欢阅读，初步学会选择适合自己阅读的课外读物，感受阅读的乐趣，能够主动、快乐地阅读自己喜欢的童语读物。在阅读活动中，有初步的鉴赏语言文字的能力，能评析文章中人物的善恶美丑，从中受到教育。

③有摘录、品味好词佳句的能力和习惯，并主动学习做读书笔记，愿意写读后感，写下自己对读物的独特理解和感受。

④背诵优秀诗词120～160篇左右。课外阅读总量不少于30～60万字。至少阅读4部中外名著。

⑤能够绘声绘色地讲童语故事，在教师指导下在小组中编排简单童话剧、课本剧等，三年级下学期会创编童话。学会独立创编简单的童诗、童谣，要求说真话，富有想象，有一定的韵味，能表达自己的情感。学习发挥自己的想象，创绘连环画。

（3）高年级段。

①喜欢阅读，会挑选适合自己阅读的各类读物，感受阅读带给自己的乐趣，养成一有空就看书的习惯。

②在阅读过程中，能感受作品中的形象和优美的语言，关心作品中人物的命运和喜怒哀乐，主动与他人交流自己的读书感受。在交流与讨论中，敢于提出自己的看法，作出自己的判断。进一步提高阅读速度，对文章有一定的鉴赏、分析能力，并主动从中汲取营养。

③读诵优秀诗文。背诵优秀诗文200～240篇（段），尝试阅读浅易的文言文。课外阅读总量不少于80万字。每年阅读中外名著不少于5部。

④有摘录好词佳句及文章精华的能力，并学习分类。

⑤能够绘声绘色地讲童语故事，在小组中自主创编童话剧、戏剧等，会创编大篇幅的童话作品。学会独立创编童诗、童谣，要求说真话，富有想象，有韵味，有意境，能表达自己的情感。有能力、有兴趣的学生可以学习创编古体诗，要讲究韵律、结构等。积极参与投稿活动，能够在校级以上刊物发表自己的作品。

第二节　童语育人课程的实施

（一）童语育人课程的课时安排

每天课程：语文课前 5 分钟诵读诗文、美文。

每周课程：从常规语文课中安排一节大阅读课，学生自主阅读课外童语书籍。

每学期课程：在大阅读课上举行四次读书交流会。每周五超市课程选修童谣、名著导读、童话剧创编等课程。

每年课程：读书节、童语节等节日课程展示童语育人课程成果。展示的内容为读书笔记、童诗、童话、童谣作品，童语系列旧书交易活动，童语作品颁奖及稿费发放仪式，读书活动（诵读、课本剧、戏剧、童话剧等）节目展示赛。分主题进行展示，动静结合，全员参与。

（二）童语育人课程的内容

学校课题组根据《义务教育语文课程标准（2011 年版）》的要求，进行童语拓展阅读，阅读内容为每学期 20 首必背诗文＋必读书目（科技知识类、人文作品类、应用文类）＋推荐选读书目。选读书目遵循开放性、自主性原则，由学生自由选择阅读。

潍坊北海学校小学生童语育人课程课外阅读书目

年级	必背诗文		必读书目	推荐选读书目
	第一学期	第二学期		
一年级	《画》(清·高鼎) 《池上》(唐·白居易) 《蝉》(唐·虞世南) 《听弹琴》(唐·刘长卿) 《逢雪宿芙蓉山主人》(唐·刘长卿) 《剑客》(唐·贾岛) 《江雪》(唐·柳宗元) 《绝句》(唐·杜甫) 《登乐游原》(唐·李商隐) 《鹿柴》(唐·王维) 《马诗》(唐·李贺) 《梅花》(宋·王安石) 《鸟鸣涧》(唐·王维) 《秋浦歌》(唐·李白) 《和张仆射塞下曲》(其二)(唐·卢纶) 《和张仆射塞下曲》(其三)(唐·卢纶) 《宿建德江》(唐·孟浩然) 《陶者》(宋·梅尧臣) 《条山苍》(唐·韩愈) 《清明》(唐·杜牧)	《所见》(清·袁枚) 《小池》(宋·杨万里) 《田家》(唐·聂夷中) 《夏日绝句》(宋·李清照) 《相思》(唐·王维) 《新嫁娘》(唐·王建) 《寻隐者不遇》(唐·贾岛) 《夜宿山寺》(唐·李白) 《于易水送别》(唐·骆宾王) 《终南望余雪》(唐·祖咏) 《竹里馆》(唐·王维) 《八阵图》(唐·杜甫) 《中秋月》(唐·李峤) 《送灵澈上人》(唐·刘长卿) 《送方外上人》(唐·刘长卿) 《送崔九》(唐·裴迪) 《渡汉江》(唐·宋之问) 《山中送别》(唐·王维) 《山中杂诗》(南朝梁·吴均) 《蚕妇》(宋·张俞)	科技知识类: 《生活小常识》(注音本) 《告诉我为什么》(低年级版) 人文作品类: 《看图学成语》(注音本) 《小学生智慧快餐》(注音本) 《跟我学儿歌》 《课内海量阅读丛书》	《儿童大世界》 《科幻故事》 《动物世界》 《唐诗三百首》 《成语故事》 《世界著名童话》 《脑筋急转弯》 《故事大王》 《儿童知识百科》 《格林童话》 《安徒生童话》 《伊索寓言》 《365夜故事》 《一千零一夜》 《西游记》 《十万个为什么》 外加学生自主阅读书目

年级	必背诗文		必读书目	推荐选读书目
	第一学期	第二学期		
二年级	《赠刘景文》(宋·苏轼) 《山行》(唐·杜牧) 《回乡偶书》(唐·贺知章) 《赠汪伦》(唐·李白) 《暮春》(清·翁格) 《登幽州台歌》(唐·陈子昂) 《大风歌》(西汉·刘邦) 《敕勒歌》(北朝民歌) 《琴诗》(宋·苏轼) 《城东早春》(唐·杨巨源) 《池州翠微亭》(宋·岳飞) 《赤壁》(唐·杜牧) 《滁州西涧》(唐·韦应物) 《从军行》(唐·王昌龄) 《大林寺桃花》(唐·白居易) 《登飞来峰》(宋·王安石) 《冬夜读书示子聿》(宋·陆游) 《观书有感》(其一)(宋·朱熹) 《芙蓉楼送辛渐》(唐·王昌龄) 《蜂》(唐·罗隐)	《赋得古原草送别》(唐·白居易) 《宿新市徐公店》(宋·杨万里) 《望庐山瀑布》(唐·李白) 《绝句》(唐·杜甫) 《观书有感》(其二)(宋·朱熹) 《官仓鼠》(唐·曹邺) 《海棠》(宋·苏轼) 《寒食》(唐·韩翃) 《己亥杂诗》(清·龚自珍) 《金缕衣》(唐·杜秋娘) 《绝句》(宋·僧志南) 《浪淘沙》(唐·刘禹锡) 《凉州词》(唐·王之涣) 《六月二十七日望湖楼醉书》(宋·苏轼) 《暮春即事》(宋·叶采) 《晚春》(唐·韩愈) 《农家》(唐·颜仁郁) 《如梦令·常记溪亭日暮》(宋·李清照) 《花影》(宋·苏轼) 《山居夏日》(唐·高骈)	科技知识类: 《动脑筋爷爷》 《大自然中的老师》(彩图注音本) 人文作品类: 《格林童话》 《安徒生童话》 《寓言故事》 《365夜故事》 《成语故事》 《十万个为什么》 《儿童学古诗》 《笑话谜语大全》 《课内海量阅读丛书》 应用文类: 《跟我学写日记》	《每周一首古诗词》 《三字经百家姓》 《西游记》 《动物世界》 《一千零一夜》 《中国传说故事》 《中国名人故事》 《伊索寓言》 外加学生自主阅读书目

年级	必背诗文		必读书目	推荐选读书目
	第一学期	第二学期		
三年级	《秋词》（唐·刘禹锡） 《秋夜将晓出篱门迎凉有感》（宋·陆游） 《劝学》（唐·颜真卿） 《阳关曲·中秋月》（宋·苏轼） 《山居杂咏》（明·黄宗羲） 《遣怀》（唐·杜牧） 《十一月四日风雨大作》（宋·陆游） 《云》（唐·来鹄） 《石头城》（唐·刘禹锡） 《书湖阴先生壁》（宋·王安石） 《斯干》（诗经·小雅） 《宿甘露寺僧舍》（宋·曾公亮） 《题临安邸》（宋·林升） 《天净沙·秋思》（元·马致远） 《田园乐》（唐·王维） 《乌衣巷》（唐·刘禹锡） 《雪梅》（其一）（宋·卢梅坡） 《夜上受降城闻笛》（唐·李益） 《夜雨寄北》（唐·李商隐） 《一枝一叶总关情》（清·郑燮）	《元日》（宋·王安石） 《早春呈水部张十八员外》（唐·韩愈） 《逢入京使》（唐·岑参） 《赠外孙》（宋·王安石） 《山中问答》（唐·李白） 《陇西行》（唐·陈陶） 《襄邑道中》（宋·陈与义） 《春日偶成》（宋·程颢） 《江村晚眺》（宋·戴复古） 《过华清宫绝句》（其一）（唐·杜牧） 《将赴吴兴登乐游原》（唐·杜牧） 《秋夕》（唐·杜牧） 《春雪》（唐·韩愈） 《晚楼闲坐》（宋·黄庭坚） 《村晚》（宋·雷震） 《南园》（其五）（唐·李贺） 《月夜》（唐·刘方平） 《玄都观桃花》（唐·刘禹锡） 《问刘十九》（唐·白居易） 《山中》（唐·王维）	科技知识类： 《动植物奇观》 《少年百科知识问答》 《小实验小制作》 人文作品类： 《格林童话》 《安徒生童话》 《一千零一夜》 《365 夜故事》 《西游记》 《中国儿童阅读文库》（含韵语篇、小说篇、散文篇、古诗词篇、新诗篇、现代文篇、文言文篇七本书） 《课内海量阅读丛书》 应用文类： 《读书笔记摘录》	《中国少年儿童百科全书》 《唐诗三百首》 《蓝猫淘气三千问》 《中国五十年儿童文学名家名作集》 《三国演义》（儿童版） 《红楼梦》（儿童版） 《伊索寓言》 《世界著名童话》 《王尔德童话》 《郑渊洁童话》 《中华上下五千年》 儿童文学之《中国童话百篇》 《中国成语故事集》 《中国民间故事集》 外加学生自主阅读书目

年级	必背诗文		必读书目	推荐选读书目
	第一学期	第二学期		
四年级	《早发白帝城》（唐·李白） 《峨眉山月歌》（唐·李白） 《雨晴》（唐·王驾） 《春草》（唐·唐彦谦） 《金陵图》（唐·韦庄） 《咏柳》（宋·曾巩） 《三衢道中》（宋·曾几） 《题金陵渡》（唐·张祜） 《桃花溪》（唐·张旭） 《有约》（宋·赵师秀） 《近试上张水部》（唐·朱庆馀） 《江南曲》（其三）（唐·储光羲） 《赠花卿》（唐·杜甫） 《送别》（唐·王维） 《早梅》（唐·张谓） 《离思》（唐·元稹） 《咏月》（唐·李建枢） 《江南逢李龟年》（唐·杜甫） 《江楼感旧》（唐·赵嘏） 《偶书》（唐·刘叉）	《惠崇春江晚景》（宋·苏轼） 《少年行》（唐·王维） 《月下独酌》（唐·李白） 《春望》（唐·杜甫） 《望月怀远》（唐·张九龄） 《饮酒》（东晋·陶渊明） 《送杜少府之任蜀州》（唐·王勃） 《观猎》（唐·王维） 《如梦令·昨夜雨疏风骤》（宋·李清照） 《望洞庭湖赠张丞相》（唐·孟浩然） 《望岳》（唐·杜甫） 《寻陆鸿渐不遇》（唐·僧皎然） 《咏风》（唐·虞世南） 《四时田园杂兴之二》（宋·范成大） 《浣溪沙·一曲新词酒一杯》（宋·晏殊） 《送友人》（唐·李白） 《北青萝》（唐·李商隐） 《蝉》（唐·李商隐） 《风雨》（唐·李商隐） 《钱塘湖春行》（唐·白居易）	科技知识类： 《四季星座》 《学做多面手》 《飞向太空》 《奇趣博物馆》 《十万个为什么》 人文作品类： 《水浒传》 《西游记》 《中国儿童阅读文库》 儿童文学之《中国童话百篇》 《鲁滨逊漂流记》 《课内海量阅读丛书》 应用文类： 《板报稿》	《唐诗三百首》 《百科全书》 《中国民间故事》 《冰心作品集》 《男生贾里》 《女生贾梅》 《唐吉诃德》 《悲惨世界》 《三国演义》 《中华上下五千年》 《史记》 《岳飞传》 《水浒传》 《钢铁是怎样炼成的》 《中国通史》 《金近爷爷讲故事》 《朱德庸漫画》 《蔡志忠漫画》 外加学生自主阅读书目

<table>
<tr><th rowspan="2">年级</th><th colspan="2">必背诗文</th><th rowspan="2">必读书目</th><th rowspan="2">推荐选读书目</th></tr>
<tr><th>第一学期</th><th>第二学期</th></tr>
<tr><td>五年级</td><td>《枫桥夜泊》（唐・张继）
《别董大》（唐・高适）
《暮江吟》（唐・白居易）
《春夜喜雨》（唐・杜甫）
《次北固山下》（唐・王湾）
《渡荆门送别》（唐・李白）
《赋得古原草送别》（唐・白居易）
《过香积寺》（唐・王维）
《汉江临眺》（唐・王维）
《阕题》（唐・刘慎虚）
《山居秋暝》（唐・王维）
《使至塞上》（唐・王维）
《蜀先主庙》（唐・刘禹锡）
《题破山寺后禅院》（唐・常建）
《与诸子登砚山》（唐・孟浩然）
《月夜忆舍弟》（唐・杜甫）
《寄左省杜拾遗》（唐・岑参）
《巴山道中除夜有怀》（唐・崔涂）
《浣溪沙》（宋・苏轼）
《江乡故人偶集客舍》（唐・戴叔伦）</td><td>《凉思》（唐・李商隐）
《秋日登吴公台上寺远眺》（唐・刘长卿）
《溪居》（唐・柳宗元）
《楚江怀古》（唐・马戴）
《鲁山山行》（宋・梅尧臣）
《清明日宴梅道士房》（唐・孟浩然）
《送僧归日本》（唐・钱起）
《塞上曲》（唐・王昌龄）
《丑奴儿・书博山道中壁》（宋・辛弃疾）
《奉济驿重送严公四韵》（唐・杜甫）
《赠范晔》（南北朝・陆凯）
《虞美人》（南唐・李煜）
《水调歌头》（宋・苏轼）
《咏兰花》（明・张羽）
《题菊花》（唐・黄巢）
《明日歌》（明・钱鹤滩）
《观沧海》（汉魏・曹操）
《龟虽寿》（汉魏・曹操）
《秋登宣城谢朓北楼》（唐・李白）
《念奴娇・赤壁怀石》（宋・苏轼）</td><td>科技知识类：
《世界科幻小说精品丛书》
《小学生漫游祖国》
《打开智慧之门的金钥匙》

人文作品类：
《三国演义》
《红楼梦》
《钢铁是怎样炼成的》
《汤姆叔叔的小屋》
《中外名人故事》
《福尔摩斯探案集》
《水浒传》
《中国儿童短篇小说选》
《100部优秀爱国主义影视片故事荟萃》
《课内海量阅读丛书》

应用文类：
《中外名人书信》</td><td>《中国孩子的疑问》
《唐诗三百首》
《中国成语故事》
《中华上下五千年》
《十万个为什么》
《杨家将演义》
《岳飞传》
《中国民间故事》
《王子复仇记》
《伊索寓言》
《鲁滨逊漂流记》
《世界少年奇才》
《一千零一夜》
《格列佛游记》
《吹牛大王历险记》
外加学生自主阅读书目</td></tr>
</table>

年级	必背诗文		必读书目	推荐选读书目
	第一学期	第二学期		
六年级	《醉太平・讥贪小利者》（元・无名氏） 《采桑子・恨君不似江楼月》（宋・吕本中） 《过零丁洋》（宋・文天祥） 《赠别》（唐・杜牧） 《蝶恋花》（宋・苏轼） 《登高》（唐・杜甫） 《归嵩山作》（唐・王维） 《送梓州李使君》（唐・王维） 《终南别业》（唐・王维） 《终南山》（唐・王维） 《长安遇冯著》（唐・韦应物） 《商山早行》（唐・温庭筠） 《送人东游》（唐・温庭筠） 《早秋》（唐・许浑） 《书边事》（唐・张乔） 《渔翁》（唐・柳宗元） 《摸鱼儿・更能消几番风雨》（宋・辛弃疾） 《书愤》（宋・陆游） 《南乡子・登京口北固亭有怀》（宋・辛弃疾） 《浣溪沙》（宋・苏轼）	《对雪》（唐・高骈） 《蜀相》（唐・杜甫） 《登金陵凤凰台》（唐・李白） 《送魏万之京》（唐・李颀） 《西塞山怀古》（唐・刘禹锡） 《贫女》（唐・秦韬玉） 《和子由渑池怀旧》（宋・苏轼） 《淮上渔者》（唐・郑谷） 《晓日》（唐・韩偓） 《长安秋望》（唐・赵嘏） 《村夜》（唐・白居易） 《望蓟门》（唐・祖咏） 《关山月》（唐・李白） 《送别》（民国・李叔同） 《临江仙》（明・杨慎） 《行路难》（唐・李白） 《石灰吟》（明・于谦） 《乌衣巷》（唐・刘禹锡） 《秋夕》（唐・杜牧） 《游园不值》（宋・叶绍翁）	科技知识类： 《少年百科丛书》 《中国科学小品文》 《学会在 21 世纪生存丛书》 《中华上下五千年》 《家用电器大观》 人文作品类： 《钢铁是怎样炼成的》 《世界儿童文学名著故事大全》 《现代背诵散文选》 《唐诗三百首》 《全国小学生获奖作文精选》 《课内海量阅读丛书》 应用文类： 《学写通讯稿》	《童年》 《我的大学》 《在人间》 《三国演义》 《怪老头儿》 《塌鼻子警察》 《爱丽丝漫游奇境》 《爱的教育》 外加学生自主阅读书目

教师自编的童语教材——儿歌系列

教师自编的童语教材——成语系列

（三）童语育人课程的课堂教学

童语育人课程在开发与实施过程中，课题组侧重对课堂教学模式与课型结构框架的探索，在探索的基础上构建了课内童话阅读课、课外童话欣赏课、童谣创编课、童诗创编课、童诗品评课等一系列课型，给童语育人课程的有效实施铺就了坚实的道路。

课外童话阅读课案例

——《大林和小林》教学设计

【童话简介】

大林和小林是一对双胞胎。他们的父母因贫苦而早早死去，两兄弟只好外出谋生。大林好吃懒做，变成了一个寄生虫，最后饿死在金子堆里。而小林勇敢正直，成长为一个有出息的好孩子。

《大林和小林》是20世纪中国最优秀的民族童话，作者张天翼以奇特的构思、夸张的手法、大胆的想象、曲折的情节，让读过这个童话的每个人都爱不释手，被它深深吸引。

【课前准备】

多媒体课件，童话《大林和小林》。

【教学目标】

1. 了解作者及本书的主要内容。

2. 教给学生阅读的方法，并学着用这些方法阅读自己喜欢的章节，认识书中的两个主人公，分享他们的故事，并从故事中有所启发。

3. 培养学生良好的阅读习惯，激发学生的阅读兴趣。

【教学重点】

知道如何阅读整本书。

【教学难点】

掌握阅读方法，制订阅读计划，精读自己最喜欢的章节。

【教学过程】

一、欣赏导入

1. 看着封面，读了书名，你的小脑袋里蹦出了哪些小问号？

2. 交流：主人公的名字、个性……

二、导读激趣

1. 教师范读故事开篇，学生仔细看，认真听。

从前有一个很穷很穷的农人，他和他的妻子住在乡下……名字就给取定了：大的叫大林，小的——当然叫小林。

2. 边听边思考：大林和小林生活在怎样的家庭呢？师生交流。

三、想象引航

十年后，爸爸妈妈去世了，兄弟俩安置了双亲，接下来的生活，该怎么办呢？请同桌合作读这段大林和小林之间的对话，边读边想：大林是个怎样的人？小林又是个怎样的人？

（分角色朗读，全班交流。）

四、品读童话

1. 大林和小林正在讨论时发生了什么事？请你默读，找找答案。

2. 学生合作找出书中描述怪物模样的片段，感兴趣的同学可以边读边画。

提示：怪物的眼睛像一面锣那么大，手上还长着草，这都是我们在现实中见不到的，这就是童话的第一个特点——想象奇特。（板书：想象奇特）

3. 接下来你想知道些什么？学生自由想象。

揭晓：就在这极其危险的时刻，弟弟小林灵机一动，想出一个逃命的办法，就是两个人往不同的方向跑，最后他们终于逃脱了怪物的追赶。但不幸的是，他们两个却从此走散了……接下来你又想知道些什么？

4. 学生大胆思考。

提示：大林变成了一个超级大胖子，还把自己的名字改成了“唧唧”。他在路上遇到了一个“假天使”，还认了一个大富翁当老爸，变成大胖子的“唧唧”还去参加了一次别开生面的运动会。你想看看比赛的场面吗？

5. 出示目录。

方法提示：精彩的目录标题就像每个章节的眼睛，你猜猜，我们该读哪一部分呢？

6. 认真默读《两种赛跑》这一章节，带着问题思考：谁参加了比赛？谁最努力？

读书方法提示：边读边想，圈圈画画，写阅读感受。

7. 交流：请三个同学来表演运动员比赛时的情境。

课件出示：运动会场面、五米赛跑的场景，课件播放音乐。采访小演员为什么能表演得这么形象。引导学生体会：童话的语言很生动，很浅显，一看就懂了。(板书：语言生动)

8. 很多同学都露出了会心的微笑，五米的比赛“唧唧”(也就是大林)居然创造出了五小时又三十分的世界纪录！真是太——

9. 你看，童话故事就是这样好玩、有趣。情节有趣是童话的第三个特点。(板书：情节有趣) 后面还发生了更有趣的事情呢！你想知道吗？

10. 交流：怎样做阅读小计划？出示学生的计划，请学生点评。

指导：计划一定要合理安排好阅读时间和内容，不要走马观花。一周左右读完。

11. 借助目录，用上这节课学过的做批注、边读边想象的方法，回家读一读这个童话，下节课咱们在读书交流会上分享收获。

五、作业超市

1. 把《大林和小林》的故事讲给家人和伙伴听，或者和同学一起表演一个小片段。

2. 用边读边想象、做批注或者你喜欢的方式读完这个童话。

3. 读一读作者张天翼的其他作品，如《宝葫芦的秘密》《朋友俩》等。

板书 (略)

(案例设计教师　姜莉)

童谣创编课案例

——“春韵”教学设计

一、激情导入

孩子们，童谣课又和大家见面了。今天就让我们一起走进学校的童谣创编，走进万紫千红的春天，走进——春韵。

二、春韵儿歌

春天在哪里呢？到儿歌中感受春天的韵律操吧。(播放儿歌视频，师生拍手合唱《春天在哪里》)

三、童谣创编

(一) 读春

1. 春在古诗里。

春天在经典的古诗中，你能背几首吗?

预设：几名学生独背或领背《咏柳》《春晓》《春日》

老师也选了首很有味道的诗，由小老师领读，会背的一起背诵。

绝句

【唐】杜甫

迟日江山丽，春风花草香。
泥融飞燕子，沙暖睡鸳鸯。

2. 春在童谣里。

过渡：春天还在哪里呢？上次童谣创编活动中很多同学写出了许多有趣的童谣。是谁带来了春的消息？让我们到童谣中去寻找答案。（男女擂台朗读）

春的消息

风，摇绿了树的枝条，
水，漂白了鸭的羽毛，
盼望了整整一个冬天，
你看，春天已经来到！

让我们换上春装，
像小鸟换上新的羽毛，
飞过树林，飞上山岗，
到处有春天的欢笑。

看到第一只蝴蝶飞，
它牵引着我的双脚；
我高兴地捕捉住它，
又爱怜地把它放掉。

看到第一朵雏菊开放，
我会禁不住欣喜地雀跃。
小花朵，你还认得我吗？
你看我又长高了多少！

来到去年叶落的枝头，
等待它吐出新的绿苞；
再去唤醒沉睡的溪流，
听它唱歌，和它一起奔跑。

走累了，我就躺在田野上，
头顶有明丽的太阳照耀。
是谁搔痒了我的面颊？
啊，身边又钻出嫩绿的小草。

活泼、可爱的春姑娘来了，喜欢的同学站起来美美地读一读吧。

春姑娘来了

春姑娘来了，
她亲一亲小溪，
小溪里的冰融化了，
溪水哗啦啦唱起了歌。

春姑娘来了，
她摸一摸枝条，
枝条偷偷地发芽，
枝头开满了美丽的花。

春姑娘来了，
她踩一踩大地，
小草悄悄地探头，
绿油油的脑袋密麻麻。

春姑娘来了，
她甩一甩衣袖，
拉起小朋友的手，
一起唱响春天的赞歌！

（二）品春

大家周末经常会亲近春天，你们想不想写出这么美妙的童谣啊？我们先来研读一首童谣，你就会发现童谣创作的小秘密啦。

花

一年级（4）班　郭嘉雪

你看！
你看！
樱花树上落满了雪花，
像做了一个安静的梦，
正迎接春的到来。

1. 满树樱花来闹春。谁愿意声情并茂地读给大家听？

2. 你见过樱花吗？给你什么感觉？

预设：

“你看！你看！”你读出的是什么？惊喜。请你用惊喜的语气读；还能用什么语气读？你看到了什么？（生谈）

3. 语言是有生命力的，你觉得哪个词特别好？（生谈）

“落”给你什么感觉？樱花树会动，落得泼泼洒洒。你能读出这种动感吗？

雪花给你什么感觉？轻盈，洁白。陶醉了吗？读出你的陶醉吧。

像一个安静的梦？很有想象力。读出安静的梦。

4. 多种形式朗读：女生读出梦幻的花海，男生读出满树的繁盛。

5. 评价：真好，阳光下那满树的繁花就是生机勃勃的春天。

（三）写春

1. 过渡：你还能给“落”换一个词吗？

你看！

你看！

樱花树上____满了雪花，

像做了一个安静的梦，

正迎接春的到来。

2. 现在打开你想象的大门，什么树上还落满了什么？

你看！

你看！

____树上____________，

正迎接春的到来。

3. 春天的景物千姿百态，你还看到了什么？

你看！

你看！

____

____

4. 现在我们把视线放眼到整个春天，你听到了什么？

你听！

你听！

____

____

5. 又闻到了什么？

你闻！

你闻！

____

____

6. 如果用手摸一摸呢？

你摸！

你摸！

____

____

7. 我们全身心地去感受春天，春天就是多彩的，现在你也拿起笔来描绘你心中的春天吧！

提示：春天是伟大的作曲家，是花枝招展的小姑娘，是神奇的魔术师。春天还是什么呢？

（四）赞春

春天五彩缤纷，婀娜多姿，真是值得我们赞一赞，谁想和大家分享你的春天？你可以吟诵，唱唱也很好啊，先和同桌分享一下自己的创作吧，优秀作品全班展示。

评价：老师感受到了五彩缤纷的春天，谢谢大家为这个课堂带来精彩。

四、课堂小结

“一花一世界，一叶一菩提。”谁又能说一朵小花不是春天呢？

“春色满园关不住”，“万紫千红总是春”，童谣创编总是带给我们满满的收获。下次童谣课再会！

（案例设计教师　臧运红）

第三节　童语育人课程的评价及实施保障

（一）童语育人课程的评价

童语育人课程的评价主要采取活动评价的方式，包括班级活动评价与校级活动评价两种，遵循粗线条、全员化原则进行评价。

1. 班级活动评价

一是将童谣和校园体育活动、课间活动相结合开展传唱童谣活动，评选优秀课间童谣传唱班级。

二是开展诵读童谣比赛，评选班级童谣好声音。

三是三到六年级开展以“童话体”为主的想象习作教学活动，积极开展阅读和创编童话故事的练习，把习作教学与写童话有机统一起来，互相促进，相得益彰。

四是一至六年级开展童诗诵读、诗配画以及童诗、童谣、童话创编活动，评选出优秀的童语作品结集出版并发放稿费。

五是一至六年级建立班级图书箱，每周一节的阅读课主要用于阅读童话故事，定期进行阅读成果展示（如故事会、手抄报、绘制童话画、演童话剧、童话大王评选等）。

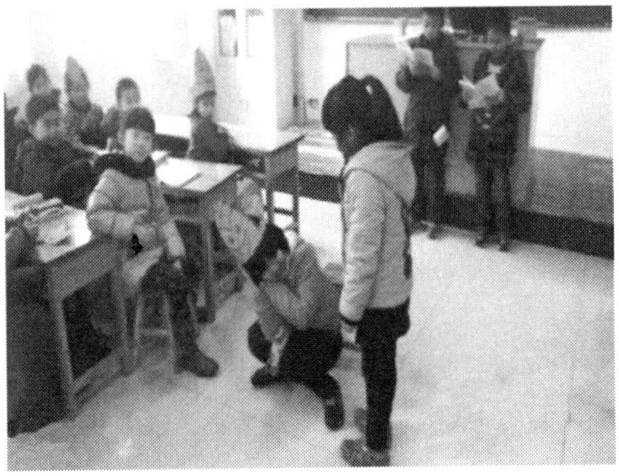

班级童话剧表演

2. 学校活动评价

一是借助读书节、童语节对童语教学进行成果展示，包括档案类、表演类、交易类、推荐类。

二是进行级部、学校性的古诗测评和童语作品读书交流会，评选各类童语小明星。

（二）童语育人课程的实施保障

1. 组建务实团队，全面落实课题

（1）成立以一把手校长为组长的项目研发团队，做到一把手亲自抓，业务校长具体抓，中层领导带头干，骨干教师精心干，将研究落实在行动中。

（2）积极组织项目组教师研究学习，进一步加大童语教学探究的力度，以增强科研实践能力，在课题实践中丰富理论素养，提高科研水平，为本课题的顺利实施服务。

2. 实施多措并举，营造浓厚氛围

（1）充分利用各种宣传阵地，如环形墙、班级文化、学校宣传栏等，营造良好的课题研究氛围。对课题研究动态和活动成果积极报道，以形成良好的社会效益。

（2）打造自由、快乐的和雅校园。学生在走廊上传唱童谣，在旧书交易超市上抢购童话，在超市课程中选修童谣课程。学校也开展一系列活动：

召开“童语育人”启动仪式，设立班级童话专集与班刊、校报、校园电视台“七彩童语”专栏，……营造浓浓童语育人氛围。

第四节　童语育人课程的实施成效

（一）构建了合理、科学、生命化的阅读体系

“教材—古诗—人文类、科技类、应用类童语作品”一条龙的阅读体系，丰富了学生的童年生活，浸润了学生快乐的童年生活。

（二）使学生养成了阅读的好习惯

通过项目研究活动，使学生真正爱上了童话、童谣、童诗，进而爱上书籍，养成了阅读的好习惯。学校采取多种渠道，打开了学生想象和思维的翅膀，引导学生阅读、诵读童语，积累语言，并内化为自己的语言。学生六年的积累，阅读量大增，背诵优秀诗文 200～240 篇（段），课外阅读总量不少于 80 万字，每月有 500 多名读书小能手诞生。童语育人课程的实施极大地激发了学生的阅读兴趣与热情。

（三）提升了学生的语文素养

童语育人课程的有效开展，培养了学生的想象能力，提高了学生的表达能力和表演能力，激发了学生的创作兴趣，提升了学生的语文素养。我校宋博文、郭梦昱、吕雯菲等 12 名学生曾在山东省少儿频道春节联欢晚会上表演《快乐说语言》节目。

学生上山东省少儿春晚表演《快乐说语言》

（四）提高了教师的教学水平

在童语育人课程开发实施过程中，多方资源得到开发，极大丰富了童语育人课程资源。教师在童语教学课堂中充满生机、富有童趣，深受学生喜爱，团队教师个人教学水平得到迅速提升，涌现出一批个性化童语育人优秀教师。如王帅、赵冬芳老师的课本剧排演课、王欣香、马丽华老师的童话推荐课，张小红、姜莉老师的童话欣赏课，臧运红、马丽华、刘婧老师的童诗创编课，都独具特色。

（五）搭建了平台，将阅读和写作完美结合

学生创编的童谣、童诗、童话等优秀作品在各级刊物上不断发表。以下是学生创作的部分优秀童诗作品。

樱　桃

一年级（6）班　马文珺

红了！
红了！
樱桃红了，
就像一个个小灯笼，
夜晚它给小蚂蚁照光明。

（指导教师：袁秋霞）

星　星

二年级（4）班　路婧艺

你看！
你看！
天上的星星，一颗，两颗……
围在月亮妈妈旁边，
好像在听月亮妈妈讲故事。

（指导教师：张增爱）

礼 物

三年级（4）班　刘紫琪

去年春天，
姐姐送我一只兔子，
看着兔子渐渐长大，
我懂得了生命。
今年春天，
妈妈送我一块手表，
看着手表不停地走，
我懂得了时间。
小小的礼物，
饱含着亲人的关爱，
滋润着我幼小的心灵，
盼我快快长大。

（指导教师：刘婧）

妈妈的爱

四年级（2）班　杜雨宁

妈妈的爱，
像一把伞，
为我遮风挡雨。
妈妈的爱，
像一盏明灯，
照亮我希望的前程。
妈妈的爱，
像一艘大船，
载着我驶向梦想的彼岸。

（指导教师：于学敏）

寻 梦

五年级（1）班　李舒羽

飞驰的列车，
吹走了无边的忧伤。

可是我的心里，
还有一丝哀愁。
我仰起脸，
任凭雨水洒落在脸上。
我在寻找，
那流逝的梦。

（指导教师：刘冉冉）

青玉案　中秋

六年级（2）班　郭梦昱

癸巳中秋，夜游涨涌河，偶遇白鹭水边憩息，月夜美好，良宵佳景，心之所动，故作此词。

一轮秋月水中映。波如鳞、风吹动。笛音轻绕凉亭畔。树影婆娑，垂柳拂面，一夜思乡切。

一只白鹭岸滩憩。秋风萧萧拂白羽。一声悲鸣忽飞去。仰头环视，故人却在，芦苇之深处。

（指导教师：王欣香）

（六）设立童语基金，促开育人之花

学校设立了童语育人稿费基金，专门奖励在童谣、童诗、童话、童画等方面取得优秀成绩的学生和教师，这一做法走在了全市、全省乃至全国的前列。

（七）交流推介童语育人课程经验报告

在2013年潍坊市暑期小学语文骨干教师培训会议上，我校考俊花主任作了《童语育人课程，浸润学生快乐童年》的报告，该项目获得潍坊高新区教学成果评选第一名的成绩。

2013年9月24日上午，山东省教育科学研究所的张斌博士带领山东大学附属中学赵勇校长一行8人到潍坊北海学校参观，听完学校《童语育人课程，浸润学生快乐童年》的汇报后，张斌博士说："北海学校的童语育人课程给孩子提供了充满激情的学习机会和创造性的自我表现机会，给课程带来了一个新的内涵。"

第六章 基于未来的科技与创新课程

Heya Wenhua Xiaoben Kecheng De Chuangxin Goujian

第一节 科技与创新课程的开发背景和目标

（一）科技与创新课程的开发背景

创新是一个民族进步的灵魂，是一个国家兴旺发达的不竭动力。创新的关键在人才，人才的成长靠教育。教育学生树立创新志向，具有主动学习的精神，发展创新思维和创造才能，已成为世界教育发展的潮流。早在20世纪40年代，我国著名教育家陶行知就曾发表《创造宣言》，主张以发展人的创造能力为教育目的。

创新素质在素质教育中极为重要，具有很强的渗透力和统摄力。人的创新素质培养要从小抓起，从基础教育抓起，在长期的教育过程中潜移默化地培养。因此，从小学阶段起就开发学生的创新潜能、培养学生的创新素质尤为重要。

然而，在现在的学校教育教学中，教师和学生都缺乏创新意识，缺少创新方法和途径，缺少展示创新能力的舞台。鉴于此种现状，潍坊北海学校立足教师和学生的长远发展，全面贯彻学校“全面卓越，和雅育人”的办学理念，将中小学生科技创新工作纳入学校发展的四年规划，并将其作为学校的重点项目和促进学校发展的目标。学校以项目研究的方式推进工作，探索提高教师与学生创新意识的方法和路径，给师生提供展示创新素养的舞台，形成了浓厚的创新氛围。

《国务院关于基础教育改革与发展的决定》中明确指出要“加快构建符合素质教育要求的新的基础教育课程体系”。《基础教育课程改革纲要（试行）》也要求学校“开发或选择适合本学校的课程”，并“建立课程教材继续发展的保障机制”。

现行的九年义务教育国家课程中，涉及科技与创新教育的内容不多，又因为长期的根深蒂固的应试教育使学校和教师普遍看重考试成绩，学生、家长看重考试分数，导致科技与创新教育不论是从量还是从质的方面来看，都很难培养出适应形势发展需要的创新型人才。因此，只有大力开发科技与创新校本课程，在小学生中实施科技与创新教育，才能使我们的教育走在科技时代的前列。

潍坊北海学校地处素有“世界风筝之都”美誉的潍坊，有浓厚的崇尚科学的人文环境。人杰地灵，历史悠久，社区资源丰富，为科技与创新校本课程的开发提供了丰富的资源。

家长对子女的成才有很高的期待，要求学校全面培养学生的科学素养、创新素质。学生对多姿多彩的科技世界很感兴趣，特别是网络世界、太空世界和动漫世界，有的已长期在校外请家教、学特长。家长的愿望和学生的要求也为科技与创新校本课程的开发打下了基础。

（二）科技与创新课程的目标

1. 总目标

以教育教学方式的改进为策略，以课程建设为载体，以师资队伍的打造为抓手，培育富有责任意识、问题意识和探究兴趣的全面发展的创新型少年。

2. 具体目标

（1）培养学生发现问题和解决问题的能力。学生在现实生活中善于发现问题、敢于提出问题是创新的起点。教师应引导学生在活动中观察问题，利用多种有效的手段自主地发现问题和提出问题，设计解决问题的方案，收集和分析资料，运用已有的知识与经验寻找解决问题的办法，逐步形成质疑、探究、解疑的积极情感和解决问题的能力。

（2）培养学生动手操作的能力。学校应组织实践与创新活动，更多地为学生提供动手的机会和创新的平台，让学生在活动中有所收获，在活动中成长，使学生的个性得到张扬，能力得到提高，信心得到增强，创新思维得到培养。

（3）培养学生的创新意识和创新能力。实践与创新活动要求学生在活动过程中不拘泥于书本，不迷信权威，鼓励学生充分发挥自己的想象力，独立思考，敢于标新立异，大胆提出自己的新观点、新思路、新方法，并积极主动地去探索，激发他们探究和创新的欲望，培养他们的创新能力。

(4) 培养学生的合作意识和能力。合作意识和能力是现代人应具备的基本素质。小组合作学习是实践活动的有效组织形式，不仅有利于课题研究的开展，发挥学生的特长，而且有利于培养学生的合作意识和团队精神，使他们在与同伴分工合作、提出问题、制订方案、收集信息、寻找答案的过程中，学会倾听别人的意见，学会表达自己的观点，学会与别人商量问题，学会分享共同的成果等。

第二节 科技与创新课程的设置

潍坊北海学校以科学发展观为指导思想，以提高中小学生的科学素养、科学素质为根本宗旨，坚持面向全体学生，促进学生全面发展，因地制宜，分类指导，讲求实效，坚持普及与提高相结合，课内与课外相结合，学习与实践相结合，以各类科技创新活动为载体，并根据教育和学生身心发展的规律，按照“呵护好奇心，激发求知欲，鼓励动手探索，培养创新意识，提高创新素养，形成创新品质”的总体思路，引导学生树立科学思想，培养科学态度，逐步形成科学的世界观和方法论，为今后创造性地参与科技活动和社会实践打下基础。

围绕课程目标和学校的实际情况，学校设立了科技与创新校本课程开发小组，对课程的编写要求、课程内容的选择、课程目标实施的注意事项等方面进行了周密的分析和深入的研究。

(一) 科技与创新课程的编写要求

为增强教材的生命力，学校对科技与创新校本教材的内容选择有如下要求。

1. 代表性

教材内容的选择应全面考虑整体内容和课程标准的要求，选择最重要、最基本的，且能体现科技发展史、科技创新方法和内容的知识，突出体现科技创新的基本特征，有助于发展学生的科学创新能力。

2. 实用性

教材内容的选择应全面考虑理论与实践的关系，使学生了解科学理论来源于实践、服务于生活。教材学习要有利于促进学生关心身边的科学。

3. 先进性

教材内容的选择应全面考虑基础性与时代性的关系，关注拓宽知识视野和联系现代科学技术的发展，使学生更好地了解反映时代特征的新思想和新事物。

4. 探究性

选择的教材内容应有利于探究活动的展开，为学生进行科学探究搭桥铺路。

（二）科技与创新课程的内容

根据以上对教材内容的要求，科技与创新校本教材的内容主要由四部分构成。

1. 科技春秋

简介中华科技史与影响人类发展的科技革命。

2. 点击科技

介绍小发明、小制作、小实验、小论文等及对其的评价。

3. 探究科技

开展创新实验和探究性实践活动，如科普实验，饲养、栽培活动，开展小课题研究，写一些科技小论文、观察日记等。

4. 展望科技

介绍科技的发展及其对人类发展的影响，引导学生树立正确的科学发展观，为人类造福。

科技与创新校本教材的使用与编写采用选用、改编、新编三种方式。选用是指教师从已有课程资源中选择比较适合的教材；改编是指教师根据学生的实际情况和学校或当地的现实条件，对已有的教材进行局部的内容修改或结构调整；新编是指教师根据需要开发全新的教材。

（三）科技与创新课程内容和目标确立的注意事项

科技与创新校本教材在开发与研究的基础上先形成文本初稿，然后边实验，边修订，边总结，广泛征求意见，最后集体审订定稿。在课程资源的开发过程中，要不断修改、完善已有的校本课程，不断探索、研讨、增加新的内容。

经过反复研究、实验、修改，潍坊北海学校形成了比较稳定的科技与创新校本教材的内容和学习目标。

<table>
<tr><th colspan="3">教材内容</th><th rowspan="2">学习目标</th></tr>
<tr><th>部分</th><th colspan="2">章节</th></tr>
<tr><td rowspan="6">第一章　科技春秋</td><td rowspan="3">第一课　中华科技史</td><td>第一节　辉煌的古代中华科技</td><td rowspan="3">1. 了解五千年中华科技史所经历的主要时期。
2. 认识科技发展与国家兴衰的关系。
3. 体会中国人民的勤劳与智慧，认识中国的科技发明对世界文明发展的贡献。</td></tr>
<tr><td>第二节　沉睡的近代中华科技</td></tr>
<tr><td>第三节　崛起的现代中华科技</td></tr>
<tr><td rowspan="3">第二课　影响人类发展的科技革命史</td><td>第一节　第一次科技革命</td><td rowspan="3">1. 了解影响人类发展的科技革命史，了解科技对人类进步的影响。
2. 认识科技发明对推动世界发展的作用。</td></tr>
<tr><td>第二节　第二次科技革命</td></tr>
<tr><td>第三节　第三次科技革命</td></tr>
</table>

（续表）

教材内容 部分	章节		学习目标
第二章 点击科技	第一课　小发明	第一节　揭开发明的神秘面纱	1. 了解发明的概念及意义。 2. 了解发明的产生及过程。 3. 了解发明的常用方法，并尝试运用发明方法进行发明创造。 4. 学会如何评价发明作品。 5. 知道知识产权，学会尊重和保护知识产权。 6. 体验小发明的过程，树立创新的意识。
		第二节　小发明的选题	
		第三节　进行科学发明	
		第四节　把握发明的金钥匙——发明方法介绍	
		第五节　发明作品的分析与评价	
		第六节　知识产权及成果保护	
	第二课　小论文	第一节　科学小论文的选题	1. 了解科学小论文选题的方法及意义。 2. 了解进行科学探究的过程和方法。 3. 了解科学小论文的写作方法，进行科学探究并撰写小论文。 4. 学会如何评价科学小论文作品。
		第二节　进行科学探究	
		第三节　科学小论文的写作方法	
		第四节　科学小论文的分析与评价	
	第三课　小制作	第一节　科技制作的设计	1. 了解小制作的设计方法。 2. 了解进行科技制作的窍门，并进行科技制作。 3. 学会如何评价小制作作品。
		第二节　科技制作的窍门	
		第三节　科技制作的分析与评价	
	第四课　小实验	第一节　学会观察	1. 学会如何科学地观察。 2. 了解科学实验的方法。 3. 了解实验报告的撰写方法。 4. 学会对实验报告的评价方法。 5. 尝试撰写和分析实验报告。
		第二节　科学实验的方法	
		第三节　实验报告的撰写	
		第四节　实验报告的分析与评价	

（续表）

<table>
<tr><th colspan="3">教材内容</th><th rowspan="2">学习目标</th></tr>
<tr><th>部分</th><th colspan="2">章节</th></tr>
<tr><td rowspan="6">第三章　探究科技</td><td rowspan="4">第一课　尝试小制作</td><td>第一节　制作能飞的灯笼</td><td rowspan="4">1. 了解灯笼的制作方法，练习制作灯笼。
2. 了解万花筒的制作方法，练习制作万花筒。
3. 了解“团圆灯”的制作方法，练习制作“团圆灯”。
4. 了解水火箭的制作和发射方法，观看或尝试制作水火箭。</td></tr>
<tr><td>第二节　制作神奇的万花筒</td></tr>
<tr><td>第三节　制作“团圆灯”</td></tr>
<tr><td>第四节　水火箭的制作和发射</td></tr>
<tr><td rowspan="2">第二课　航模制作</td><td>第一节　手掷模型飞机的制作</td><td>1. 了解手掷模型飞机的结构，绘制手掷模型飞机的图纸。
2. 进一步熟练掌握使用美工刀、砂纸板、刨子等工具制作手掷模型飞机的方法，记住制作机翼的顺序和机翼的标准尺寸，在教师的指导下制作出基本符合标准的机翼。
3. 学会制作水平尾翼和垂直尾翼。
4. 能够按照图纸的要求做出机身。
5. 学会安装、调试、试飞。</td></tr>
<tr><td>第二节　弹射模型飞机的制作</td><td>1. 了解弹射模型飞机的构造及各部分在飞行中的作用。
2. 明确如何选择制作弹射模型飞机的材料。
3. 学会制作机翼的基本方法。
4. 学会三种工具的名称、特性及使用方法。
5. 学会制作水平尾翼和垂直尾翼。
6. 学会制作机身的基本方法。
7. 弹射模型飞机的组装及飞机的试飞与调试。</td></tr>
</table>

（续表）

教材内容			学习目标
部分	章节		
第三章　探究科技	第二课　航模制作	第三节　电动线操纵模型飞机的制作	1. 了解电动线操纵模型飞机的构成及各部分在飞行中的作用及原理。 2. 学会制作机翼，学会使用电烙铁，学会制作水平尾翼和垂直尾翼。 3. 认识钢丝的型号及钢丝的特性，学会使钢丝成型的技能，了解机轮的结构和安装方法。 4. 学会组装后尾撬，掌握在比较窄的机梁上打孔的方法。 5. 明确机身的组成并了解机身各部位的精确尺寸，会安装起落架和尾撬。 6. 知道拉杆的作用和质量要求，掌握Z型钳的使用方法，学会在φ3的碳素杆上打φ1.5的孔的技能。 7. 掌握制作摇臂的技巧，能够熟练地使用铁锯，掌握电钻的打孔方法。 8. 学会电动系统的安装，进行飞机的调试和试飞。

（续表）

<table>
<tr><th colspan="3">教材内容</th><th rowspan="2">学习目标</th></tr>
<tr><th>部分</th><th colspan="2">章节</th></tr>
<tr><td rowspan="5">第三章 探究科技</td><td>第二课　航模制作</td><td>第四节　框架式线操纵模型飞机的制作</td><td>1. 了解框架式线操纵模型飞机的结构和特点、制作的程序及操作要求。
2. 记住机翼各部位的尺寸数据。
3. 学会制作机翼的基本技能和技巧，制作出完整的机翼。
4. 在实践过程中学会熟练使用美工刀、铁锯、锉刀（木锉、钢锉）、手持电钻、胶（三秒胶）。
5. 通过制作水平尾翼，学会斜面对接的基本方法；通过制作机身，明确机身制作的工序及方法。
6. 通过油箱的制作，进一步掌握电烙铁的使用方法和焊接技能，明确油箱进油管和出油管安装的位置及原理。
7. 在教师的指导下将做好的机翼、水平尾翼、垂直尾翼、线操纵系统、起落架安装在机身上。
8. 掌握裱糊机翼和水平尾翼的基本技能。
9. 学会调试、试飞。</td></tr>
<tr><td rowspan="4">第三课　探究小实验</td><td>第一节　感受神奇的科技</td><td rowspan="4">1. 感受科技的神奇现象，有探究科技的愿望。
2. 观看或探究水戏龙珠的现象，了解其原理。
3. 了解除掉水垢的方法。
4. 了解魔术师的神秘做法，有探究的愿望和兴趣。</td></tr>
<tr><td>第二节　探究水戏龙珠</td></tr>
<tr><td>第三节　如何除掉水垢</td></tr>
<tr><td>第四节　尝试做魔术师</td></tr>
</table>

（续表）

<table>
<tr><th colspan="3">教材内容</th><th rowspan="2">学习目标</th></tr>
<tr><th>部分</th><th colspan="2">章节</th></tr>
<tr><td rowspan="10">第三章 探究科技</td><td rowspan="4">第四课　关注人与自然</td><td>第一节　变垃圾为资源</td><td rowspan="4">1. 了解垃圾的用处和处理方法，有环保意识。
2. 了解宠物表演才艺的训练技巧。
3. 知道构建和谐人居环境的条件和要求。
4. 了解克隆现象，探讨它的利弊。</td></tr>
<tr><td>第二节　训练宠物表演才艺</td></tr>
<tr><td>第三节　构建和谐人居环境</td></tr>
<tr><td>第四节　假如你被克隆了</td></tr>
<tr><td rowspan="6">第五课　走进信息技术</td><td>第一节　逐帧动画</td><td rowspan="6">1. 了解逐帧动画的原理，能够使用相关技巧制作出简单的动画。
2. 了解形状补间动画的原理，能够制作出各种奇妙的变换效果。
3. 了解动画补间动画的原理与制作方法，做出各种渐变的动画效果。
4. 了解遮罩动画的原理与制作方法，能够制作出水波、万花筒、百叶窗、望远镜、放大镜等效果。
5. 了解引导路径动画的原理与制作方法，能够使一个元件按照自己规定的路径运动。
6. 学会制作按钮的方法并了解相关按钮在影片播放时所起到的作用。</td></tr>
<tr><td>第二节　形状补间动画</td></tr>
<tr><td>第三节　动画补间动画</td></tr>
<tr><td>第四节　遮罩动画</td></tr>
<tr><td>第五节　引导路径动画</td></tr>
<tr><td>第六节　按钮元件制作</td></tr>
<tr><td rowspan="4">第四章 展望科技</td><td rowspan="4">科学幻想画</td><td>第一节　了解科幻画</td><td rowspan="4">1. 学会用绘画形式表现科学幻想的内容，开阔视野，加深对宇宙航天知识的了解，增强对地球环境的保护意识。
2. 了解和预测科技的发展及其对人类的影响。
3. 树立为发展科技事业而奋斗的理想，以及为人类造福的信念。
4. 加强对宇宙航天相关知识的了解，增强地球环境保护意识，培养想象能力和勇于探索、团结合作的精神。</td></tr>
<tr><td>第二节　太空科幻画</td></tr>
<tr><td>第三节　环保科幻画</td></tr>
<tr><td>第四节　插上想象的翅膀</td></tr>
</table>

第三节　科技与创新课程的实施

（一）科技与创新课程开发的组织建设

潍坊北海学校将科技创新工作作为重点项目列入学校的四年发展规划，为科技创新工作的开展提供了保障。为确保科技与创新校本课程的开发及实施，学校加强了课程开发的组织建设，专门成立了以校长为组长的“创新素养培育”工作小组，制订实施方案，立足于本校的科技创新发展目标；组建了专家指导团队，开发和建设系列特色项目，并定期组织研讨、展示活动。同时，学校注重发挥学校、社会、家庭三方面的力量，全面推动学校的科技创新教育。

（二）科技与创新课程的教学原则

在科技与创新课程教学的实施过程中，要遵循以下原则。

1. 体验、感悟与认知相结合的原则

学校既要对学生进行科技创新知识的传授，更要引导学生体验与感悟生活当中的科技知识，提高学生的创新意识。

2. 课堂教学与课外活动相结合的原则

学校应经常聘请专家进行科普知识讲座，既要充分做好课堂教学，搞好创新教育，又要积极开展各种讲座活动和科技活动，并对科技辅导员进行专项培训，从科技创新活动来源、实施、组织等方面让师生近距离地感受科技的魅力。

3. 学校管理、学科教学与科技与创新课程相互渗透的原则

学校既要抓好科技与创新课程的教学，又要使创新教育有机渗透在学校管理和学科教学的各个环节。

4. 学校、家庭与社会相互配合的原则

学校既要发挥学校教育的引导作用，又要积极开发、利用家庭和社会的教育资源，在学校课程教学、综合实践活动等方面落实创新教育的同时，还要通过家长学校、社区活动等多种途径，积极引导家庭和社区开展创新

教育，形成教育的合力。

（三）科技与创新课程的管理

科技与创新课程的实施需要学校、教师、家长、社区等各方面相互配合，并建立相应的课程管理机制。学校建立了科技与创新课程的管理机构，校领导担任总负责人，各教研组组长负责下达任务，并在执行中及时反馈意见，保证课程的正常实施。学校注重建立健全管理制度，规范教研、评价等过程的管理；做到每周组内教研一次，鼓励教师相互交流在教学中的优点和不足，取长补短，进一步提高教学质量。

（四）科技与创新课程的课时及进度安排

学校将科技与创新校本课程作为必修课，在三至六年级隔周开设 1 课时，每学年的总课时数为 18 课时，整合在科学、美术、信息技术等课程的课时当中。另外，学校每周利用周五下午的超市课程，开设两节“科技与创新”选修课，供对科技有兴趣的学生继续学习，给学生创设充分发展相关特长的空间。

（五）科技与创新课程的开设

每周五下午，利用超市课程两节连排、学生自主选修的安排，学校专门开设了科技与创新选修课，主要有科学幻想画、航模 K * bot、计算机、科技发明、机器人等课程。为了使课程能有效开展，学校专门聘请了资深的教师给学生授课，科技与创新课程在设计上采用以课程为引领、以活动为依托的形式，丰富了学生的科技创新知识，提高了学生的动手实践能力，取得了丰硕的成果。

（六）科技与创新课程教材的使用

在使用教材进行教学活动的过程中，应注意几点。

1. 辩证地掌握教材的范本作用和具体使用时的灵活性与拓展性。如在“探究小实验”这一模块，教材中编写了“探究水戏龙珠”“如何除掉水垢”“尝试做魔术师”等几个探究实验。在实际授课过程中，可与科学知识、生活相结合，拓展和开发其他的实验课内容。

2. 要充分利用身边的人和事来充实教材内容。如在“关注人与自然”这一模块，可以挖掘当前的社会现象和案例，也可以让学生自己进行案例的收集，自主开发小课题进行研究。

3. 可根据教学实际，对教材进行二次开发。对学生感兴趣的课题和内容，可以进行二次开发，形成系列课程。

（七）科技与创新课程的教学研究

1. 问题研讨。基于教师在日常教学中出现的问题，教研组要开展讨论研究，集体攻关，边研讨边实践，形成策略，提高教学效果。

2. 教法研究。采用备课组协调教研的方式，利用备课、说课、观课、评课等方式，研究教学方法，形成教学模式，打造精品课堂。

3. 学法研究。以人为本，以学生的和谐发展为本，倡导自主体验、自我感悟的生动课堂，研究学生观察、实践、探究活动的有效方式，促进学生主动而富有个性地学习。

4. 关于能力发展的研究。如教学时，可以从学生所面临的现实问题入手，引入生命问题，阐明生命道理，做到发展、预防与干预相结合。充分体现新课程理念，充分考虑学生的身心发展规律和学习需求，积极探索和运用自主体验、合作学习、探究学习等方式，提高学生终生学习的能力。

（八）科技与创新课程的课堂教学

以下是科技与创新课程的课堂教学案例。

航模制作

——弹射模型飞机机身的制作

航模制作属于手、脑并用的综合性劳动教育技术。本项目所使用的材料有木条、木板和木片，航模比例是依据飞机的比例缩小制作的。因其集知识性、实践性、趣味性于一体而深受学生的喜爱。

【学情分析】

本活动主要针对小学五年级的学生。处于这个年龄段的学生喜欢探索新事物，勇于挑战，愿意动手，同时他们也具备了一定的学习能力，但缺少展现自我和动手制作的机会。另外，随着人类航天事业的发展，越来越多的学生开始对航天事业感兴趣，针对学生的这些特点，我们设计了这一教学内容。

【教学目标】

1. 让学生了解机身是由哪几部分组成的。

2. 让学生了解弹射钩怎样才能做牢固。

3. 让学生了解配重块的作用是什么。

4. 学会制作机身的基本技能。

【活动方式】

师生相互交流探讨，学生分组合作。

【教学内容】

一、制作前介绍工具的使用

1. 胶水

(1)“三秒胶”的特性。

“三秒胶”是瞬间胶的统称。这个名字反映了这种胶的特性是在瞬间就能够将黏合的部位粘住。

(2)“三秒胶”的使用。

在使用过程中，不要将胶水滴在衣服上或手上，滴到衣服上是洗不掉的，而且会在衣服上形成一块硬块，硬擦会把衣服弄破。若滴在手上，可以反复搓几次，“三秒胶”就没有了；要是不小心接触到眼睛，必须迅速用水冲洗或马上到医院请医生帮忙。

使用胶水时，在盛有“三秒胶”的瓶口上端用剪刀斜着轻轻地剪出一个小口，用时轻轻撬动瓶身，“三秒胶”就会流出来。它是一种无色透明液体，有一种刺鼻的味道，不要去闻，防止有人闻到这种气味后过敏。如发现学生有过敏现象，需将过敏学生劝退，让其不要参加这项活动。

2. 剪刀

我们平常用剪刀时要注意不要伤到手。用完剪刀后要放回工具箱里，以防伤到手或损坏其他物品。如果用剪刀剪过硬的东西，会损坏剪刀。普通剪刀一般不能用来剪铁板等坚硬材料，剪铁板有专用的剪刀。

3. 钳子

钳子有多种，按照钳口的形状，可分为尖嘴钳、平口钳、剪钳、异形钳等。钳的大小也有多种型号。

我们做航模飞机一般要用到三种以上的钳子，一种是尖嘴钳，一种是平口钳，还有一种是桌虎钳。

桌虎钳是用铸铁铸成的，钳口用两片钢板做成。它的三个方向面有三个旋转螺丝。底面的旋转螺丝的作用是将桌虎钳固定在桌面上；中间的旋转螺丝是用来调整桌虎钳的角度的，使桌虎钳能旋转180度，根据需要随时进行调整；上面的旋转螺丝是用来调整钳口的两块钢板的，它能将夹住的物体牢固地固定住。使用桌虎钳时要注意几点：一是平时中间的旋转螺丝尽量不要动，要转动时一定要将螺丝旋紧，防止桌虎钳在桌子上旋转；二是钳口不要随便用锤子砸，防止钳口断裂无法使用；三是桌虎钳的后面有一个椭圆形的平台，可以在这个平台上来平整材料，但不要用力砸，以免将平台砸碎。

4. 手锤

锤子由锤头和锤把组成。锤子按照用途分为许多种，我们所用的锤子叫作手锤。手锤的锤头的一个底面是方形的，另一面是一个斜面的锤头，锤头上面安装有一个硬木把做锤把。锤把一般用蜡条木做成，它的特点是有弹性且不容易折断。使用手锤时，手要握在锤把的后部，但不要死死握住锤把，在击打物品时要用手腕的力。

5. 铁锥子

铁锥子通常都是用钢丝制作而成的，有一个环形的把，便于手握住锥子。锥子上一般都有一到两个韧，这样便于钻孔，如果韧磨掉了，可以在砂轮机上磨出韧来。使用时要小心，不要用力过猛，防止伤到手。平日不使用时可以放在工具箱里，便于下次使用。

二、教师指导学生制作航模机身

工具介绍完成后，教师先拿出航模机身的实物，向学生说明机身是由两块木料粘接而成的。上面的一块是用桐木条做的，下面的一块用的是长的松木条。为什么机身用松木条做呢？因为松木条比桐木条要结实，不容易变形，方便加工。

教师将准备好的桐木条和松木条发给学生，让学生将桐木条和松木条一端对齐，然后将胶水涂在两块木料的结合缝上，待胶水干后，要求学生将机身两面打磨光滑。

随后在机身前端用钢尺的圆头比照着划上一个圆，让学生将机头打磨成半圆形。然后再从机头端向后划出 10mm 和 50mm 两条线，在第一条线的机身中间用锥子钻上一个直径为 2mm 的圆孔，做配重用。做配重时可以采用两种方法，一种是用橡胶泥，一种是用铅丝。最好在试飞前粘上橡胶泥，并在试飞中根据需要迅速增加和减少重量。在 50mm 处机身的底梁上扎上一个大头针，大概扎入大头针的 1/3。将大头针顺着机肋向前卧下紧靠机身，然后将薄铁片做成 U 型卡在大头针上，用“三秒胶”将铁片粘在机身上，待胶干后，再用尖嘴钳把大头针的尖头剪掉，把大头针向机身后的方向弯上一个勾，这样弹射钩就做好了。在弯钩前，教师必须逐个检查一遍，看学生是否将大头针牢固地粘接在机身上，不牢固的要帮忙加固，然后再弯钩。

学生在制作过程中经常会出现一些问题。让学生向机身上扎大头针，有些学生往往扎不进去，或者是扎进去了但又从机身的另一侧穿了出来。如何防止出现这些现象呢？拿到大头针后，首先要检查大头针是否是直的，如果不直就将其弄直或更换一根。加工时可以将机身夹在桌虎钳上，用尖嘴钳夹着大头针的下部一点点将大头针扎入机身中，这样既可以防止大头针在机身中发生歪斜，操作中也容易将大头针扎入机身中。

三、思考与作业

1. 制作弹射钩的技巧是什么？

2. 配重块在什么时候装合适？

第四节　科技与创新课程的评价体系及保障措施

(一) 科技与创新课程的评价体系

学校对科技与创新课程的评价主要是建立学生“创新素养培育”的评价体系，设计并使用学生“创新素养培育”评价手册及学生管理档案袋。要求有学生在创新素养方面发展的专门跟踪性记录及与任课教师、家长、学生本人的反馈和沟通记录。对学生的评价不仅要关注在本课程实施后学生在知识与技能方面的提高，更要强调对学生学习过程的评价，重视学生在学习生活中的态度、情感和行为；让评价成为教师和学生共同进行的有意义的生命发展过程；重视对学生在健康、安全、愉快、积极地学习和生活中的个性化表现的评价；评价的主要方法有观察、访谈、问卷调查、成长资料袋评价、综合素质评价等。对教师的评价主要看课程实施情况以及实际效果。

1. 对学生的评价

(1) 校本课程不采用书面的考试或考查方式，但要做考勤记录、作业评价、成果评价和综合评定。

(2) 教师根据每个学生的学习态度、过程表现、个性发展和活动成果进行综合评定，分为“优”“良”“中”“差”四个等级，记入学籍卡和学生成绩汇报书。

(3) 学生的成果可通过实践操作、作品鉴定、竞赛、评比、汇报演出等形式进行展示。

具体评价内容和方法如下表。

项目	考勤	参与态度	作业情况	活动成果	获奖说明
自我评价					
小组评价					
综合评定					

2. 对教师的评价

（1）教师必须有计划，有教案，有学生考勤记录和成绩评价。

（2）教师应按学校的整体课程要求和教学计划要求，发展学生的个性特长和科学素质。

（3）教师应保存学生的作品、资料及其在活动、竞赛中取得的成绩资料。

（4）教务处和教科室通过课堂巡查、资料查阅、调查访问等形式，每学期对教师进行评价，公布结果并将其列入期末考核成绩。

具体评价内容和方法如下表。

项目	权衡分值	自我评价	科组评价	师生获奖说明
制订校本课程计划	10			
编写校本教材或教案	25			
课程的组织实施	25			
学生成绩与评价	20			
课程实施的总结	10			
课程实施的创新	10			
综合评定				

（二）科技与创新课程的保障措施

1. 健全机构，明确职责

学校成立科技与创新校本课程开发领导小组，以汤善香校长为总指挥，由戚红红主任任组长，牟艳丽任副组长，黄静、张铁贞、王永芬、王海澎、马宁、于学敏等为骨干教师，全面负责实施科技与创新校本课程的开发与实践研究，从教师培训、课程设计、实施监控、师生评价等方面进行落实，使课程开发做到前期有纲要、有规划，过程有资料、有监控，结果有反思、有评价。

2. 组织培训，提高认识

为了从推进素质教育、落实新课标精神和促进学生的个性发展与可持续发展的高度来认识开发科技与创新校本课程的重要性、必要性、紧迫性、可行性，我校多次以专题讲座、专题沙龙、专题研讨等形式进行校本培训，帮助教师认识科技与创新校本课程的开发与实施，从自身专业发展、学校特色构建、学生个性发展三赢的角度，提高教师的思想认识。

我校校本培训的内容主要包括校本课程开发的基本理论与技术、课程资源的开发与利用、校本课程的管理与评价、校本课程开发经验的总结与提升、科技创新教育的实施方法和内容等方面。通过培训，广大教师对科技与创新校本课程有了比较清晰的认识，提高了课程开发能力，为课程实施奠定了基础。

3. 资金保障

科技与创新校本课程的实施需要大量的资金投入，我校非常重视这个项目的开展和课程的落实。我校实验室、微机室、航模工作室、美术教室等各项设施齐全，并聘请专业的教师作为校外辅导员，努力做好资金保障工作。

第五节 科技与创新课程的实施成效

（一）在潍坊市“百项专利进校园”工程活动中获奖

为培养青少年的科学精神和实践能力，在潍坊高新区青少年中营造“学科学、爱科学、讲科学、用科学”的良好氛围，推动潍坊高新区青少年科技创新活动的蓬勃开展，潍坊高新区教育局和科技局联合推出了“百项专利进校园”工程。

在此活动中，全区有 54 项学生成果获得国家专利，其中潍坊北海学校有 21 项，是高新区获得专利最多的学校。为进一步激发广大教师和学生发明创造的热情，潍坊北海学校对这 21 名学生进行表彰，并根据《潍坊高新区科技创新发明奖励办法》和《潍坊高新区“城投爱心助学基金”管理使用办法（试行）》颁发 1000 元奖励。

（二）参加首届（中国）K＊bot 创意大赛

2013 年 5 月 25 日，首届（中国）K＊bot 创意大赛在北京举行，本次比赛以“伟大的建筑，灿烂的文明”为主题，潍坊北海学校中小学四个代

表队到北京参加此次大赛。学校初中部的石延龙老师、小学部的王海澎老师分别辅导两个参赛小组，经过为期 3 周的训练，初中部徐梓晗、徐海宁、隋海鹏、沈雅琦的参赛作品“埃菲尔铁塔”，魏思骢、韩龙熙、孙廷溥的参赛作品“天坛”，小学部陈盈灿、李佩洵、吕雯菲、王馨婕、张晨欣的参赛作品“东方明珠”，张恭硕、李春序、宗叔同、于泽疆、徐若琪的参赛作品“中国馆”，分别取得参赛资格，并获得优秀奖。

本次 K＊bot 创意大赛，从选材到构建，再到现场的比赛，都充分体现出全体参赛学生主动参与、乐于探究、勤于动手的科学意识和较强的团队协作能力，同时很好地展现了现代中小学生的价值观。正如在介绍作品“东方明珠”时王馨婕所说：“我们制作的模型‘东方明珠’由克勒斯组成，总高为 101 厘米，象征着我们每个人心中的远大的理想：让我们的国家在世界之林中拔地而起、独占鳌头。”

（三）参加山东省青少年航海模型锦标赛

2013 年 12 月，由山东省教育厅、山东省体育局主办的“‘我爱祖国海疆’2013 年山东省青少年航海模型锦标赛”在青岛举行。

来自全省 17 个地市的近千名选手一同参加水上 12 个项目的角逐。潍坊北海学校在此次比赛中获得小学组一等奖 1 名、二等奖 1 名，初中组二等奖 1 名、三等奖 2 名，同时还获得团体优秀组织奖。

此前，潍坊北海学校在 2013 年 11 月举办的潍坊市第三届全民健身运动会航模比赛暨第三届潍坊市航模锦标赛中曾获得初中组一等奖 3 名、二等奖 3 名、三等奖 3 名，小学组二等奖 1 名、三等奖 1 名，同时还获得优

秀组织奖和初中组团体第三名的好成绩。

此次是潍坊北海学校第一次参加省市级的航模比赛，在训练时间短、缺乏经验的情况下，潍坊北海学校的参赛队员和辅导教师表现出色。学校以此次比赛为起点，吸引和鼓励更多的青少年参与这项活动，以航海模型竞赛为载体，不断丰富学生的校园生活，扩大学生的视野，增强青少年的动手、动脑能力，促进全校学生德、智、体、美、劳全面发展。

(四) 参加潍坊市第四届“雏鹰杯”科技创新大赛暨 K＊bot 创意构建比赛

为培养学生的想象力和创造力，激发学生对创意设计的兴趣，提高学生的科学素养，潍坊市青少年科技活动中心、潍坊市诺贝尔少年科学院联合举办了潍坊市第四届“雏鹰杯”科技创新大赛暨 K＊bot 创意构建选拔

赛。潍坊北海学校共有八个代表队参加了此次比赛，学生们在比赛中展示了出色的个人水平与团队精神，涌现出了一批具有科技能力与创新精神的学生。通过师生的共同努力，学校有两个小组分获亚军和季军，同时还分别荣获最佳外形奖、最佳表现奖两个单项奖。

此次活动，不仅锻炼了学生的动手、动脑能力和科学创新能力，更加培养了学生的团队合作意识。

(五) 参加 K * bot 亚太大赛

2014 年 7 月 12 日，K * bot 亚太大赛在香港理工大学邵逸夫体育馆举行。潍坊北海学校有两个代表队受邀到香港参加比赛。本次比赛的主题是“未来地标性建筑”，要求设计和搭建既有独特的地理特色，又有划时代意义和高科技元素的地标性建筑。

参加比赛的有来自亚太地区其他国家以及北京、香港、山东等地的代表队。潍坊北海学校首次参赛，就取得小组公开赛最佳外形奖、常规赛冠军、亚军的好成绩，是潍坊市参加比赛的学校中成绩最好、获奖最多的。

K * bot 大赛旨在鼓励学生在科技领域进行学习、探索、研究和实践，提高学生对设计及科技的兴趣，激发学生的科学素养，让学生的创意能付诸实践并融入生活当中，缔造美好生活。此次比赛，拓宽了学生的视野，提高了学生的科技制作水平，增强了学生的自信心。

第七章 植根传统的京剧育人课程

Heya Wenhua Xiaoben Kecheng De Chuangxin Goujian

第一节 精彩的京剧演出，突显学校京剧育人特色

京剧艺术是我国非物质文化宝库中的瑰宝，是反映我国传统文化的一部百科全书。

新时期以来，文化发展的迅猛态势和观众审美选择的多样性，使京剧艺术和中国传统文化的生存、发展受到了巨大的挑战。“四海一人谭鑫培”“满城争说叫天儿”的情景已经变成了书籍的历史记忆和戏迷的闲谈追述，当下，作为国粹的京剧与青少年生活的距离已经越来越远。

2011 年 12 月 28 日、29 日晚，两场由潍坊北海学校主办，潍坊市京剧院、潍坊市钟秀剧社协办的“北海学校京剧进校园‘国粹飘香’元旦汇报演出”在潍坊富华国际会议中心隆重上演，共有 200 多名学生、120 多名教师参与了演出。师生同台竞技，节目异彩纷呈。来自潍坊市人大、潍坊市政协、潍坊市教育局、高新区党工委管委会的领导，以及社会各界助学单位、京剧票友、全体家长等 2300 多人观看了演出。演出高潮迭起、掌声不断，自始至终无一人提前退场，演出效果得到了社会各界的高度评价。

演出在汤善香校长铿锵有力的《包龙图》反串唱腔中拉开序幕。近 20 个节目中，既有《苏三起解》《淮河营》等生、旦、净、丑传统戏曲，又有现代京剧《沙家浜》《红灯记》选段；既有京剧的程式动作汇编，又有脸谱知识介绍；既有京剧与现代舞蹈结合的京调歌舞《悯农》，又有京剧与国学结合的古文诵读《三字经》等。小演员们粉墨登场，唱念做打样样精通。他们惟妙惟肖的表演，诙谐幽默的念白，自然娴熟的动作，征服了在场的每一位观众。历时 1 小时 30 分钟的精彩演出，给观众提供了丰富多彩的京剧文化大餐。

演出结束后，家长们纷纷表示，这是一场高水平的素质教育成果展示。演出结束当晚，一位五年级学生的爷爷在会场对李德连主任说：“演出太精彩了，你们什么时候还举行这样的活动？我还要来观看！”“这么小的孩子能上台演京剧，而且演得这么好，真是不可思议！”“训练时间这么短，能演得这样精彩，不容易啊！”

台上一分钟，台下十年功。在短时间内，一场大型京剧演出的成功举办，证明了潍坊北海学校是一个“特别求和谐，特别讲奉献，特别能创新，特别敢突破”的集体。为筹备这次汇报演出，学校全体师生齐心协力、众志成城、刻苦训练，成功背后的辛酸不言而喻。

京剧的传承为什么在潍坊北海学校能取得这么好的效果？这是缘于学校京剧校本课程的开发。潍坊北海学校以校本课程为载体，以引进专业人才和师资为重要举措，从娃娃抓起，全面开展京剧课程教学实践与探索。

开发京剧校本课程是一个全新的课题。课程首先必须是可实施、可操作的，其次要符合学校特色和学生需要。毫无疑问，我校有着良好的京剧艺术基础和得天独厚的艺术氛围，开发京剧校本课程，顺应了培养学生特长的需求，顺应了突显学校办学特色、提高学校办学品位的需求，更是为提高学生文化意识、提升学生审美能力、艺术化地成就人生提供了动力。

第二节　京剧育人课程的开发、实施及评价

我校开发和实施京剧校本课程的目的不是要让每一位学生成为京剧的行家能手，而是想通过京剧的艺术熏陶，提高学生对民族文化的了解和热爱程度，进而内化为自身对艺术、对人生的美的追求。

(一) 京剧育人课程的开发背景

1. 时代背景

如何保护和弘扬优秀的民族文化，关系着中华民族伟大复兴历史性目标的实现。在 21 世纪第一个十年的末期，教育部做出了“京剧进校园”的决定，这是传承民族文化、弘扬民族精神的需要，是建设中华民族共有精神家园的有益尝试，也是丰富校园文化生活、提高青少年艺术修养的有效载体。

2. 社会背景

京剧是我国的国粹，如何将这一艺术发扬光大，成为社会有识之士的共同呼唤。教育部将京剧纳入中小学音乐课程，反映了国家对民族艺术的关注，

也反映了社会在整体上对传统艺术的尊重。历史上作为鲁东交通枢纽的老潍县，是京剧名家、名票友聚集的地方，丰厚的历史文化底蕴，老一辈京剧艺术家的嘱托，都使得将京剧在潍坊发扬光大这一任务变得任重道远。

3. 文化背景

在青少年的成长过程中，接受传统艺术教育非常重要。艺术教育归根到底是情感教育，青少年若不能通过接受传统艺术教育，学会用本民族的方式表达与交流感情，那么民族文化的衰落就会不期而至。在此之前，我们从小学到中学的艺术教育课程基本以西方艺术体制为主，在某种意义上，这正是一代代成长起来的青少年疏离民族传统文化和民族情感淡漠的根本原因之一。有了民族根基的艺术教育，才可以谈得上与世界融合，才不会让传媒、娱乐替代艺术的全部。

4. 教育背景

世界上大部分国家的美育课程都包含戏剧、音乐、美术三大门类，而我国把京剧加入到中小学艺术教育课程之中，改变了我国艺术教育原有的格局，是非常有意义的。

当流行音乐、电子技术、多媒体等现代元素融入我们的生活后，原有的艺术欣赏模式被打破。一方面，快节奏的生活催生了新的艺术形式，尤其是外来艺术，人们大量吸收着外来文化的营养。另一方面，学生对艺术的鉴赏存在着很大的困惑，他们不知道如何去辨别，更不知道如何加以甄别，只会全盘接受或简单否定，这就需要我们教给学生艺术鉴赏的方法，去了解，去学习，去研究，去感受，去发展，去创新。我国博大精深的艺术精华在哪里？哪里还需要改进？如何传承发展？我们的艺术学习和创作要从哪里汲取灵感和营养？这些都需要师生去探索、去学习，探索教育的真谛，完成审美的需求。

（二）学校开发京剧育人课程的优势分析

1. 学校有丰富的外援资源

潍坊北海学校办学声誉高，引来社会各界京剧艺术团体、票友剧社的关注和热心帮助，他们从人力、物力各方面对学校的京剧课程提供了支持，使学校有了强大的后盾。同时，我校很多学生家长喜爱京剧，是京剧的忠实票友，他们自愿成为学校“京剧进校园”活动的志愿者。可以说，丰富的社会资源为活动的扎实推进提供了充分的外部条件。

2. 学校有良好的生源和硬件条件

学校组建了学生艺术团，学生在舞蹈、民族乐器、表演、演唱等方面已有一定的基础，其中不乏优秀的艺术苗子，这些学生是发扬京剧艺术的后备人才。就硬件条件来说，学校建立了多功能教室，购买了多媒体设备，具备了开展活动的良好基础。

3. 学校有雄厚的资金支持

潍坊高新区政府加大了对教育的投入，为京剧课程的研究提供了资金保障，这是增加研究成果的重要保证。

（三）京剧育人课程的目标

1. 总目标

通过京剧课程的研究与实施，推动我校“京剧进校园”的活动。拓宽学生的学习视野，使学生在文化情境中认识京剧，欣赏京剧之美。在尊重和传承本民族文化的基础上，培养学生的创新精神，促进学生潜能、个性的发展，使学生获得成功的信心，激发学生热爱生活、美化生活的情感。

2. 分目标

（1）通过实施京剧教育，零距离学唱京剧，了解京剧知识及名家名曲欣赏等，建立对京剧的直观和感性认识，培养学习兴趣，为弘扬我国传统文化精粹打下坚实基础。

（2）通过学习京剧艺术，开拓学生的艺术视野，提高师生的审美情趣，建立大艺术的思维格局，为学生综合素养的全面提升打好基础。

（3）通过学习京剧艺术，唤起学生对中国历史发展的思考，对传统艺术发展的思考，对经济文化背景下的人生价值观的思考。从老一辈京剧艺术家讲述的亲身经历，体会传统文化对人的心灵的熏陶作用及对自身精神的影响。

（4）以京剧艺术课程作为建设校园文化特色的亮点，形成艺术教育的新名片，对学校和雅文化的发展发挥重要作用。

（5）了解一定的京剧艺术知识，关注和热爱京剧艺术，达到保存和发展民族优秀文化的目标。

（6）坚持以普及为核心，普及与提高相结合的原则。一方面，要求本校所有师生都能学会一定的京剧知识，会演唱经典唱段；另一方面，通过

“北海小梅花”京剧社团进行优秀学生的培养。

（四）京剧育人课程的内容及时间安排

有了目标定位，课程开发小组确定了课程内容的三个主要模块，即发现京剧、走进京剧、体验京剧。

发现京剧，以兴趣的激发为主要目标，引导学生从生活中发现京剧艺术，初步认识京剧与生活的关系。

走进京剧，以了解京剧艺术的美为主要目标，通过揭示京剧艺术的审美因素，引导学生在体验的过程中初步了解京剧艺术的主要表现手段。

体验京剧，引导学生在接触名人和欣赏名家名段的同时，演唱京剧，接受京剧美的熏陶，并具有一定的表演能力。

针对这三大模块制订的课程内容有美妙神奇的脸谱、绚丽多姿的服装、门类繁多的行当、行云流水的唱腔、曼妙优美的身段、抑扬顿挫的念白、利落传神的功夫、传奇逼真的程式、杰出的京剧大师介绍等共计三章十四节内容供师生学习。

京剧学习，课堂是主渠道。但是，京剧是一门非常需要下功夫的艺术门类，因此，课堂普及、课下熏陶、社团提升成为学校组织师生多种形式学习京剧的主要思路和策略。

学校规定音乐教师每个学期中拿出 5 课时进行京剧内容教学，学生每学期至少要学会 2 首京剧唱段，小学阶段至少完成 10 首京剧唱段的学习，初中完成 5 首京剧唱段的学习。

学校立足于学生的发展，将京剧作为一门选修课程在每周五下午的大艺体课程中开设 3 门京剧课程，让学生了解京剧的发展史、唱腔、行当，学习身段表演、唱腔等。同时，京剧社团利用课外活动和节假日进行专项学习。校园的广播也会定时播放京剧唱段，让京腔京韵时刻在校园回响，师生耳濡目染，对京剧的熟悉与喜爱犹如“随风潜入夜，润物细无声”。

通过本课程的学习，学生将获得京剧艺术的基础知识和相关能力；充分体验京剧艺术独特的美，从而形成对京剧艺术的肯定态度，进而形成对祖国传统文化的积极情感；形成运用京剧艺术丰富生活，提升生活质量的意识，进而具备热爱生活的积极态度；吸取京剧艺术中的道德力量，形成良好的道德态度。

京剧育人课程的内容及时间安排

章节	内容	课时
第一章　发现京剧	京剧简介	2
第二章　走进京剧	一、京剧孕育期	6
	1. 徽秦合流	3
	2. 什么是徽班	1
	3. 四大徽班进京	1
	4. 徽汉合流	1
	二、京剧形成期	2
	三、京剧成熟期	2
	四、京剧鼎盛期	2
	五、京剧小知识（一）	1
	六、京剧小知识（二）	1
	七、京剧行当与流派	12
	1. 京剧行当	4
	生	1
	旦	1
	净	1
	丑	1
	2. 京剧表演	4
	唱	1
	念	1
	做	1
	打	1
	3. 京剧流派	4
	梅派	1
	程派	1
	荀派	1
	尚派	1

（续表）

章节	内容	课时
第三章　体验京剧	一、演唱京剧片段	10
	1.《苏三起解》	1
	2.《都有一颗红亮的心》	1
	3.《淮河营》	1
	4.《包龙图》	1
	5.《将身儿来至在大街口》	1
	6.《我家的表叔》	1
	7.《卖水》	1
	8.《报灯名》	1
	9.《我们是工农子弟兵》	1
	10.《猛听得》	1
	二、画脸谱	1
	三、画戏妆	1
	四、穿戏服	1
	五、京剧小故事	3
	1. 十大班规	1
	2. 台上规矩	1
	3. 台下规矩	1

（五）京剧育人课程的实施

1. 制订课程实施方案

京剧虽贵为国粹，但由于其专业性太强，“口传心授”的传统京剧教学模式使得整体教学节奏缓慢，再加上媒体技术的迅猛发展和快餐文化的泛滥，导致京剧艺术走进校园的传播与发展举步维艰。

面对这一现状，潍坊北海学校设立了京剧选修课程，成立了京剧社团，制订了教学目标以及具体实施办法。

2. 聘请专家指导

为提高师生的京剧水平，学校隆重邀请我国著名京剧表演艺术家方荣翔之子方立民先生，潍坊市中华文化促进会京剧委员会主任杨继生等20多位京剧名家担任学校的艺术顾问；聘请潍坊市京剧院院长王长生、副院长孙诚、国家一级演员韩向东、张效孟、杨永春等艺术家担任艺术指导；学校还与潍坊钟秀剧社长期合作，为学生的艺术发展提供了重要的平台。

潍坊市中华促进会京剧委员会主任杨继生到校指导

3. 全校普及与重点培养

学校在抓好音乐课堂教学的同时，把京剧教学向课外延伸，组建校级、班级京剧爱好者小组，开展活动。

首先是全校普及。不限定专业标准，要求全体师生敢于开口演唱即可，先学会哼唱，再强调提高。为此，学校采取众多方式方法进行教育：一是课间铃声改为京剧唱腔和京剧旋律；二是开辟“京剧文化墙”，呈现京剧知识和师生的京剧演出资料，营造浓厚的京剧文化氛围；三是让“大艺体超市课程”成为面向全体师生进行京剧艺术教育的最受学生欢迎的渠道，每周五下午，学校面向全体学生开放“大艺体超市课程”，学生可以自由选择自己喜欢的京剧艺术课程，打破了班级界限；四是建立班级兴趣小组，以班级为单位，以节点为契机，开展京剧艺术的交流活动。

其次是重点培养。经过严格选拔，学校组建了北海京剧艺术社团——“小梅花师生京剧团”，每周二、四下午固定训练，由专业京剧演员具体授课，校内音乐教师辅助，扎扎实实开展一系列京剧实践活动。

小梅花京剧社团的孩子在学唱

4. 强化校内师资培训

（1）学唱京剧，教师先行。

京剧进校园，最大的问题是师资问题，这是制约京剧艺术在学校发展的重要因素。因此，学校号召全体教师学唱京剧，充分发挥教师的带动作用。这样做的目的，一是营造学校全面普及京剧的学习氛围，引导教师当好京剧艺术传播的一线教师；二是教师学习京剧，对于学校的艺术、德育、教学、管理等会有专业性的指导与帮助；三是陶冶教师的情操，达到以艺辅德。

（2）举办教师培训，全面提高教师的授课水平。

一是教师在寒暑假进行充电。全体教师参加寒假和暑假举办的关于京剧表演的集中培训，培训结束后要开展汇报交流。二是举办京剧沙龙。学校于每周四晚上开展教师京剧沙龙活动，由京剧院的专业演员给全体教师上课，内容包括京剧演唱、京剧知识讲解等，对教师进行全员辅导，全面提高教师的艺术素养，让全体教师担当起传承京剧艺术的引导者和参与者的重任。三是制订京剧学习计划表，列出了15首容易学唱的经典唱段，发动教师采取自学和集体学习的方式进行学唱。四是建立了京剧博客。音乐教师和京剧教师通过京剧博客将收集到的唱段视频和简谱提供给全体教师，既节约了资金，又实现了资源共享。五是京剧过关。学校制订了教师京剧考核办法，考核实行个人申报制，对考核不过关的教师，学校组织进行补课，实行二次过关。

5. 京剧熏陶，全家总动员

学习京剧，教师们苦在其中，也乐在其中。学校德育处李蕾主任在学校里学习老旦唱腔，她毫无京剧基础，一开口就跑调，女儿经常偷偷地笑她。后来经过刻苦练习，在家做饭时唱《淮河营》，女儿听到后评价说："妈妈唱京剧进步太大了！爸爸，咱们也得学习她。"青年教师王永芬上完京剧课后，与男朋友一起逛商场，坐着公交车一路上不断哼唱刚学的《智斗》唱段，等到回来的路上，变成她男朋友一路高唱。王老师开玩笑说，这样的“洗脑”还真管用!

类似教师学京剧获得启发的例子还很多。校长助理徐宁平日从不唱歌，学校号召学京剧后，她一开始没有信心，只是抱着学着玩的心态，经过半年的练习，她的进步很大，在家经常不由自主地就唱起京剧来，在她的影响下，儿子和老公也学会了哼唱《淮河营》。

通过这样的活动，我们的教师体验到了京剧的艺术魅力，也获得了成功的喜悦，丰富了教师的业余生活。

6. 创设活动平台，激发师生学习京剧艺术的兴趣

创设活动平台是激发广大师生学习京剧艺术兴趣的有力办法，也是一项激励措施。有了平台，师生的学习情况可以定期进行交流，更是面向社会、家长进行汇报的大好时机，这样的展示与交流极大地开拓了师生学习京剧的艺术视野，激发了他们的学习动力，使他们尝到了学习的快乐。

(1)“京剧零距离”大型京剧艺术欣赏课。

2010 年 4 月 16 日下午，潍坊北海学校隆重举行“京剧进校园”启动仪式暨大型欣赏课活动。市教育局体卫艺科、高新区文教局部分领导出席了仪式。高新区城区学校校长以及学校关心下一代委员会成员、全体教师、京剧骨干学生的家长观看了艺术家的精彩展示。

京剧名家与师生“零距离”课堂

与会人员倾听了来自潍坊艺术学校、原潍坊市京剧团演员韩向东老师关于京剧的起源、行当、程式与虚拟表演的精彩讲解。李玉梅、孙诚、郭

素荣等 7 位京剧艺术家的戏剧行当人物扮相使本次欣赏课变得生动、直观，收到了良好的效果。这种与艺术家面对面的交流，让师生学习京剧不再是“雾里看花”。

（2）京剧游园活动。

2010 年 6 月，潍坊京剧院的艺术家们走进学校，与孩子们共同畅游京剧艺术世界。全校 3000 多名中小学生欢聚在操场上，观看了《白水滩》《卖水》《钓金龟》《坐宫》等四部折子戏。学生们看了文戏看武戏，过足了戏瘾。其间，穿插台上台下的互动问答大大增加了学生对京剧的了解。

（3）庆六一“乐润经典，国粹飘香”演出。

2010 年 6 月，经过一个多月的精心准备，“乐润经典，国粹飘香”演出终于如期举行。《提篮小麦》《我家的表叔》《淮河营》《苏三起解》等七个唱段的精彩表演，让台下的观众兴奋不已，纷纷跟着唱和，学生们的接受速度之快，进步之大，出乎大家的意料。

（4）京剧进校园“国粹飘香”大型汇报演出。

2011 年元旦，学校举行了京剧进校园“国粹飘香”大型汇报演出。全体教师人人参与，包括校长在内纷纷登台献艺；全校 300 多个大小戏迷登台表演，一场异彩纷呈的国粹艺术晚宴让观众大饱眼福。生旦净丑、唱念做打，一出出小折子戏，一个个精美的扮相，兴奋了师生，乐坏了家长，轰动了社会。演出结束后，学校接到了来自社会各界的贺电，赢得了普遍赞誉。

“国粹飘香”大型京剧汇报演出合影

（六）京剧育人课程的评价

京剧学习作为一门课程，学校在评价上除常规评价之外，还将其作为一个重点奖励项目呈现，只加分不减分，纳入学生的综合素质评价系统。

1. 课堂评价

教师在课堂上对学生的京剧学习进行过程性评价，期中、期末进行抽样测评。

2. 兴趣小组学习评价

京剧社团外聘教师以及学校带队教师共同对学生进行评价，以每学期的汇报演出为依据。

3. 演出活动评价

学校组织的庆六一、元旦、新春等节点演出，将作为对学生和教师进行评价的依据。同时，要求家长、社会人士参与，对学生的发展做出综合评价。

六一儿童节，孩子们的精彩展示

4. 纳入学生成长档案袋

学生将在京剧学习过程中的学习心得、演出的标志性成果以及获奖证书等进行整理。学校将学生历次演出的剧照、光盘、获奖证书等一并放入其成长档案袋中，作为综合评价内容之一。

（七）京剧育人课程的实施建议

1. 教师要有强烈的“教学相长”意识，在教学的同时，努力学习知识，开拓资源，并尽可能地实现与学生间的资源共享。

2. 教师在教学时要给学生表现的机会，教学后要给学生拓展的空间；要因材施教，根据学生的资质适度培养。

3. 除了知识的传授，还要注重名曲欣赏，力争使原本对学生来讲生僻的京剧变得耳熟能详。名曲范围应大量拓展。

4. 以培养学生的兴趣为主，要让学生在愉快、轻松的状态下学习，激发他们挖掘更深层次知识的兴趣。

5. 对学生的评价不局限于检测，而是关注学生的学习过程，关注学生收集资料的能力、获取新知识的能力、分析和解决问题的能力以及交流与合作的能力。

6. 评价可采用多种方式，如对书面材料的评价与对学生的口头报告、活动、展示的评价相结合，教师评价与学生的自评、互评相结合，小组的评价与组内个人的评价相结合等。其中应以学生的自我评价为主，使评价成为学生学会实践和反思、发现自我、欣赏别人的过程。同时要强调评价的激励性，鼓励学生发挥自己的个性特长。

“和雅文化”这一概念的提出，为我们提供了全新的目标，“和而不同，各雅其雅”是其核心内涵，而京剧艺术正是学校文化建设的重要内容之一。京剧艺术课程的开发与校园文化的整体设计有机融为一体，有效发挥了其推动学校整体发展的作用。

第三节 “京剧进校园”活动的成效

京剧走进潍坊北海学校，让学生领略到了博大精深的中华传统文化；京剧作为一门课程，将学生领进了京剧的艺术殿堂，为传承民族文化打下了基础。同时，学校也将京剧化为育人的手段，在潜移默化中达到了育人的目的。

京剧育人课程的开设，为“京剧进校园”活动开辟了空间并提供了落地生根的沃土，“让京剧在学校留下来”“每人都会唱两段”“把舞台留给学生”，汤善香校长提出的这些目标，逐渐变成了现实。不久的将来，“潍坊北海学校的孩子会唱戏”，也将不是一句空话！

在学生素质得到提高的同时，全校教师的精神面貌也焕然一新，汤善香校长自豪地说：“京剧进校园，收到了一举多得的效果!”

京剧艺术进校园，仅仅是潍坊北海学校艺术教育的一个方面。学校已经把京剧当作一门重要的育人课程，以“京剧进校园”活动为切入点，以点带面，引导学生去探索其他艺术形式，从而达到学习文化、锻炼意志、提高修养、增强能力的育人目标，为学生今后的发展奠定良好的基础，让学生的智慧和潜能得到充分的释放和发展。

京剧是中国文化的一张名片，承载着丰富的文化内涵和民族精神。教育部已将京剧纳入九年义务教育阶段音乐课程，潍坊北海学校响应这一号召，积极弘扬京剧艺术，已成为潍坊市首家“京剧进校园”研究试点学校，被山东省教育科学研究所确定为教育科学规划课题组调研的学校。

潍坊北海学校在市教育局的领导下，经过精心筹划，先后举办了“京剧欣赏大课堂”“京剧游园”“北海京剧团培训”“‘国粹飘香’京剧演出”等系列活动。活动的开展，既有利于传承优秀传统文化，又促进了当代素质教育的发展；既引领了学生特长发展，也凝练了办学特色。更为可贵的是，在学习和表演的过程中，师生上下一心，众志成城，增强了全体师生的向心力和凝聚力，为全校师生核心价值观的形成提供了契机和动力。

（一）“京剧进校园”活动传承了优秀传统文化

京剧是中国最大的戏曲剧种，其剧目之丰富，表演艺术家之多，观众之广泛，影响之深远，均为全国之冠。每一出戏都折射出一段历史，都沉淀着悠久的传统文化。比如，京剧的形成和衍化，行当分类及至文学、表演、音乐、唱腔、锣鼓、化妆、脸谱等舞台艺术诸方面都自成特色。可以说，京剧的知识博大精深，京剧的内涵意蕴深厚。而且，在中国古代，以京剧为代表的戏曲文化在一定程度上甚至担负着对民众的教化作用，从达官贵人到乡间农夫，很多人通过戏曲欣赏来分辨假恶丑，推崇忠孝义，感悟真善美。毫无疑问，学习京剧对学生的知识积累和道德升华都意义深远。

京剧进校园，把灿烂的传统文化引入青少年心中，既培养和提高了学生的京剧欣赏能力，又继承和发扬了中国的传统美德，也淋漓尽致地发挥了艺术在教化方面的独特功用。

（二）“京剧进校园”活动促进了素质教育的深入开展

当前，素质教育是教育改革与发展的主流。如何实施素质教育，见仁见智，但有一点毋庸置疑，那就是培养适应未来社会发展的高素质人才。潍坊北海学校把学生的培养目标定位为“具有高尚人文素养的现代城市公民”，而让每个学生都学习和掌握一门以上的艺术，具有良好的审美情趣和艺术感悟能力，正是素质教育题中的应有之义。

（三）“京剧进校园”活动是凝练学校办学特色的重要举措

学校不是“世外桃源”，思想封闭培养不出真正适应社会的人才。我校的办学特色是面向社会，开门办学。但是，开门办学就意味着良莠不齐的文化可能浸染校园，凝练办学特色需要精粹文化的充实和保障。

包括京剧在内的优秀传统文化是我们民族身份的证明和民族情感的凝结，更是我们把过去与未来连接在一起的纽带。目前，有的专家已经把弘扬京剧艺术作为“文化国防”的重要措施。我们也意识到，京剧艺术中包含的和谐、礼仪、宽容、智慧等思想与潍坊北海学校倡导的诚信、和善、以人为本等和雅文化异曲同工，一脉相承。“京剧进校园”活动成为学校育人的有效手段，师生的精神风貌得到了新的提升。当然，特色发展也是学校品牌建设的主渠道。京剧进校园，所有的教师和学生都能摆几个京剧造型，来几句名段唱腔，念几段京韵京白，校园变梨园，课堂变剧场，师生变票友，这已成为潍坊北海学校的一张崭新的名片。可以说，开展“京剧进校园”活动已成为潍坊北海学校凝练办学特色的重要举措。

（四）“京剧进校园”活动引领学生艺术特长的发展

学校认真贯彻教育部提出的“体艺 2＋1”活动，即让每一位学生掌握两项体育特长和一项艺术特长。学校以京剧艺术为载体，引领学生艺术特长的发展。

学校营造京剧学习的氛围，创建“小梅花京剧团”，开展内容丰富的“京剧游园”活动，隆重举办大型“国粹飘香”京剧演出等系列活动，京剧已成为引领潍坊北海学校学生特长发展的主要形式。除此之外，学校每年专项投资，配备了民族舞、拉丁舞、京剧、合唱、民乐、书法、绘画等20多个功能教室；聘请了近40位专业辅导教师，并定期邀请律师、作家、园艺专家，京剧、书法、绘画、舞蹈、器乐、说唱等名家走进校园，不仅解决了学校专业教育资源缺乏的问题，也切实拓宽了学生的视野，为学生的特长发展和全面发展提供了机会和条件。

“京剧进校园”是潍坊北海学校艺术教育的一个方面，也是学校培育人才的重要手段，学校以“京剧进校园”为切入点积极引导学生去探索艺术，提高艺术修养，为学生的发展奠定基础。它已经在潍坊北海学校发挥了重要的作用，收到了一举多得的效果。它让校园里洋溢着一种奋发向上的和谐之风，充满着锐意革新的开拓气势！

第八章 卓然而立的国际视野课程

Heya Weihua Xiaoben Kecheng De Chuangxin Goujian

第一节 国际视野课程的开发背景

伴随着和雅课程体系的建立与实施，潍坊北海学校的师生呈现出不一样的生命律动，课堂焕发出了勃勃的生机，家长、社会开始有了更高的、多元的教育需求，这些都促使学校的教育管理者审慎地思考：学校教育究竟为谁培养人？培养什么人？怎样培养人？在对外交流与合作的过程中，在形形色色、多种多样的实践模式中，学校教育国际化的进程开始了。

联合国教科文组织时任总干事于 2007 年 11 月在美国“国际教育周”的致辞中，进一步确认国际教育的任务就是要培养全球公民和引导学生学会尊重——尊重他人、尊重其他民族与文化、尊重人类的多样性和差异性、尊重我们生活的地球和未来的后代。他把国际教育看作今日世界国际关系的一部分，使教育成为“建立新的更深的文化间关系的一种手段”，用充满尊重精神的教育“为未来全球公民的培养指明途径”。2010 年教育部公布的《国家中长期教育改革和发展规划纲要（2010—2020 年）》也明确提出要坚持以开放促改革、促发展，提高教育国际化水平。这表明教育国际化已成为当今世界教育改革和发展的必然趋势。

教育国际化是学校教育发展的必然要求，是学校教育高水平发展的内在需要。学校的教育发展越来越需要融入国际教育元素，与国外教育“对话”，以适应国际化对人才培养的多元需求。由此，“国际教育”走进我们的视野，我们开始摸索基础教育国际化发展之路。

第二节 国际视野课程的指导思想及发展规划

（一）指导思想

以《国家中长期教育改革和发展规划纲要（2010—2020 年）》为纲领，以《潍坊北海学校发展规划》为指导，以和雅文化为统领，立足本校，放眼全国，展望世界，创建合理的对外文化交流机制，搭建有效的对外交流平台，合理选择利用教育资源，提升教育国际化水平，促进本校教育国际化的发展。坚持分步骤、分阶段、有计划地推进学校教育国际化进程，具体如下：

(1) 明确基础教育国际化发展方向，制订合理化的解决方案。

(2) 建立教育国际化操作基础，构建基础教育国际化课程体系，为开展教育国际化活动积极配备软硬件资源。

(3) 分步骤、分阶段、有计划地实施解决方案。

(4) 接受合理化的有效监控理念并配合实施方案进行不断的改善和调整。

(5) 实现逐类升级的发展目标。

(二) 指导原则

(1) 英语为主，其他学科兼顾。

(2) 课程为主，活动兼顾。

(3) 学生为主，教师与学校兼顾。

(三) 发展规划

为加快学校教育国际化发展进程，学校立足于本校的基础条件，统一安排《潍坊北海学校教育国际化三年发展规划》，通过三年的努力，逐步推进教育国际化发展进程，按计划、按步骤搭建并完善学校对外文化交流机制，促进本校基础教育国际化发展水平。

1. 第一年

立足本校实际，制订《潍坊北海学校教育国际化三年发展规划》，建立对外文化交流机制，建立学校专职外事活动机构，选拔培养优秀专职干部，开发相关的国际化校本课程，完成师生教育国际化思想转化，实现1%的在校学生参与各类对外短期文化交流活动，2‰的在校学生加入国际公私立交换生计划，校领导及教师20%参加相关学习与考察，初步建立国际校际交流机制并展开前期对接活动，按阶段、分步骤开展基础教育国际化工作。同时，在监管体制的指导下，不断根据学校教育国际化发展的进程进行优化调整。

2. 第二年

对外文化交流机制按计划顺利运转并初步取得成效，专职外事活动干部及优秀教师熟悉教育国际化的运作模式，学校师生开始接受国际化思想理念，继续开发并完善相关的国际化校本课程，实现2%的在校学生参与各类短期对外文化交流活动，4‰的在校学生加入国际公私立交换生计划，学校领导及教师40%参加相关学习与考察，与国内外优秀学校建立友好交流关系，互通有无，初步开展友好交流活动，按阶段、分步骤开展基础教育国际化工作。

3. 第三年

《潍坊北海学校教育国际化三年发展规划》成果年，对外文化交流取得显著成果，专职外事活动干部及优秀教师可独立根据国内国际教育领域的发展升级学校现有的教育国际化模式，学校师生基本完全接受教育国际化思想理念，继续开发并进一步完善、补充相关的国际化校本课程，实现3%的在校学生参与各类短期对外文化交流活动，6‰的在校学生加入国际公私立交换生计划，学校领导及教师60%参加相关学习与考察，与国内外友好交流学校建立深入合作，基础教育国际化水平达到国内领先水平，能在全国基础教育国际化领域起到带头作用，能带领本区域学校开展教育国际化工作。

总之，教育国际化的目标就是要树立全球化的视野，运用现代管理，借鉴国际经验，培育出真正具有国际视野、民族灵魂，通晓国际规则，能够参与国际竞争和国际事务的人才。

《潍坊北海学校教育国际化三年发展规划》指标

序号	内容	一年	二年	三年
1	教育国际化整体机制	初步建立	不断完善	程序化运行
2	师资国际化水平	基础水平	不断完善	优秀水平
3	师生国际化思想转化	初步渗透	基本接受	与时俱进
4	教育国际化校本课程体系	初步建立	不断完善	有效实施
5	短期对外文化交流（参与比例）	1%	2%	3%
6	国际交换生（参与比例）	2‰	4‰	6‰
7	建立国际校际友好交流关系	方案拟定	建立合作	深入合作
8	教师研修（参与比例）	20%	40%	60%
9	带动本区域学校教育国际化进程			开展工作

第三节　国际视野课程的目标、实施及成果

潍坊北海学校开展基础教育国际化的实践措施主要是以课程为载体，推进基础教育国际化进程。

随着中国在世界上政治、经济地位的不断提升，国家需要大批德才兼备，具有国际视野，通晓国际规则的创新型人才。无论发达国家还是发展中国家，都面临着本土教育国际化与国际教育本土化的趋势与挑战。要进一步推进学校教育国际化进程，我们就需要有选择地吸收外来优秀的教育理念、办学模式、培养目标、课程设置、课程内容、教学方法、评价标准等，更需要将这些教育成果与我校教育全面对接与融合，并始终如一地保持传统的特色。由此，我们认识到开发基础教育国际化课程对提高学校教育国际化的重要性和必要性。

（一）国际视野课程的目标

课程是教育国际化的经典载体，是拓宽国际视野的窗口。课程定位准确，才能为教育国际化的持续有效发展提供切实的保证。在构建和雅课程体系的过程中，我们通过大量的调研，访谈学生、家长以及社会上的知名外语培训机构，请教部分拥有留学背景的课程专家，阅读、比较欧美发达国家的课程培养模式，逐渐对基础教育国际化有了一些清晰的认识，从而进一步明确了我校基础教育国际化课程的目标。

（1）注重师资队伍的国际化，促进思想观念的转变和国际视野的拓展。

（2）注重校园氛围的国际化，提升学校教育的国际影响力。

（3）注重学生的国际化培养，奠定国际化人才的储备基础。

（4）着眼国际化课程开发，注重课程设置的国际化，促进区域跨文化学习。

（5）丰富内容，拓宽渠道，提升国内外交流合作品质，打造具有影响力的北海教育。

具体说来，潍坊北海学校对国际化教育的理解和实施着重体现在以下

五个方面。

（1）理念上的国际化——树立国际化的办学理念。

（2）设施上的国际化——建设国际化的学校文化。

（3）内容上的国际化——开发国际理解教育课程。

（4）内涵上的国际化——基于国际育人标准的课堂研究。

（5）形式上的国际化——游学、对外交流等。

（二）国际视野课程的具体实施

我们根据教育国际化课程建设的工作目标，进一步确定了教育国际化课程建设的阶段性工作。

第一阶段：树立国际化的办学理念。

第二阶段：形成国际化的学校文化。

第三阶段：开发国际化的校本课程，建立国际化的校本课程体系。

第四阶段：开展国内外友好学校之间的双向文化交流。

其实，走教育国际化之路，实际上就是突破传统教育的发展瓶颈，走多元化的发展之路，这是一个学校可持续发展的过程，也是一个学校不断地追求卓越的过程。

1. 树立国际化的办学理念

中外合作办学、办国际班、组织国外游学，这些都能拓展和丰富教学资源，增加国际理解和认同，大力推进教育国际化。但对于多数公办学校来说，要做到这些还是有诸多限制的。教育国际化，最根本的是教育理念的国际化。办学理念是否体现育人的国际意识和视野，是否体现以人为本、民主、平等、理解、尊重等国际精神，才是衡量一所学校是否真正走教育国际化道路的标志。今天的基础教育，必须具有预见性和可持续性。我们的孩子将来能够更好地融入国际社会，需要具备国际视野和知识，通晓国际规则，积极参与国际事务和国际竞争。中小学教育作为基础性教育，责无旁贷。

鉴于此，潍坊北海学校结合具体的校情，树立了以“重视母语、强化英语、探索教育国际化”为基础，注重“中学为体，西学为用”，培养“和而不同，各雅其雅”国际视野人才的和雅办学理念。具体体现在加强爱国主义教育的同时，注重培养学生的国际理念、国际竞争与国际合作意识；

在继承中国优秀传统文化的同时，注重多元文化的吸收，并具备良好的文化“免疫力”；注重综合素质、良好心理素质的培养；鼓励学生掌握一种或多种外语，并能够进行基本的国际间的文化交流、沟通及信息处理；培养具有创新意识和创造能力的现代中学生，通过中西方教学理念交融，教学内容互补，充分发挥各自的学科优势，为培养更多心系祖国、胸怀天下、会通中西、学贯文理、个性自由而全面发展的合格人才奠定良好的基础。

2. 形成国际化的学校文化

教育国际化需要创设一种良好氛围。如果将国际化比成一个大课堂，那么课堂氛围就显得尤为重要。国际化氛围的创设主要体现在以下两方面。

（1）硬件环境。指看得见的实物环境，包括对教室、楼层、学校整体的布局，以及使用的设施设备的标准。学校各项装备严格按省级Ⅰ类标准或超出省级Ⅰ类标准配齐硬件设施，对科学实验室、地理实验室、音乐室、探究室、美术室等各种功能教室重新进行规划调整，升级校园网络系统，改进智能广播系统、演播系统等。学校网站、电子办公平台、综合素质评价系统、评教系统、成绩分析系统、图书管理系统、教学资源库等一系列无纸化办公系统为学校工作架设了新的桥梁。同时，我们还做到校内各类标志用中英文标注，凝聚平等、尊重、和谐、包容的精神，关注每位教师的成长，关心每个学生的发展。

（2）软环境。指看不见的隐性环境，包括教师对教育国际化的了解，教师的国际化视野的培养以及学校关于教育国际化的文化理念的建设等。

从教师方面来看，教师首先要打开思路，拓宽视野，主动学习有关教育国际化的知识和技能，更新教育理念，提升专业素养。通过定期与不定期的学习，训练自己的思维能力，通过研究学习与探讨，发现教育国际化过程中出现的问题，找到解决问题的办法。

目前由于国内的教育国际化更多地体现在高中阶段的国际班中，而中小学阶段的基础教育国际化进程才刚刚起步，可供参考或借鉴的专著或论文等非常少。因此，我们对教育国际化产生的背景、东西方教育的差异、我国中小学教育国际化的模式、教育国际化过程中需要注意的原则以及需要规避的问题等还缺乏深度的思考与系统的认识。在这一背景下，要想引领我们的学生放眼世界，走向世界，就必须强化国际化的师资培训。只有高素质的教师才能创设和实施一流的国际化课程，才能培养出一流的国际化人才。

我校以开展教育国际化为契机，要求教师必须加强自身的业务学习，加强教育国际化相关知识的学习，潜心钻研国内外先进的教育理念和方法，力求融合国际最前沿的经验，具备必须的国际素养，从而提高对教育国际化理解的深度与广度。我们还将通过选送优秀教师出国培训、进修等活动，强化其教育教学的国际化理念，优化其教育教学方式，使之具备教育国际化的视野与能力。同时通过多种渠道引进国外师资，或者通过开展国际项目合作，提高教师对外学习交流的水平和能力。教师不仅要了解更多有关国际的信息，还要让理解、尊重、合作、民主等理念内化为师生的思想和行为。我们从改变教师的课堂教学行为入手，进而改变学生的思维方式和行为习惯，最终建立民主平等、融洽友好的师生关系，全面发展每一个学生、每一位教师的人文素养和人文精神，让学生拥有健全的人格。同时，学校定期邀请国内外不同领域的知名专家开展讲座，高频率地分享国内外优秀教育模式的经验和案例，帮助教师拓展教学思维，增加教学线索，提高教师对社会细节的了解和掌握，从而将更鲜明的职业理念和发展思维融入对国际化人才的培养当中。

从学校方面来看，学校要加强领导层面对国际化的认知与理解，通过培训学习，建立一套国际化的体系，包括理念、课程、计划与管理等，构建一支具有领导力与执行力的队伍，并持续不断地推进与提升。

3. 开发国际化的校本课程

在推进教育国际化的进程中，课程建设具有纲举目张的突出作用。可以说，课程体系的国际化是一个学校走向教育国际化的重要标志。我校的教育国际化校本课程体系建设主要抓好一个着力点，就是国际视野培养，即我们通过多种途径培养学生健康的国际视野，为培养国际化人才奠定坚实的基础。我们思考的是任何民族和个人都是浸润在特定的教育和文化传统中的，确立跨文化的国际教育视野，应坚持教育的民族化，所以教育的国际化要以民族化为前提，我们的学生要深深扎根于中国优秀的传统文化之中，吸收把握其精髓，在此基础上，把握好教育国际化的理想境界，即通过国际化的平等交流与合作，拓宽国际视野，做到既具备世界眼光又兼具民族之魂。

培养学生健康的国际视野，构建国际视野培养课程体系，目标定位是先导，课程实施是关键，师资培训是重点，评价体系是保障。

（1）国际视野培养目标。

①具有国际视野和全球意识。

②能熟练运用外语，具备基本的和外国人交流沟通的能力。

③了解国际交往礼仪和惯例，具备某种专业知识和技能，有良好的合作创新精神。

④能尊重别国的意识形态、文化、价值观、风俗和宗教信仰，无狭隘的民族观。

（2）培养国际视野应注重的问题。

基础教育国际化就是要用国际理解、国际意识和国际视野来把握和发展基础教育，使得基础教育具有更大、更多合理性的教育理念、方法和制度。国际化视野的培养主要注重三个方面的问题。

一是注重培养学生的国际合作与学习的意识。我们应学会从不同角度了解地球，了解各种文明及生活。例如，互联网的发展改变了我们原有的生活，世界上形形色色的人都可以通过互联网聚合在一起，探讨、解决各种各样的问题，人们之间的距离不会因为居住地的不同而变得遥远。比如，国际会诊，一些疑难杂症通过互联网可以汇集全球医生的智慧，这种行为就是基于国际合作意识，基于国际化视野。将来必然会有更多这样那样的问题需要国际间合作来解决。

二是注重培养学生的沟通能力。培养国际化视野要依托语言这个工具，学习英语就是为了培养国际化视野，提高自己的国际竞争力与影响力。因此，学校通过开展英语提升工程，努力创设语言环境，让学生对学习语言产生浓厚的成就感与自信心。

三是注重完善知识结构。国际化视野的核心内容是知识结构，这个知识结构既是综合的，也是专业的。国际化视野代表了更广阔的视野与舞台，对完善个人的知识结构，指导个人发展路线更加有益。

（3）国际视野培养课程体系的建立与实施。

课程与教学是学校教育的核心，知识、情感和能力主要在课堂上呈现和提高。在课程设置与开发、课堂教学活动中坚持知识与能力、情感态度与价值观的渗透和培养，牢固树立以人为本的思想，着眼于学生的个性发展，重视创新精神和批判性思维的培养，本身就是国际化的重要表现。

课程体现了民族的特点和国家的意志，因此任何国家的课程总会有不同之处，总会有些差异，我们需要尊重这种差异。因此，我们需要改革课程管理方式，丰富学校的课程内容和教学方式，增强学校课程的选择性，在这个过程中，教师和学生都将得到很好的发展机会。我们开设国际视野课程的最终目的是改进我们的课程，让我们的课程在培养学生的发展方面更有活力，让我们的学生能拥有宽广的国际视野和较强的国际竞争力。

①开设多样化的国际理解教育课程。

我们认为，要让学生成为国际化的人，首先要对学生进行国际理解教育，以宽容、尊重的态度与别国沟通，理解别国文化。同时立足于中国文化传统，扎好本土文化的根基，并通过合作与交流，被世界认识和理解。根据我校校情，我们初步构建拓展了英语教学内容，开发并实施国际理解教育校本教材，各学科国际教育整合与渗透这三大国际理解教育支柱，开发较为完整的、具有本校特色的国际理解教育校本课程，让教育国际化有基地、有载体。

我校将开发系列国际理解教育校本教材，内容包括国际礼仪、世界主要国家文化习俗、中国传统文化、科学探究、英语阅读、辩论、合唱、民乐等，让学生在短时间内对世界各国的文化、历史、礼仪等有所了解，进而提升学生的国际化素养。

我校自主编写的第一套面向中小学生的《国际礼仪教育读本》正在紧锣密鼓地进行之中，《国际礼仪教育读本》的内容分着装篇、个人篇、家庭篇、学校篇、公共篇、交往篇、旅行篇、网络篇等八个篇章，涉及衣食住行各个方面，采用图文并茂的形式，融知识性和趣味性于一体。

编写国际理解教育校本课程《认识世界》，适宜小学高年级学生使用。采用实例分析和案例教学的方式，让学生学中用，用中学，努力做到把学生带出世界，把世界带到学校。

②重视国际知识在学科学习中的渗透。

学科渗透成为我校实施国际理解教育的另一途径，每一位学科教师在进行学科教学研究的过程中，都要积极探索学科学习中应如何渗透相关的国际知识，通过学科知识的整合、渗透，促使教育国际化内容平民化、常态化。各学科教师将国际理解教育的理念、知识等深入渗透在学科教学中，发现与利用现有各学科教材与教育国际化的契合点，以各学科教材体系为主线渗透国际理解教育。我校的学科授课内容关注国际性大事、国际理念、知识的渗透，并适时延伸、整合。学校通过学科渗透，形成学科合力，营造国际理解教育环境，使国际意识植根于学生心灵深处。

比如，通过语文、英语、音乐等学科让学生了解东西方文化的差异，通过数学、信息技术、科学等让学生了解国外教育的思维模式与创新精神。如音乐欣赏课，教师可以介绍这首歌曲出自哪个国家，这个国家的风土人情是怎样的；语文课，教师可以从外国文学作品谈到风土人情；美术课，教师可以探讨时代特点和国家文化。从问题切入拓展学生的知识面，增加了学生对多元文化的理解和认同。

在国际理解教育中，除了课程主体和学科渗透外，多元文化环境、有效的交流活动等也是一种“课程”。我校通过创设多元文化环境，丰富校园活动，拓展国际化课程内容，培养学生的国际视野以及对世界多元文化的理解和跨文化交流的能力。例如，寒暑假期间，学生通过完成研究性课题——《中国传统节日和外国节日》，可以了解到各国节日的风俗习惯，同时通过各种节日的庆典体验活动，可以理解不同节日的文化内涵，从而提高学生对异国文化作出多样的、积极的评价和进行跨文化比较的能力。还有，我校学生会组织全校学生参与进行的“模拟联合国”活动，聚焦当前经济、军事、国家间的政治与经济的联系、环保与健康等热点问题，邀请市内知名专家进行指导、点评，促使学生通过学校的这个小平台，了解世界、认识世界、融入世界。

2013年8月7日至9日，山东省第一届青少年模拟联合国峰会在山东大学中心校区举行，共有来自全省25所学校约210名学生代表参加，经过激烈角逐，潍坊北海学校代表团荣获8个奖项中的2个，潍坊北海学校被评为“优秀组织单位”，指导教师李德连被评为“优秀指导老师”，王晨宇、齐泽秋荣获“最佳杰出代表”。

此次峰会由山东省教育学会教育管理研究专业委员会主办，蒙台梭利模拟联合国山东办事处指导。峰会以“激励年轻人成为改变世界的公民”为指导思想，旨在通过代表不同的国家进行调研、辩论、磋商、结盟等丰富多彩的形式，考察当代学生洞察时事的能力，组织策划的能力，研究写作的能力，发言辩论的能力，解决冲突、求同存异的能力，与他人交往沟通的能力等，以吸引越来越多的青少年关注国家大事，增强解决冲突、求同存异的能力，成为改变世界的优秀公民。

本次峰会共模拟组成国家60余个，潍坊北海学校模拟联合国社团选派10名学生代表参加，组成五个国家，分别是德国代表王晨宇、齐泽秋，喀麦隆代表刘方泽、刘睿涵，加拿大代表李凯伦、王宁浚，突尼斯代表岳岱尧、徐梓晗，索马里代表沈雅琦、薛百冰。峰会中，同学们以国家利益为出发点，积极准备、全力投入，展示了他们对国际问题的洞察能力、游说能力和非凡的调研能力，也向所有与会代表充分展现了潍坊北海学校学子的风采，受到峰会评委及兄弟学校的一致好评。

模拟联合国峰会现场

我校获奖代表领奖

③打造外语特色。

在国家课程要求的基础上，我校依托英语提升工程，营造英语学习氛围，拓展英语教学、学习内容。英语学科的教学注重为学生学好英语创设情境和氛围，增加学生对英语国家文化背景的学习，同时还打造在线英语学习空间，拓宽英语学习渠道。举行各种类型的英语活动，如复活节彩蛋比赛、万圣节、圣诞节等；举行英语等级达标大赛，鼓励学生越级参赛；举行英语演讲、英语才艺展示、英语手抄报比赛、英语课本剧比赛等丰富多彩的活动；开发系列英语校本课程，如英语课本剧表演、英文影视欣赏、英文电影配音等。通过举办英语系列活动，引领学生从学习外国语言、文化起步，到拓宽国际视野、培养国际素养，最终让理解、尊重、民主等国际教育理念深入学生心中。

圣诞嘉年华活动

英语节暨英语风采大赛

4. 开展对外交流活动项目

在地球越来越“小”的今天，仅靠书本知识和活动这些间接知识已不足以真正达到国际理解教育的目标。因此，开展适时、适量、适合学生的国际交流与合作也是必须的。我们从学生未来发展的需要出发，考察欧美国家名校并与之建立友好合作关系，进行经常性的交流。在建立友好学校的过程中，我们不仅强调校长、干部的交流，更重视普通教师和学生的交流。我们不仅要让校长、干部和部分拔尖的学生有参与国际交流的机会，也要让更多的普通教师和学生形成进行国际交流的经验。

开展对外交流活动项目，能满足学校师生具有国际意识，提高国际交往能力，形成“不出国也能留学”或为留学海外打基础的需求，同时也能满足外籍人士子女的就学需求。

（三）国际视野课程取得的成果

(1) 形成了独具特色的北海英语课堂教学模式，并召开了区、市级经验推介会。

(2) 构建并完善了英语选修课程体系，开发了多门英语选修课程。

(3) 开发了英语学习空间，构建了网络学习平台。

(4) 建立了常态的对外交流机制，学生可以远赴欧美国家游学。

(5) 组织学生参加国际比赛，如亚太地区 K＊bot 比赛、模拟联合国大赛等。

(6) 进行区、市国际化教育经验推介，形成了相关的案例集、论文集等。

2014 年 7 月 10 日，在戚老师和王老师的带领下，我们带着辛苦研制出的参赛作品，开始了我们的 2014 香港 K＊bot 大赛之旅。同行的还有新华中学、文华中学和德润国际双语学校的老师和同学们。

首先我们从潍坊乘坐大巴到北京，然后从北京坐飞机到了香港，入住香港荃湾显达乡村俱乐部。第二天，在老师的带领下，我们去香港海洋公园游玩，海洋公园很大很美，那里的水母给我留下了难忘的印象。

第二天，我们去香港理工大学邵逸夫体育馆参加比赛，这里有好几个国家的选手参赛。上午的比赛开始后，我们北海小组的成员先把我们的未来楼房地标建筑拼插起来进行调试，调试成功后，由我们的解说员进行详细解说；下午我们进行了小车比赛，我们的两辆小车在比赛中勇往直前，打败了其他的参赛车，取得了最后的胜利。在最后宣布获奖名单的时候，我们的两辆参赛车分别获得了第一名和第二名的好成绩，另外我们的未来楼房地标建筑也获得了最佳外形奖，我们每一位参赛的北海小组的成员心里都特别高兴，我们没有辜负老师对我们的辛苦付出。

参加香港 K＊bot 大赛

在随后的几天里，我们还参观了香港的星光大道、诺亚方舟主题公园、科学馆、迪士尼乐园等。我最喜欢的是科学馆，因为在那里我见到了各种各样新鲜奇特的发明，还有好多的科学游戏，充满了神秘的吸引力，让我一进去就对每件东西爱不释手。由于时间关系，我最后带着恋恋不舍的心情离开了科学馆。

这次的香港 K＊bot 参赛之旅让我学到了很多知识，是一次难忘的旅程。第一次独自离开家，第一次和同学们一起拿到 K×bot 的奖，第一次给我的家人买东西，好多个第一次给了我长大的勇气，在和同学们相处的这几天里，也让我学会了团结、宽容和帮助。

最后我们怀着胜利的喜悦凯旋而归！

（潍坊北海学校　马一鸣）

总之，我们期望学生能拥有最新和深入的知识，兼备广博的文化认知与常识；我们期望学生拥有批判和创新思维的能力；我们期望学生能树立终生矢志学习的目标，思想开明，拥有寻根探究的精神；我们期望学生具有能清晰并有条理地表达意念的沟通能力；我们期望学生掌握必需的资讯知识和资讯科技技能，具有数理思维与解决疑难问题的能力，能从容应对将来的工作和日常生活所需；我们期望学生能成为尽责的公民，具国际视野，重道德伦理，事事以礼相待；我们期望学生能以合作精神服务和带领团队，并追求健康的生活方式。

有正确理念的引领，有成功经验的积累，有教育同人的闯劲，我们相信，用国际视野铺就的成长之路一定会让潍坊北海学校的每一位学生更好地融入世界，更好地走向成功！

第九章 和而不同的艺体超市课程

第一节　艺体超市课程的价值

2004年7月，教育部为了落实德、智、体、美全面发展的教育方针，实施推广“体育、艺术2＋1项目”，即通过学校组织的课内外体育、艺术教育活动，让每个学生在基础教育阶段能够掌握两项体育运动技能和一项艺术特长，为学生的全面发展奠定良好的基础，推动体育、艺术课程改革的发展。这给我校校本课程的开发和研究带来了新的理论指导，并引发了我们进一步的思考与探索。

首先，艺体教育不能只定位于某一个特色项目，而是一个有着课程支持的系统教育行为，它是在学校培养总目标的统率下和语文、数学、英语、微机等课程并重的一门课程。学校重视艺体特色教育工作的发展，并使之课程化；重视通过常规的课堂教学来促进学生特长的形成，重视学生个性化发展和综合能力的培养；提倡高效管理；把重心放在特色教师的培养上，放在学生潜能的开发上，放在学生的和谐发展上，最终实现教育的高质量。

其次，在研究中，我们确立艺体校本课程“全面发展、各雅其雅”的培养总目标，将体育与艺术作为学生健康成长的元素加以倚重，将体育与艺术功能的有机融合作为学校办学特色的因子加以凸现。同时，在体育与艺术教育中，坚持加强基础、合理综合的原则，实现教育内容的整合，突出教育功能的互补，形成教育品质的优化。学校的发展思路是实现艺体教育——课程与教学改革研究——师生发展——品牌学校形成的一体化。

再次，在超市课程的建立过程中，学校以艺体课程为核心逐渐向外延伸。同时，又与语文的经典诵读、英语情景剧等学科相整合，形成了丰富的课程网络，在张扬个性、凸显特色的同时，提高学生的知识水平，拓展学生的综合素质。

第二节　艺体超市课程的开发背景和目标

(一) 艺体超市课程的开发背景

小学素质教育是基础性和发展性的教育。为保证基础性课程的相对稳定，保证发展性教育的实施，我校面向全体学生，全面提升学生人文素养，开阔学生的国际视野，培养学生社会交往能力、团队精神与探究精神，借鉴国内外成功经验，优化整合校园素质教育因素，促使学生人人都有项目可参加，人人都有“长”可扬，使学生素质得到全面提高和最大程度的发展。

在教育的所有环节之中，课程教材的改革又是具有基础性、主导性的一个重要方面。开设校本课程，正是给学生搭建一个优化知识结构、有效进行自身调整的平台，进而提高综合素养。这也将成为学校的一个生长点，极大地推动学科教学的发展。

学校依据办学宗旨、教师的优势、学生的发展需求启动了艺体校本课程开发。依据实际情况，学校把艺体校本课程定为“艺体素养开发课”，总体目标的核心是满足师生发展需求，培养师生挖掘自身潜力的意识、能力和素质，从而全面提升学生的艺体素养。为了有效推进艺体校本课程开发，学校确定了四个工作重点：一是让教师树立新的课程观；二是充分挖掘教师潜能；三是大力开发和利用课程资源；四是课程设置必须满足学生发展需求。

(二) 艺体超市课程的目标

1. 总体目标

通过艺体超市课程中 40 多项课程的开发，使学生的知识、身心的一般需求和个性发展需求不断得到满足；通过激发学生多维度的发展需求，使学生具有开发智能的激情和冲动；通过实践，使学生认识自己蕴藏的潜能，不断提升自身对特色发展的追求，不断提高对自我的要求。在艺体等各项特长形成的过程中，提高学生的自信心和成就感，培养学生的个性品质和修养，培养德、智、体、美、劳全面发展的北海学子。

2. 具体目标

学校层面

（1）通过艺体超市课程的构建，逐步完善学校的整体课程框架。

（2）在学生和教师的整体素质的提高过程中让学校获得发展，形成自己的办学特色，提升学校的办学品位，实现学校发展愿景。

学生层面

（1）通过丰富的课程内容以及形式多样的课程开展方式，完善学生人格，并以此提高学生的文体素质和艺术修养，让学生的个性品质在艺体等特长的开发过程中得到培养，张扬学生的个性，增强学生的自信心。

（2）在艺体课程走班的过程中，初步培养学生合作、分享、积极进取等良好的个性品质，逐渐形成对自然的关爱和对社会、对自我的责任感。

教师层面

通过开展艺体校本课程开发的研究，提高教师的研究能力，促进教师专业化发展，提升教师自身素质，培养一支适应新时期素质教育需求的、一专多能的教师队伍。

第三节 艺体超市课程的实施

从学生的兴趣爱好出发，建立一种由学生自主选择的课程形态，给学生最大的学习选择权和活动自主权，满足学生自主学习的要求。自主性是学生艺体选修课程的最基本特点。学校开设的40多门选修课程取代了以前的补短教育，使世界名著选读、中外名曲欣赏、管弦电声乐器、健美体操、拉丁舞、绘画、手工等培养品位、气质和健康体魄的课程登堂入室，激发了学生展望、竞赛、参与、成功的国际意识。

（一）艺体超市课程的内容

为了规避风险，开设学生真正喜爱的、适合学生发展的课程，学校在充分研究的基础上，采用问卷调查的形式，面向全体学生进行意见调查，结果表明：学生的需求很宽泛，如作文、数学、英语、美术、合唱、舞蹈、科技、电脑、棋类、足球、篮球……多达几十种。越是低年级的学生需求越多，越往高年级，学生的需求越少。从中可以看出：越是低年级的学生越不能认识自己的特长，他们更多考虑的是自己的喜好；越往高年级，学生越是理性，他们更多考虑的是自己的特长发展。教师的问卷调查则表现出教师的特长甚少，甚至有几个人都相同，远远满足不了学生的发展需要。在这种情况下，只有发展教师的多元智能，才能最大限度地满足学生的发展需求；只有让每位学生都能认识到自己的潜能，才能使每位学生都得到有效的发展。最终，经过调查和数据整理分析，学校选取了四大类 40 多项适合学生发展的课程。

1. 文化类

演讲与口才、外语与口才、童谣、影视欣赏、趣味英语、英语故事、英语课本剧等。

2. 艺术类

器乐、二胡、古筝、葫芦丝、合唱、京剧、拉丁舞、民族舞、芭蕾舞、儿童画、国画、素描、手工制作、剪纸、面塑、书法等。

3. 体育类

田径、跳绳、健美操、围棋、象棋、国际跳棋、武术、乒乓球、篮球、足球、排球、武术等。

4. 科技类

航模、电脑动画制作、实验操作、绿色植物认养、编程、K * bot 等。

潍坊北海学校小学部 2013～2014 学年超市课程安排表

编号	课程项目	教室	外聘教师	协助教师	学生人数
1	芭蕾舞	小学舞蹈室	杨胜英	吴伟玲	固定
2	拉丁舞	初中舞蹈室	夏静	陈丹	固定
3	民族舞	专用教室	陈圆圆	赵玉梅	固定
4	古筝	东楼五楼	于善合	韩璐璐	51
5	童谣	1.9 班	臧运红	本校	53
6	素描	专用教室	李玉敏	本校	31
7	英文歌	2.6 班	陈立华	本校	41

（续表）

编号	课程项目	教室	外聘教师	协助教师	学生人数
8	软笔书法	专用教室	李慧	马丽华	48
9	硬笔书法	1.2 班（低）	朱兵	刘冉冉	48
		1.3 班（高）	肖强	张俏	49
10	中国象棋	1.4 班（低）	李强	张萍梅	50
		1.5 班（高）	李昌盛	仉林波	42
11	国际跳棋	1.7 班（低）	马俊	王冬	50
		1.8 班（高）	李大伟	刘婧	42
12	围棋	2.2 班（低）	丁文	武翠平	50
		2.1 班（高）	崔立波	张小红	42
13	国际象棋	2.3 班（低）	魏丽娟	张增爱	48
		3.6 班（高）	魏丽娟	徐荣荣	48
14	英语游戏	4.2 班	卢鹏	本校	41
15	演讲与口才	4.3 班（低）	陈星慧	王欣香	50
		4.4 班（高）		朱雪青	48
16	航模	北二楼航模教室	裴连生	于学敏	47
17	机器人	5.4 班	杜建国	孙良婵	42
18	计算机	三楼微机教室（中）	王海鹏	本校	54
		二楼微机教室（高）	马宁	本校	54
19	长笛	1.1 班	管延韵	王冉	40
20	葫芦丝	5.1 班	郭成全	谭晓文	49
21	儿童画（低）	2.5 班	于丽芳	张莉莉	51
	儿童画（高）	2.4 班	李芳	本校	48
22	西方礼仪课程	5.3 班	王静	本校	41
23	日常口语交际	4.1 班	赵艳霞	本校	39

（续表）

编号	课程项目	教室	外聘教师	协助教师	学生人数
24	剪纸	6.3 班（低）	周玉美	吴金香	52
		6.4 班（高）	侯丽丽	隋娟娟	54
25	手工制作（低）	初中五楼 7.7 班	王永芬	本校	51
	手工制作（高）	初中五楼南美术教室	黄静	本校	54
26	武术	操场	刘罗辰	朗敏	52
27	面塑	5.6 班	赵日文	苑晓娜	48
28	影视欣赏与英语歌曲	6.5 班	田蕾蕾	本校	48
29	京剧 1	6.2 班	张效孟	湛蓝	固定
	京剧 2	4.5 班	郭素荣	马妍	固定
	京剧 3	6.1 班	杨永春	孟宪恒	固定
30	篮球	操场	郎敏	本校	48
31	排球	操场	刘佳	本校	49
32	田径	操场	赵胜帅	本校	46
33	合唱	3.5 班	齐彤	本校	固定
34	啦啦操	操场	孙亚璇	本校	40
35	足球	操场	李凤平	本校	42
36	京胡	5.5 班	张继厚	韩文清	固定
37	小提琴	4.6 班	张文慧	王莹	32
38	英语情景剧	3.1 班	陈莎莎	本校	48
39	英语谚语	2.7 班	李海荣	本校	39
40	趣味英语	5.2 班	潘云	本校	42
41	生活中的英语	1.6 班	赵志军	本校	42
42	英语演讲	6.6 班	杜逢春	本校	42
43	情景对话（中）	3.4 班	牟小娜	本校	54
44	情景对话（高）	3.3 班	代璇	本校	42

（二）课时安排

学校每周五下午，专门安排 2 节课，采用 2 节连排的方式，打破年级、班级界限，有机整合教学内容，学生自主选择特长班，进行集中学习。

（三）艺体超市课程的设置原则

发掘已有的校本特色，从薄弱入手带动教学。从音、体、美学科特色入手，逐渐推向科技、文化、综合实践等领域。

第四节　艺体超市课程的管理策略

（一）调整关注点，注重过程管理中的宏观调控

学校建立艺体超市课程的课程开发部，由分管校长任组长，教导处主任兼副组长。课程开发部的职责包括培训校本课程开发人员，提供校本课程开发所必需的条件和资料；帮助解决研究过程中的重大疑难问题；定期总结反馈，宣传推广校本课程开发研究成果；不断改进、完善、删减、增设校本课程内容。

1. 培训先行，全程体验

学校要求每一位教师都有一项特长，人人都是学校课程的开发者和实施者。在课程开发的过程中，首先面向全体教师进行校本课程开发方面的培训。培训内容主要分校本课程理论培训和教师专业知识培训。校本课程培训主要针对基础教育课程改革与校本课程研究。教师专业知识培训主要针对校本课程的任课教师相关专业知识的培训。为了让教师更快地投入到校本课程的开发，先选定一门课程，由全体教师共同参与实践，完成该项校本课程的设计开发。

2. 明确目标，全程调控

让教师进一步了解艺体超市课程开发的意义，学生需要怎样的课程，艺体超市课程要达到什么样的效果。在确定总目标的基础上，由教师建立

分课程的目标。教导处依据课程开设的总目标和课程的分目标，定期进行调度和监管。

3. 规范制度，全程管理

学校建立了一套完善的规范制度，有艺体超市课程管理制度、艺体课程开发制度、艺体课程成果申报制度、课堂质量监测制度等。课程实施过程中，要做到“五有”，即有计划、有内容、有指导、有记载、有总结。

（二）树立服务观，加强过程管理中的微观指导

1. 调整师资，明确管理职责

特色课程的开发和实施，离不开一支优秀的师资队伍。学校的师资队伍主要由校内指导教师和校外专家两部分组成。校内指导教师主要是由有特长的学科教师组成。校外专家则是学校为了加快学校年轻教师的成长，弥补专业空缺，聘请全国有名的面塑大师赵日文、航模老师裴连生、芭蕾舞老师杨胜英等专家在为学生授课的同时也对教师进行专业的辅导，以最终实现全体教师成为人人有特长的专家型教师。

2. 创设条件，保障课程实施

（1）高标准配备实验室、功能室。学校按照省规范化学校标准配备了先进的动漫活动教室、航模活动室、科技探究实验室、音体美功能室、活动场地等。实验室是师生进行模型类科技创新活动的主要基地，学生在教师的指导下亲手操作、实验研究，实实在在地体会和感受科学规律，有效地激发了学生热爱科学的兴趣，增强了学生的动手能力，培养了学生的创新意识。各种功能室，设施配备完善，给学生开辟了独立的学习、活动空间。

（2）海量图书室，任学生书海翱翔。学校有图书8万多册，包括科技、文学、艺术等方面的专著、杂志，种类齐全，图书室、阅览室全天开放。学校各项硬件设施和软件的开发，也保障了大艺体超市课程的实施和发展。

（3）搭建平台，激励手段多元化。学校为学生的特色发展搭建了多个平台，定期开展不同类型的展示和参与活动。每学期根据不同节日如六一儿童节、中秋节、万圣节、圣诞节、新年、春节等的活动，开展不同主题的活动；开设英语节、科技节、京剧、艺术节、运动会、读书节、童话节等专场类活动。

每个专场类活动，都由艺体课程开发教师自主申报，学员互动，全员参与。各个艺体班级也可以自己申报独立专场展示，如京剧专场、合唱节，也可以按类别申请组合专场，如科技节就是由科学幻想画、K＊bot、机器人、航模、电脑绘画、科技发明等组成。各种现场会的举办，既锻炼了学生的组织能力、协调能力，又展示了学生的才艺和特长，形成了各有所长、各雅其雅的学校文化氛围。

第五节　艺体超市课程的评价及保障

根据《基础教育课程改革纲要（试行）》和新一轮课程改革的精神，在执行国家课程和地方课程的同时，要着力开发校本课程。依据学校的发展规划和特色学校建设的评估标准，我们制订了艺体超市课程的标价标准。

（一）评价原则

1. 科学性原则

对艺体超市课程的评价要运用科学的评价方法，提高评价的效度和信度。

2. 可操作性原则

评价方法要简单可行，可操作性强。

3. 素质培养的原则

对艺体超市课程的评价要注重考查学生各方面素质的纵向提升，注重学生个性特长和综合运用能力的形成。

4. 参与性原则

对学生的评价注重课程的参与情况，作为学生学分考核的依据。

5. 全面性原则

对教师的评价既要考虑到教师课程目标的实施情况，学生能力的提高水平，又要考虑到内容的设置。

（二）评价内容

艺体超市课程的评价包括四方面的内容：课程设置评价标准、课程方案评价标准、课程实施评价标准、学生学习情况评价标准。

1. 课程设置评价标准

（1）立足当地文化。艺体超市课程开设的课程，要充分考虑到潍坊地域特点和学生的学识、能力的需求。

（2）促进学生发展。艺体超市课程的开发和设置要尽量满足学生的兴趣和需要，促进全体学生的个性特长的发展，为学生的可持续发展创造条件。

（3）体现学校特色。应根据学校的传统和优势，充分利用学校现有师资和条件，努力促进教师教育教学能力的提高和学校特色的形成。体现任课教师的个性、才华，弘扬学校特色。

2. 课程方案评价标准

教师的课程方案内容包括校本课程大纲、教学计划、教材、教案。

3. 课程实施评价标准

课程实施评价主要是对教师教学过程的评定。教务处、课程开发部通过听课、查阅资料、调查访问等形式对教师进行考核，并记入业务档案。主要是“五看”：一看选择该科的学生人数，二看学生实际接受的效果，三看领导与教师听课后的反映，四看学生问卷调查的结果，五看教师的教学案例、教案等。评价要有利于教师自身专业的发展。

4. 学生学习情况评价标准

学生学习情况评价主要是对学生在学习过程中，知识与技能、情感态度与价值观、学习方法等方面取得的成绩作出评价，评价要有利于促进学生个性的发展。艺体超市课程不采用书面方式的考试或考查，对学生评价主要是发展性评价：一看学生在学习过程中的表现，如情感态度与价值观、积极性、参与状况等，可分为“优秀、良好、一般、较差”等形式，记录在案，作为“优秀学生”评比条件；二看学生的学习成果，学习成果可通过实践操作、作品鉴定、竞赛、评比、汇报演出等形式展示，成绩优秀者可将其成果记入学生学籍档案内。

（三）保障措施

1. 对参加课程开发的教师，在他们外出学习、教学研究、校本教材编写等方面优先提供物质支持。

2. 保证课程开发队伍的稳定性，防止人员的变更。

3. 积极筹措、投入必要的开发资金。

4. 建立奖励制度，期末通过学生问卷，结合平时的检查及成果进行评价，并评选优秀教师、优秀学生以及小明星。

潍坊北海学校艺体超市课程课堂满意度调查问卷

科目：________班级：________任课老师：________协助老师：________

1. 你在艺体超市课程这个班级有多长时间？（　　）

A. 一学期　　B. 两学期　　C. 三学期以上　　D. 最近

2. 参加这个班级以来，你认为你的收获和提高怎样？（　　）

A. 非常大　　B. 提高比较大

C. 一般，和其他同学没有什么区别　　D. 没有提高

3. 你对这项课程的喜爱程度？（　　）

A. 非常喜欢　　B. 喜欢　　C. 一般　　D. 不喜欢

4. 你对课程开发的学习内容怎么评价？（　　）

A. 内容非常丰富，形式多样

B. 内容比较丰富、技巧性强

C. 内容枯燥、单调

5. 任课老师上下课按时吗？（　　）　协助老师上下课按时吗？（　　）

A. 按时　　B. 不按时　　C. 经常出现空堂

6. 你认为这个班任课老师的责任心如何？（　　）　协助老师的责任心如何？（　　）

A. 责任心强，认真负责

B. 责任心比较强，关心了解学生的学习情况

C. 责任心不强，对学生关注不够

D. 很差，对学生的学习情况不关心

第六节 艺体超市课程的实施成效

通过超市性校本课程的教学，学生比以前更自信，能勇敢地在众人面前尽情地表演、表达自我；具有艺术或体能天赋的学生因有较多的机会去尝试，所以更有机会使自己的潜能得到发挥，而不至于被埋没。不仅是学生得益，对教师而言，超市性校本课程开发工作不仅扩大了教师的视野，给教师提供了一个反省个人教育理念的机会，促使教师形成了新的教育理念；提高了教师的课程意识和课程开发的能力；改进了教师的教学技巧，使教师对学生的看法和对待学生的方式发生了变化；使教师的人际沟通互动与自我反省能力得到提高。最重要的是，许多教师从心里形成了一种自我向上的需要，自我要求也越来越高，能积极参加演讲、进修等各种活动。

（一）课堂演绎着艺术的精髓

艺术，发之于心，成之于行，灵魂在于感悟和创新。学校把教育与科研相结合，课堂因艺术而精彩，艺术也因课堂而丰满：《北海手工》《海韵口风琴》《好歌伴我行·爱国主义歌曲集锦》等校本课程争奇斗妍；“音乐欣赏”“合唱指挥”“造型设计”等课型各领风骚；培养兴趣、诱发情感、强化训练、发展素质的主线让学生兴致盎然。

让学生最高兴的是星期五整整一下午的艺体超市课程，打破班级限制，每个人都选择自己的特长班，在民族舞、拉丁舞、芭蕾舞班翩翩起舞，军乐、古筝、电子琴、合唱千转百回，书法、国画、剪纸出神入化，整个校园都成了艺术的天地。其他科的教师也特别注重与艺术教育的融合：信息科技学科结合美术，设计了“变废为宝”“小小发明家”等课程；语文科结合音乐，设计了“歌声”“音乐之都”等课程；数学科图示课件讲究色彩的搭配，增强了学生的感性认识……艺术教育已经融入教育教学的全过程。体育科的教师还借鉴了中华武术的传统套路和中国舞的精髓，独创了一套“呼号操”，全校师生每天在“阳光一小时”中集中练习，锻炼了学生的肺活量和精气神，排泄了不良情绪，身心得到健康发展。

（二）活动放射着艺术的光芒

40 多项课程为开展丰富多彩的文艺活动打下了基础。2008 年，学校成功举办了“畅想明天”第一届艺术节暨 2008 元旦文艺会演，在社会上引起很大反响。其中的拉丁舞表演、英语课本剧《灰姑娘》、器乐合奏《山丹丹开花红艳艳》《赛马》和舞蹈《开门红》《快乐家园》等节目获得了各位来宾和家长的一致好评。在庆六一的文艺会演上，初中部的现代舞《Beautiful Girl》、器乐联奏《多彩校园》演绎出了当代中学生丰富多彩的校园生活；小学部的诗文诵读《三字经》表演，大型抗震救灾情景剧《大爱无声》，既展现了当代小学生高水平的艺术修养，又通过艺术活动净化了学生的心灵。英语课本剧《灰姑娘》参加潍坊市校园语言才艺素质教育成果展示，获中学组集体项目类一等奖；学校合唱队参加潍坊市“祖国在我心中”爱国主义教育歌曲大合唱比赛，小学部获一等奖，初中部获二等奖；初中部 24 位学生代表参加潍坊市中华经典诗文朗诵比赛，获中学组二等奖。

在潍坊高新区 2009 年新春联欢晚会上，我校舞蹈队表演了音乐快板《高新区发展靠大家》，体现出了舞蹈队员强劲的舞蹈功底和水平。学校还组织学生举办了两次大规模的校园书画展，在 2009 年的庆六一大型书画现场展示活动中，150 多名学生现场挥毫泼墨，赢得了家长的广泛赞誉。在全国中小学生书法美术摄影作品大赛中，学校参赛作品获得一等奖 3 名，二等奖 5 名，优秀奖众多。风筝扎制社团在 2008 年海峡两岸风筝制作比赛中包揽了所有的奖项。

2010 年 12 月 28 日和 29 日晚上，两场由潍坊高新区北海学校主办，潍坊市京剧院、潍坊市钟秀剧社协办的“北海学校京剧进校园‘国粹飘香’元旦汇报演出”在潍坊富华国际会议中心隆重上演，共有 200 多名学生、120 多名教师参与了演出。师生同台竞技，节目异彩纷呈。来自潍坊市人大、市政协、潍坊市教育局、高新区党工委管委会的领导，以及社会各界助学单位、京剧票友、全体家长等 2300 多人观看了演出。

2013 年，在潍坊市第四届中小学生艺术展演大赛中，潍坊北海学校表现出色，成果颇丰。所参加的绘画、书法、合唱、独唱、群舞、独舞、朗诵、课本剧等比赛项目均取得好成绩，共荣获一等奖 10 名，二等奖 15 名；由高伟丽老师辅导的初中合唱团成绩优异，获得潍坊市合唱比赛第一名，孙爱青、徐玉欣、赵玉梅等 8 名教师获“优秀指导教师”，学校获得“潍坊市第四届中小学生艺术展演活动精神风貌奖”。

2014 年 5 月 28 日，潍坊北海学校四楼多媒体报告厅锣鼓铿锵、雅韵悠扬，庆祝六一儿童节京剧专场演出在这里举行。潍坊北海学校的京剧娃娃以精美的扮相和精湛的演技展现京剧这一民族艺术瑰宝的独特魅力。参演小演员都是学戏仅几年时间，演出中，他们展示了生、旦、净、丑各个行当的经典片段，《都有一颗红亮的心》《卖水》《穆桂英挂帅》《智取威虎山》《打龙袍》《红色娘子军》《报灯名》《奔袭》等 13 个经典剧目，为家长和学生奉献了一场精美的国粹大餐。演出高潮迭起，学生倾情的表演不时博得全场观众的阵阵掌声，演出气氛一次又一次被推向高潮。小演员们的表演更让人们看到了京剧艺术薪火相传、后继有人的喜人前景，京剧艺术的无穷魅力通过这台精彩的演出再一次彰显出来。

（三）各项竞技激发体育精神

学校在艺体超市课程中让学生充分接触足球、了解足球，成立了潍坊北海学校男子、女子足球队，校队安排固定的训练时间，制订翔实的训练计划，外聘潍坊市体校王丽教练和胡新娜教练对校队进行专门性指导，我校郇金涛老师和小学部全体体育教师积极协助校队训练。同时学校加大资金投入，为运动场地设施及器材配备的建设提供支持。在形成了良好的训练氛围后，我们积极参加高新区中小学生足球比赛和潍坊市“中国体育彩票杯”足球比赛，多次代表高新区参加省市级比赛，扩大了潍坊高新区和潍坊北海学校的影响力。

在 2010～2013 年度潍坊市体育传统项目学校先进单位评选中，潍坊北海学校作为我区体育传统项目学校参与评选，获得了由潍坊市体育局、教育局授予的“潍坊市体育传统项目学校先进单位”称号，形成有特色的学校“球”文化。

在 2013 年“我爱祖国海疆”山东省青少年航海模型竞赛中，裴梓言同学荣获“奋进号”训练帆船拼装模型小学男子个人成绩一等奖，张博群同学荣获“强弩号”明轮拼装模型小学女子个人成绩二等奖，徐若琪同学荣获“自由号”电动遥控游艇模型中学男子个人成绩二等奖，陈盈灿、李方颖同学分别荣获“自由号”电动遥控游艇模型中学女子个人成绩三等奖。学校获优秀组织奖，张铁贞、于学敏、王建平分获山东省优秀辅导教师一、二等奖。

第十章 以课程的方式行走

Heya Wenhua Xiaoben Kecheng De Chuangxin Goujian

第一节 为学生发展搭台，让学生快乐成长

潍坊北海学校始终在追寻一种教育的至高境界，那就是：尊重生命成长历程，让每一个生命都能流淌灵性、释放激情、张扬潜能，使每一个学生都能实现个性化与社会化的和谐发展。在面向全体的基础上，学校承认个性差异，以“和”为本，因材施教，以和雅教育的实施为学生发展搭台，让学生在这里快乐成长！

（一）丰富多彩的实践活动

学校干部都深知，健康而丰富的学生活动是学生学习生活的第二空间，是培养学生主体意识、提高学生能力、发展学生个性、展示学生才华、挖掘学生潜力的需要，也是学生自我价值实现和自我认同的需要。为此，学校在每年的艺术节、体育节、科技节都会开展多种形式的学生活动。特别是科技节，围绕科技教育设计主题，开展学生喜爱的科技活动，主要形式有科学幻想画、科技小制作、科技小发明、科技小论文、学科竞赛、兴趣小组活动等，开阔了视野，提高了能力。

（二）纷繁多样的课程设置

“致中和，天地位焉，万物育焉。”在潍坊北海学校，课程科目繁多而统一，学科间互相融合，生动诠释了“大课程”的崭新理念。

（三）心理健康教育

学校在每个年级、每个班都开设了心理健康教育课，设置了学生心理咨询室——心晴互助社，在学生成长的过程中，帮助他们塑造健康心灵，完善人格品质。

（四）“阳光体育”课程

学校发掘教师特长，结合学生的身心发展实际，自创自编了一套融健美操、舞蹈于一体的课间操——《江南 style》，充分满足了学生强身健体、陶冶情操的需要。自《江南 style》这首单曲全球热播后，也深受学生的喜爱，很多学生都学跳，因此学校就迎合学生的兴趣，决定采用这个舞蹈作为课间操。之前，学校还专门对学生展开了调研，大家认为这个舞蹈动作趣味性强，能激发学生锻炼的积极性，对一些不适合学生的动作，学校体育老师董晓杰对舞蹈动作进行了改编，保留了一些较为简单的动作，再配上《江南 Style》的音乐，使这支“神曲”变成了校园版的课间操，尊重了学生的心理需要。

（五）写字教育

“端端正正写字，堂堂正正做人”是潍坊北海学校响亮的教育口号。书法艺术本身就讲究一个“和”字，这是书法艺术的最高境界。写字为形，育人为质。学校力求通过写字教育，使学生立学以修身，最终促进学生完善人格的形成。学校将每周一、三、五中午的 20 分钟时间定为全校的写字教学时间，学生在教师的带领之下领略方块字的魅力，感受硬笔书法的情趣。学校还自编了一套写字教材校本课程。该教材从基本笔画入手，兼有书法作品鉴赏，使学生在提高写字水平的同时又受到了中国传统文化的熏陶，深受学生欢迎。

（六）礼仪教育

中华民族自古就是礼仪之邦，传承中华文化，自当“礼仪为先”。学校立足自身实际，立足学生的终身发展，将以德树人作为教育之首，以做一个知书达理的人为培养目标之重，注重培养学生良好的行为习惯。学校制订了翔实的《北海学校教师行为规范》和《北海学校学生行为规范》。良好的教师岗位形象，对学生文明习惯的养成起到了潜移默化的教育作用；充分利用家长学校，争取家长更多的理解、配合；主动争取社会的支持，拓展学生活动的空间，扩大影响面；学校申报的“北海学校学生文明礼仪课程”被确定为潍坊市精品课程。学生的礼仪体现于学生的基本素养、生活、学习和学校形象的方方面面，目的是培养学生良好的生活习惯、学习习惯和行为习惯，使其学会欣赏美、创造美、传播美，使学生举止文明、品味高雅，通过外塑形象实现内强素质，最终学会做一个大写的人。

（七）艺术教育

为了促进学生的全面发展，学校开展了丰富多彩的艺术教育活动，以期通过艺术教育实现文化与艺术的和谐，实现学生学科知识和艺术修养的完美融合。除常规的艺术教育活动课程以外，学校大胆创新，对课程进行整合，将每周五下午设为艺体超市课程时间，用一下午的时间开展艺术素质教育活动。针对学校优势，学校每年专项投资，配备了民族舞、拉丁舞、京剧、合唱、民乐、书法、绘画等 20 多个功能教室；聘请了近 50 位专业辅导教师，涉及艺体领域 30 多项；校外艺体实践基地 4 处，学生自主选择参与。这些活动的指导教师由学校聘请有较高专业水平和教学能力的艺术教育专职教师担当。

（八）体艺 2＋1＋X

学校认真贯彻教育部提出的体艺 2＋1 活动，即让每一位学生掌握两项体育特长，一项艺术特长。在此基础上，学校根据课外兴趣班普及率较广的特点，增加了 X 特长项目，提倡每个学生多兴趣、多方向发展。

（九）名家进校园

聘请律师、作家、园艺专家，京剧、书法、绘画、舞蹈、器乐、说唱等名家到校，将自己的所学传授给学生，同时也解决了学校专业教育资源缺乏的现状。

（十）京剧进校园

学校开展“京剧欣赏大课堂”“京剧游园”“北海京剧团培训”“‘国粹飘香’京剧演出”等系列活动，邀请广大家长与孩子手拉手走进京剧的大课堂；邀请京剧名家走到学生中间。潍坊北海学校作为潍坊市首家京剧进校园研究试点学校，被山东省教育科学研究所确定为教育科学规划课题组成员。

（十一）经典诵读

学校以经典为载体，以古人的言行熏陶学生、感化学生，让学生从小受到“仁、义、礼、智、信”的教育，感受中华和谐文化的因子，在全校师生中开展了“诵中华经典，做文明之人”的活动。通过对《弟子规》《三字经》等古文经典的集体诵读、分班诵读、师生诵读等形式，有效地规范学生的言行，启迪学生的心灵。传统经典和现代科学文化知识的“和”，催生的是既具民族精神又富时代风尚、国际视野的一代新人。学校还开展了打造书香校园活动。读书的过程是学生认识人生、发现自我、超越自我的过程，读书做人、知书达理，这正是阅读与修身的结合。

北海古郡，文化潍州，灿烂文化历经风雨而更显神韵。这里，画美传天下；这里，书香飘四方。针对丰厚的本土资源，学校开发了一批校本教材，通过个性化的教育资源促进学校的发展，实现了地方文化与学校文化的“和雅”。由活动到课程再到教材，学校用心、用情、用智慧，尽一切可能为学生提供最适合他们的教育，让学生都能在“和而不同，各雅其雅”的良好氛围中朝气蓬勃，积极向上，使每一个学生都能获得全面、充分、自由、个性化的发展。

美好人生，由北海起步；智慧人生，从北海起航！

第二节　开发教师课程资源，促进教师快速成长

（一）教师是一种课程资源

有教育专家指出，教师不仅仅是一种职业，更是一种最有效的教学资源，即教师是一种课程资源。教师自身的人文精神和文化品位直接影响学生的人文素养；教师的特长和优势给学生提供取之不尽的课程资源；教师的言行举止、道德情操直接影响每一位学生。在潍坊北海学校，每位教师都是丰富的课程资源。

1. 北海名师是课程资源

潍坊北海学校名师荟萃，各级名师有 14 名，潍坊市教学能手有 46 名，占教师总数的 1/3。各位名师、能手作为教学的领头雁，结合本学科特点和自身的特长，大胆探索教育规律，进一步深化教学研究，提炼教学经验和方法，浓缩教育智慧，形成了自己的教学风格。学校依托名师的资源辐射全体教师，形成了全方位、立体式的名师带团模式。

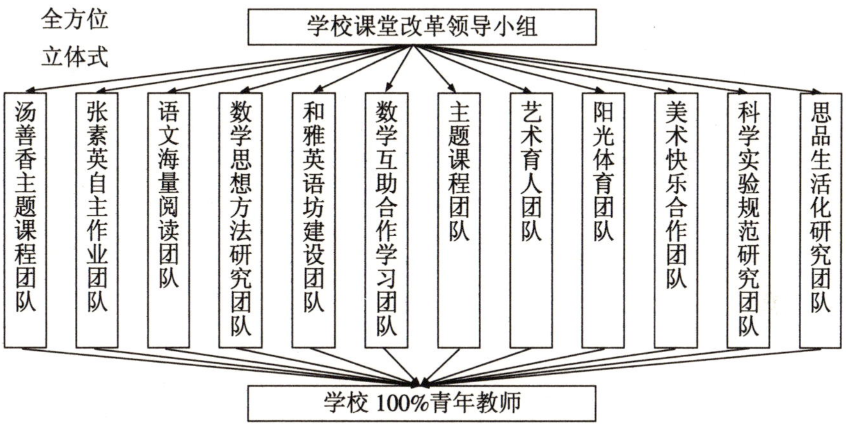

名师团队的组建促进了潍坊北海学校和雅个性课堂的形成，创建了一个教育研究平台，让不同层次的一线教师与名师展开直接对话，交流研究体会，促进各自教育思想的生成、提升与成熟，展现了多样的特色课程，比较突出的有汤善香校长的主题课程、韩兴娥老师的海量阅读课程、张呈峰老师的生态数学课程、王欣香老师的诗韵课程等。

我校主题课程研究团队在汤善香校长的领导下，对相关学科中重复、交叉、相近的内容予以整合，构建框架体系，汇编成的“主题课程资源包”解决了教什么的问题；构建了“四环节五课型”教学模式，每周二、周四下午课时连排，给学生提供探究、学习的时间和空间，解决了怎样教的问题；课题组在摸清了家长资源的基础上，组建了由学校教师、校外专家、专家级家长、陪同级家长组成的四层联动主题课程教师团队，解决了谁来教的问题；构建了多元化的评价体系，解决了教得怎样的问题。

在韩兴娥老师的海量阅读实验的实施过程中，潍坊北海学校语文教师逐步构建了“教材—经典读本、主题学习丛书、海量阅读教材—经典名著”一条龙的阅读体系。海量阅读课程为学校内涵发展确立了支点，为团队教师成长提供了平台，为学生素质培养奠定了基础，也为家长和孩子的亲密交流创造了条件。

张呈峰老师研读了大量的教育教学著作和数学教育教学资料，研读了生态学和生态教育的相关理论，结合自己对数学教育实践的反思，带领团队创立了“小学数学生态课堂”，提出数学生态课堂“构建生态课堂，提升生命质量”的教育观，初步归纳出数学生态课堂“自然和谐、生命灵动、整体提升”的特点。

王欣香老师的诗韵课程以“读（背）诗词—解诗词—品诗词—赏诗词—唱诗词—写诗词”形式实现了语文课堂的大容量、重基础、厚积累、美欣赏、重引领，逐渐形成了“一课多读、一课多体、一课多篇”的教学特色，实现了在平等的师生对话中让学生体验有味、有情、有趣、有效的语文教育境界。她的诗韵课程在潍坊北海学校得到推广，师生受益匪浅。2012 年 3 月 28 日，在潍坊市小学语文 10 周年课堂教学改革研讨会上展示此教法，受到来自全国各地代表的一致好评。潍坊市教育局副局长刘海涛说：“北海学校的语文课堂特别好，大气的和雅文化成就了教师的成长。”全国特级教师于永正说：“这样的课堂解放了老师，真正让学生成长，多年之后文学的底蕴会让学生慢慢走向博大。”教育部基础教育课程教材发展中心莫景祺处长说：“我们从这样的课堂上看到了师生间的一对一，看到了课改多年来，在课堂教学中解决不了的一些困惑，并从中获得许多启示。”

2. 教师的特长是课程资源

教师自身的特长也是课程资源的一部分，漂亮的粉笔字、流利的普通话、随手描来的简笔画、制作精美的卡片、优美的舞姿、美妙的歌声等都是随身携带的、土生土长的课程资源。“和而不同，各雅其雅”是潍坊北海学校教师的追求，学校鼓励教师展现自己的特长，发挥自己的优势，充分释放自己的智慧、潜能，挖潜开源，实施“1＋1”工程，即每位教师在专业课的基础上，挖掘自己的生活经验、专业特长、兴趣爱好等，自行开发新的校本课程，形成丰富多样的课程，方便学生在超市课程中走班选修。

这一倡导提出之初，很多教师感到不理解，不懂怎样开发课程。开始上报课程内容的时候，很多教师只是围绕自己的专业改个名称。针对这一情况，学校领导组织教师开展了“1＋1”课程培训，详细介绍了开发课程对学生和教师的发展以及促进素质教育提升的重要意义，并组织教师进行“头脑风暴式”的课程开发研讨会。培训结束后，教师们的思维被打开了，智慧的火花被点燃了。教师们根据校本课程的开发原则和自身特长，自主申报课程，成为超市课程的任课教师。另外，学校还引进有特长的家长和专家成立教师联动团队，弥补校内师资的缺口，丰富超市课程的教师资源。教师们的潜能越来越多地被挖掘出来，投入课程实施的热情越来越高涨，开发的课程也越来越多，共开发了文化、艺术、体育、科技四大类40多门课程，为学生提供了一道道营养丰富的“自助大餐”。在艺体超市课程中，每位教师都是一门课程。

学校坚持以学生的发展为本的原则，让学生自主选课。学校召开班主任会议，把课程目录分配给各班，班主任对学生采取调查、问卷、访谈等多种形式，了解学生的兴趣、爱好，把握学生的发展需求，让学生自主选修，学校根据学生的选择打破班级界限，实行走班式学习。学生在超市课程中张扬自己的个性，让天赋自由发展，最终实现“和而不同，各雅其雅”的特长发展。

3. 教师的人格魅力是课程资源

俄国教育家乌申斯基认为，“只有人格才能影响人格的形成和发展，只有性格才能形成性格”。理想的人格具有崇高的价值，具有巨大的感召力、凝聚力和渗透力。教师的人格魅力是由其理想信念、学识水平、知识能力、个性情趣、品德修养等综合素质熔铸而成，是吸引学生的主要源泉。

我校抓住这一课程资源进行了一系列的活动。

活动一：感动北海优秀教师评选。评选师生心中师德高尚、爱岗敬业，育人为本、关爱学生，博学笃行、勇于创新，治学严谨、潜心钻研的优秀教师，然后将感动北海教师的事迹张贴悬挂在一楼大厅的显著位置，让学生耳濡目染，引领成长。这成为一门活生生的德育课程。

活动二：讲“我和导师的故事”。在三至六年级的全体学生中开展讲“我和导师的故事”活动。学生在演讲中回忆和导师在一起的感人场面，深切感受导师的人格魅力。在日常行动中处处以导师为榜样，做最好的自己，教师的人格魅力无时无刻不影响着每一位学生。这是一门感人至深的故事课程。

学高为师，身正为范。教师的一言一行都是学生的镜子，教师要修其身，锻造高尚人格；要以积极向上的处世态度、豁达乐观的胸怀、高尚的理想情操、崇高的敬业精神、坚强的意志品格、良好的心理素质去感染学生、教化学生，时刻注意自己的言行对学生心灵的震撼，发挥自身的人格课程的最大作用。

(二) 如何开发教师课程资源

教师是丰富的课程资源，是学校的根本。如果没有一支强有力的教师队伍，再先进的教育理念，再完美的教改方略也只是空中楼阁。如何开发这个丰厚的课程资源，最大限度地发挥潍坊北海学校每一位教师的智慧和潜能呢？学校一直坚持“充分释放”的原则，力求给每位教师提供一个支点、一个舞台、多种评价，促进了教师的快速成长。

1. 提供一个支点撬动地球

古希腊哲学家阿基米德曾讲：“给我一个立足点和一根足够长的杠杆，我就可以撬动地球。”人的潜能是无限的，一个人的成功与否往往就在于是否有一个支点。潍坊北海学校本着“和而不同，各雅其雅”的办学理念，千方百计为每一位教师提供支点。学校将培训当作福利，只要有外出培训的任务，就会派上进心强、有创新精神和热衷科研探索的教师外出学习，学习回来后为全体教师做学习报告，将学习的效益最大化；利用“青蓝工程”给名师一个支点，辐射带动全体教师成长；开展项目认领研究活动，引领全体教师进行教学创新，定期汇报，反思提高。

2. 搭建一个舞台尽展风采

一千朵花开就有一千种声音。教师作为一个活生生的个体，有着不同的知识基础、不同的智力结构和不同的思维方式，因而也就有不同的行为方式、不同的才华显示。因此，要让教师们展现才华，发现特长，发挥才华，才能达到“因才管理，各雅其雅”的最高管理境界。潍坊北海学校为所有教师创造条件，让教师开展公平竞争，鼓励教师在科学教育思想的引领下，开拓创新，追求卓越，形成自己的教学风格。汤善香校长说：“每半年推出一位北海的名师，并给他们召开推介会。”当前，在潍坊以一个学校的名义为教师召开推介会的还为数不多，而潍坊北海学校已先后给韩兴娥、张呈峰召开全国、全市的课堂教学推介会。正是汤校长这种敢为人先的精神成就了潍坊北海学校的今天。

3. 实施多元评价，实现百花齐放

无标准就无所谓长短。积极有效的考评制度是引导教师发展的最有力的指挥棒。潍坊北海学校在激励教师发展上，尊重差异，不搞一刀裁。每个学期让教师结合自己的实际和学校的发展规划，制订自己的个人成长规划。学期结束针对每个人的不同学习内容或演讲，或答辩，或汇报，不拘一格进行考评，充分尊重教师个性，促进教师“各雅其雅”的发展。

第三节 提高和雅课程领导力，推动学校课改的进程

德国著名的哲学家康德曾经说过，有两样东西是他思之越久而越感敬畏的，这就是头上的星空和心中的道德。教育的使命与责任，就是潍坊北海学校头上的灿烂“星空”；和雅文化，正是潍坊北海学校心中的道德诉求。仰望星空，使人眼界高远；脚踏实地，方知使命重大。以汤善香校长为核心的北海师生，正是这样一群仰望星空而又脚踏实地的教育行者。

汤善香，一位年轻的女校长。在竞争激烈的潍坊教育界，她凭借出色的教学和管理才能渐露锋芒，曾被评为全国教育科研杰出校长、山东省创新科研校长、全国教科研先进个人、山东省德育先进个人、潍坊市特级教师、潍坊市名师、潍坊市教学能手、潍坊市“百优”教师，荣立潍坊市“九五”计划建功立业活动三等功。汤善香校长始终带领北海师生秉承关怀生命成长、追求幸福生活、打造快乐童年的崇高信念与追求，豪情满怀地行走在教育的通天大道上，矢志不渝！

俗话说：火车跑得快，全靠车头带。和雅课程领导力是学校领导能力的一个重要组成部分，和雅课程建设从开始到现在，一直是以汤善香校长为首的领导在全力推动着向前的进程，主导着学校课改的方向，支撑着学校课改的运作。这种推动力贯穿于学校课程设计、实施、评价的全过程。和雅课程领导，关键在于把握教学本质，引领教学理念，建设共同研究的团队，善于在实践中发现问题、研究问题和解决问题，不断实现教学质量的提高和团队专业能力的升华。

潍坊北海学校在张扬课程的领导力方面主要体现在以下三个方面。

一是建立了校长的专业权威。社会上有人做过调查，问教师“哪些人评课对自己帮助最大”，教师回答帮助最大的是“有经验的同事”，其次是“学科教研专家”，“校长”则居于末端。造成这种选择的原因，一是有些校长渐渐远离课堂、远离教学，无法评课、不会评课；二是有很多校长习惯于用权威和物质刺激对教师进行行政领导，而不善于用听课、评课这样的方式对教师实施专业领导，校长对教师缺乏必要的专业权威。

苏联教育家苏霍姆林斯基担任帕夫雷什中学校长长达 22 年之久，他曾说过，如果今天去开会而没有进课堂，明天就得补上，听 4 节课；如果在一年中听一位教师的课不足 15～20 节，就会对他毫无了解。苏霍姆林斯基把听课和分析课当作校长的重要工作和滋养自己思想的源泉，校长的专业权威离不开这一点。

潍坊北海学校的领导们都是课程方面的专家。汤善香校长从教近 30 年，从一个专业教师到名师，从教导主任到业务副校长、校长，一直走在课程的前沿。而且，潍坊北海学校从校长到主任，都必须兼课。

二是加强了对学校课程与教学计划的领导。学校的基本任务是教书育人，课程与教学是完成教书育人任务的主要载体，学校必须关注课程与教学，提高课程与教学领导力。在潍坊北海学校，一方面国家课程执行得好，满足了国家课程实施的要求；另一方面在现有国家课程体制下，学校领导围绕学生需要和学校特点，渗透自己的办学理想和教育理念，创造性地执行国家课程、开发本校课程，形成学校和雅课程体系。学校严格执行规定的课程计划，绝不存在随意增减课时、随意拔高教学要求等现象。学校领导始终坚持以学生发展为本的理念，根据国家课程计划，统筹校内外各种资源，根据有利于提高教学有效性，有利于学生全面而有个性的发展的原则，开齐开足课程，同时结合学校办学理念与特色，科学制订和有效实施和雅课程与教学计划。学校引领教师开发与实施校本课程，确保了校本课程服务于学校培养目标和办学特色。

三是加强了对课程实施过程的领导。和雅课程的实施不是学校和教师简单执行课改方案的过程，而是一个统一理念、理解标准、互动调适、主动创新的过程。学校提高课程领导力，关键是在教育规律、学生发展和教育理想之间寻求平衡点，提高课程的执行力和开发力。学校能用正确的教育思想引领教师实施和雅课程，深入课堂教学第一线，分析教学动态，抓住教学环节中的主要问题和主要矛盾，关注课堂中的疑难问题，带领教师研究如何优化教学过程和教学方法，充分引导和指导教师改进、完善教学策略和技能。学校把握教师专业发展的需求，明确学校核心价值，倡导上下平等的合作精神，营造学术氛围，建立伙伴式的团队文化，培养新课程领军人物，建设了一支强有力的校本课程实施团队。学校充分利用学校优秀教师资源，成立名师团队，发挥名师的辐射作用，扎实地推进“青蓝争艳，特色跟进”工程，不断促进教师队伍专业成长。如今，汤善香校长的主题学习团队、韩兴娥老师的课内海量阅读团队、张呈峰老师的数学生态课堂团队、隋海丽老师的数学学习研究团队等，积极开展教学研讨，大胆探索教育规律，教育教学水平明显提高，呈现出百花齐放的局面。

同时，为了提高课程领导力，潍坊北海学校处理好了三对关系。

一是规范与创新的关系。学校是教学实施的基本单位，提高教学有效性非常重要的一点是学校各项工作的规范运作。抓好和雅课程实施规范是潍坊北海学校提高课程领导力的一个环节。规范不是束缚、限制学校课程实施自主权，而是通过对规范的了解和执行，最终把规范内化为领导和雅课程实施的自觉行动，并在此基础上，从规范走向创新。潍坊北海学校和雅课程的实施是一个规范化和个性化交融的过程，个性化对学校而言主要体现在其对国家课程的创造性实施上，学校把自己的教育理念、对课程的理解以及对学生成长需求的认识渗透到学校和雅课程实施计划之中，一方面创造性地执行国家课程，把国家课程校本化实施，另一方面结合学校的办学理念和发展定位，研究实施校本课程，这个过程是一个充满了创新的过程。

二是基础与发展的关系。有效教学没有固定的标准，但是有一个固定的起点，这个起点就是教学的基础性，即基本的教学目标和教学要求的达成。学生通过教师的教和自己的学，能够在三维目标上达到基本的要求。潍坊北海学校强调抓好教学五环节，重要目的之一就是打好有效教学的基础，推动高效教学的实现。当然，不同的教学方式有不同的程序和规律，达到教学基本目标和要求的途径也会不同，学校需要加强探索和实践。在打好基础的前提下，取得进一步发展，学校注意了几个关注点：第一，关注了教育教学的多样性。从学生角度而言，教育的对象是具体的一个个学生，他们不仅在思维上具有多样性和复杂性，认知的风格上具有鲜明的个体特征，而且拥有的基础可能不同，需求也会存在差异。现代教育的理念要求给学生更加个性化的人文关怀和指导，从而回应学生存在的差异。从教师角度而言，教师的禀赋不同，对教育的理解、对学生的认识不同，对教育方法的选择和环境的取舍有个人偏好。第二，关注了教育教学的多主体性。以人为本的教育，学生具有主体性，对自己的学习有选择权，他们可以对学习的内容、过程、方法甚至是学习结果的应用等作出更加符合个人实际的取舍。若不给学生自主选择的权利和机会，这样的教育教学恐怕很难有效。教师是另外一个重要的选择主体，教师是不是可以选择教育的内容、主宰教育的过程？是不是可以用自己的教育理念和教育行事方式去影响学生？缺少师生主体地位的教学恐怕难以有效。

三是国家课程与校本实施的关系。国家课程是潍坊北海学校课程体系的主要构成部分，学校的教育教学活动主要是围绕国家课程开设的。因而学校如何实施国家课程十分重要。国家课程服务于所有学生，提出的是统一的规定和基本的要求。以课程计划为例，国家规定了每门课程每周多少课时，学校一周的总课时不超过多少节等，但同时也有一定的灵活性。如果大家认真研究潍坊市教育行政部门发布的课程计划，可以发现学校还是有一定自主权的。同时，为了有效地落实国家课程的总体目标，学校实施国家课程的方式方法因地而异、因校而异、因人而异，因为国家课程的实施需要一个校本化的过程，背离了国家课程的主旨，违反各项原则和规定或者机械地照搬国家课程的规定，不分析学校的实际，这样的实施都会影响教学有效性的提高。潍坊北海学校明确了课程执行与课程开发的关系，国家课程的执行有不同的层次，基本层次的执行特征是学校大体上按照国家课程的基本要求去做，学校课程安排基本符合一般规范。学校根据实际情况对国家课程予以创造性地执行，即国家课程的校本化实施。这种层次的执行本身也是一种开发，是让国家课程得到更有效的实施。学校根据目标定位、办学特色等，除了有效完成国家规定的课程之外，还开发出具有学校特色的课程，成为学生学习的有效载体。改进教学、提高教学的有效性，是促进教育内涵发展的核心命题，学校领导连接着教育的神经末梢和顶端，提高学校课程领导力是落实内涵发展政策和推动内涵发展实践的关键抓手，牵动全局，要常抓不懈。

第四节 年轻并厚重着的学校，为师生的发展提供舞台

潍坊北海学校创办于2007年，是一所九年一贯制国办学校。学校位于潍坊市东风街与金马路交界路口，东与潍坊著名学府——潍坊学院毗邻，西与富华游乐园接壤，占地2万多平方米，总建筑面积2.2万平方米。几年的办学历程虽然短暂，但对于潍坊北海学校来说，却是丰富而充实、漫长而厚重的。学校的历史因这七年的流逝而深沉，学校的记忆因这七年的沉淀而丰满。从建校初的12个班、70名教职工、508名学生，发展到今天的59个教学班、236名教职工、3500名学生；从建校伊始学校确立的“高、新、特”办学思路，到全力打造和雅文化，实施和雅育人，学校风雨兼程，求索砥砺，辛勤耕耘，劳作不息，才换来了今天的成长，赢得了“全国特色学校”“全国素质教育先进校”“中国优秀校园文化建设单位”“全国消防安全教育先进单位”“山东省教学示范学校”“山东省平安和谐校园先进单位”“山东省交通安全示范校”“中国新教育宣传先进单位”“山东省艺术教育示范校”“山东省平安和谐校园先进单位”“山东省语言文字规范化示范校”“潍坊市素质教育示范校”“潍坊市规范化学校”“潍坊市绿色学校”等100多项荣誉，培养了一大批品学兼优、特长明显的莘莘学子。学校每年招生门庭若市，形象有口皆碑。到底是什么使潍坊北海学校赢得了教育，赢得了社会的肯定？学校成功的秘诀是什么？作家冰心说过：“成功的花，人们只惊慕她现时的明艳！然而当初她的芽儿，浸透了奋斗的泪泉，洒遍了牺牲的血雨。”自从潍坊北海学校诞生后，我们就怀揣着希望，挽起衣袖，用勤奋和努力翻开了我们创业的篇章。在先进教育理念的引领下，我们发愤图强，开拓创新，使这所年轻的学校率先拥有了一个个见仁见智、精诚团结、博学多才、光彩夺目的教师团队，使这所富有改革精神的学校与别校迥然不同，独树一帜，名副其实，令人向往。

（一）优雅的育人环境

办学之初，潍坊北海学校就完美地诠释了一所高品质现代化学校所应

当具备的责任感，呈现出了一种令人向往的学府气象。潍坊市政府、高新区管委会投入大量资金，在学校配置了全国一流的教育教学设施：多功能报告厅、塑胶跑道、全覆盖的校园监控、高标准的微机室、千兆校园网、校园网络资源库、大屏幕电子白板、实物投影仪，全国一流的数字化物理实验室、化学实验室、生物实验室、多功能心理咨询室、动漫实验室、数字化地理实验室等，设施配备全国领先，为学生创造了良好的学习环境。

在绿色生态校园建设过程中，以“蓝天、绿色、清静”为指导思想，从校园环境园林化、校内道路林荫化、活动场地塑胶化、室内环境盆景化四个方面入手，集花园、学园、乐园于一校，融自然美、艺术美、人性美于一体，达到了绿色生态与人文素养的和谐统一。

学校236名教职工，名师、能手级教师占学校教师的1/3，学校充分利用优秀教师资源，成立名师团队，发挥名师的辐射作用，扎实地推进“青蓝争艳，特色跟进”工程，不断促进教师队伍专业成长。如今，汤善香校长的主题学习团队、张素英的一课多读阅读教学团队、韩兴娥的课内海量阅读团队、张呈峰的自主互助学习型课堂团队积极开展教学研讨，大胆探索教育规律，教育教学水平明显提高，呈现出百花齐放的局面。

（二）浓郁的文化氛围

潍坊历史悠久，北海文化源远流长。北海作为齐鲁文化发祥的腹地，在其漫长的发展历程中，曾有过经济文化高度繁荣的辉煌。在这片土地上，诞生过晏婴、郑玄、贾思勰、张择端等历史文化名人，也曾经留下孔融、苏轼、范仲淹、欧阳修、李清照、郑板桥等人的文化遗迹，更有大批贤士良臣在这里施展过雄才伟略。他们及历代“北海人”，共同创造了独具魅力的北海文化。千百年来，北海文化已经成为现今潍坊人的一种地域文化认同。

潍坊北海学校承担起传承北海文化的重任。走进学校的教学楼，首先映入眼帘的是走廊北侧墙壁上的“北海文明”系列展板，其中包括北海溯源、地理环境、历史沿革、重大事件、重大成果、重要人物、工艺特产、重大节庆、名人与潍坊、名著与潍坊等十个主题，源远流长的北海文明，为这所新建学校增添了厚重的文化底蕴。

在文化建设中，学校以华夏文化、北海文化为主线，将校园文化融入学校布局，结构有序、层次分明。如教学楼大厅的北侧是固定的文化展示区，南侧是动态的班级园地；南教学楼按楼层分布着“北海文明”和“生命教育”展示区；北教学楼则有“华夏文明”“科技博览”以及“中华传统美德”等展示区。

同时，学校倡导哲理诗意校园，强调精神塑造，实施人文熏陶，用文化的方式发展有灵魂的教育。学校开展“校园文化工程”建设，大力营造书香校园。学校专门开辟出“演说擂台”“英语广场”来锻炼学生的口语表达，每一楼层都设有开放的公共读书区，热爱阅读的学生或凭或立，静静地品味读书的乐趣，山东省主题学习现场会、省经典诵读现场会、全国人文教育研讨会在我校召开，使校园的“书院气、书卷气、书生气”更加浓郁。

琳琅满目的校园文化，凸显出学校的教育教学条件得天独厚，教育环境人文现代。

（三）丰厚的艺术底蕴

继承传统文化，发扬民族精神，中华文化源远流长，中华经典代代相传。学校传承中华经典的哺育，配合灵活多变的课程，以继承和发扬中华美德为出发点和立足点，培养具有中国传统文化和世界风尚形象的现代人。

白朗宁说过，艺术应当担负起哺育思想的责任；孔子强调学生要具备“六艺”；培养和雅的北海学子，也需要不断提高学生的艺术修养，发挥艺术的教育功能，培养学生的高雅情趣。

学校以艺体教育为龙头，促进学生全面发展，开发了包括京剧、剪纸、面塑、摄影、民族舞、拉丁舞、轮滑、古筝、二胡、电子琴、葫芦丝、花毽、空竹等40多种适合学生艺体发展的特色课程，聘请了近50位专业辅导教师。在授课形式上打破原有的班级界限，自主选择特长班，集中学习，满足了学生的需要。

“遗子黄金满籯，不如教子一经”。学校通过大艺体课堂，关注学生个性发展；认真贯彻教育部提出的体艺2+1活动，让每一位学生掌握两项体育特长，一项艺术特长；每年举行校园文化艺术节，通过艺术来促进校园文化的积淀与发展；“名家进校园”让优秀的艺术人才，走到了学生的中间，近距离传授高雅的技艺。

潍坊北海学校把传统文化引入校园，以此来积淀底蕴，传承发展。京剧进校园，开展了“京剧欣赏大课堂”“京剧游园”“北海京剧团培训”“‘国粹飘香’京剧汇报演出”等活动，在这个课堂里，学生们认识了生、旦、净、丑京剧行当，熟悉了西皮、二黄，陶冶了身心，提高了素质。优美的京腔，引来了国际友人和专家，多次到潍坊北海学校与京剧小演员们交流。中国戏剧网、中国京剧艺术网、香港文学艺术联合会、大众网、网易网、搜狐网等分别在显要位置，登载了潍坊北海学校京剧进校园的活动。山东教育电台、潍坊电视台等媒体也做了报道。潍坊学校作为潍坊市首家京剧进校园研究试点学校，被山东省教育科学研究所确定为教育科学规划课题组成员。

另外，书法艺术也走进了潍坊北海学校，校园里，到处是学生的书法作品和练习书法的身影。书法艺术，可以浸润学生心灵，伴随学生一生。

潍坊北海学校依靠高新区教育的强大优势，高举素质教育的大旗，紧紧围绕“一个中心，两个基本点”（以规范办学行为为中心，一手抓习惯养成，一手抓教学质量）开展工作，取得了骄人的成绩：在第三届海峡两岸少儿风筝大赛中，我校学生一举囊括了单项及团体全部冠军。“和谐中国，全民全运”山东省千校乒乓球赛——“体育彩票杯”潍坊赛区比赛中，我校学生勇夺亚军。我校 2007 级的李雪同学先是在 2009 新丝路中国模特大赛山东选拔赛中勇夺桂冠，又在全国总决赛中脱颖而出，捧回新丝路大赛风尚模特大奖。李铭杰同学在 2009 年山东电视台“齐鲁全运小记者”选拔中进入前 20 强。在山东省“爱我祖国，爱我家乡”儿童少年书画摄影大赛中，戴传知同学荣获一等奖。2008 级学生韩瑞珂在“沪港澳与新加坡四地中学生暨 2010 全球华人中学生阅读征文大赛”中，荣获全球总决赛初中组冠军。在首届潍坊市中小学生科技节上，2008 级学生刘施展发明的自动灌溉装置引来了在场教师及学生的连连称赞，他的创新事迹在《潍坊晚报》和潍坊新闻网上被报道。2011 年 8 月 26 日，山东省体育局与省教育厅联合主办的“中国体育彩票杯”山东省中小学生足球联赛中，潍坊北海学校足球队获得小学组冠军。潍坊市第二届“雏鹰杯”科技创新大赛——K * bot 创意构建赛，潍坊北海学校代表队成绩喜人，获得两个一等奖。2012 年潍坊北海学校第一届科技节，我校 42 项作品获得国家专利证书。

第五节 借和雅之风，延伸和雅课程的社会价值

墨子说过，“染于苍则苍，染于黄则黄”。潍坊北海学校依托和雅教育理念，精心营造和雅之“场”，把环境育人与人育环境紧密地结合起来，让人置身于整洁优美的校园，投身于多姿多彩的课内外文化生活，浸染于社会实践氛围时，心灵受到净化，心态得到优化，情操得到陶冶。我们还充分发挥学校、家庭、社区“三结合”教育网络的优势，树和雅之魂，延续和雅之风，把和雅课程的价值延伸到社会。

学校实施“千名名家进校园”活动。通过事迹报告、社团指导、专题讲座、技艺传授、技能培训等多种形式，感悟学生、激励学生、滋养学生，让优秀的文化传统、精湛的民间工艺、自强不息的奋斗精神助推学生成长，提高学生的人文素养。以活动为载体，发挥名家之长，展现名家之“名”，取得了较好的效果。一是利用“百家讲坛”的形式开展讲座。二是利用艺体超市课程邀请相声、围棋、中国象棋、拉丁舞、书法、器乐、风筝扎制等专业、技艺方面名家进校辅导，有效地开发学生的特长，培养全面发展的学生。学校还借助名家把课堂由校内搬到了校外，进行实地参观、探究。

为了促进与社会的和谐，潍坊北海学校多渠道创新合作形式。学校本着“多维联动、和谐共振”的目标和原则，充分利用多种教育资源创设浓厚的合作氛围、合作环境，引领家长参与其中，感受学校的育人氛围，关注学校的长足发展。一是请家长走进“开放课堂”。组织“课堂开放日”活动，以课堂教学为重要载体，开展写字课教学开放、主题学习课开放、综合实践活动课开放等活动，从抓学习、抓落实、抓实践、抓提高四方面入手，加强家校之间的交流与合作。二是请家长和学校一起评价。以综合素质评价手册中“学生成长记录”专栏为凭借，了解学生在家庭中的成长足迹，通过学校、家庭、学生三维互动的评价模式，来促进家长对孩子评价的客观与优化。三是家长参与实践活动。古筝、琵琶、剪纸、象棋、书法、话剧表演等大艺术课程，学校邀请有才艺的家长走进课堂，开发家长资源；邀请家长观看学校组织的大型文艺会演；每年举行大型的“读书节”系列

活动，开创了家校互动的新局面；以心理咨询室为主阵地，协同家长一起创办“成长导航站”。

2009 年 6 月，我校为山东省考试评价改革研讨会提供现场，受到省教育厅领导的好评。2009 年 7 月，全国小学人文教育现场会在我区举行，我校为大会提供现场。2009 年 11 月，全国小学语文主题学习研讨会在潍坊举行，我校成功为大会提供现场，韩兴娥老师提供的课内海量阅读公开课得到了与会领导与专家的一致好评。2010 年 11 月，由教育部港澳台办公室、基础教育二司主办，教育部基础教育课程教材发展中心和我市教育局承办的第八届京港课程专家交流会和“贯彻全教会精神　落实教育规划纲要　深化课程改革”大型现场观摩及学术报告会在潍坊举行，我校为大会提供现场。香港教育局首席助理秘书长张国华博士对学生的表演和学习成果给予了高度评价，欣然为学校题词：小学生是我们国家的未来，谢谢学校的努力！2011 年 4 月，我校成功为中美合作公民教育 2011 年度会议提供现场，来自全国各地 200 多名专家、代表和 20 多名泰国的代表参加了会议。2011 年 4 月 14 日，由潍坊市教育科学研究院、小学生拼音报社主办，潍坊高新区文化教育局、潍坊高新区北海学校承办的“韩兴娥课堂教学艺术研讨会”在潍坊富华国际会议中心举行。全国各地小学教育的主管领导、专家和具有极深造诣的教学一线的实践工作者等 1000 多名代表参加了会议。

学校积极开展对外交流与合作，曾接待过北京、上海、江苏、浙江、重庆、深圳、天津、内蒙古等 50 多个省市、自治区的考察团的来访交流，先后与英国、新加坡等国家的多所学校建立了友好合作关系。潍坊北海学校在互通有无、取长补短中向前发展，并逐步走向国际化。

“雄关漫道真如铁，而今迈步从头越”。学校的目标是市内领先、省内一流，建成高效能管理、高品位运行、高质量回报的现代化齐鲁名校。新的时期，面临新的挑战，学校将抓住机遇，继续围绕素质教育这个永恒的主题，一如既往地秉承“全面卓越，和雅育人”的办学理念，发扬自强不息、艰苦奋斗的创业精神，在新的四年规划中，不断开拓，再创辉煌。

让传统与经典齐飞，形象共气质一色。吾辈同气，往继绝学，延续血脉，复兴华夏！

结语：和雅的历史起点

在美丽的世界风筝之都潍坊，提到潍坊北海学校，人们就会立即想到和雅文化，它是潍坊北海学校的核心文化，是潍坊教育乃至全省、全国教育的一个响当当的品牌。

潍坊北海学校，这支中国教育的新生力量与“和雅”二字有着极深的渊源，将“和雅”二字定为学校文化的基调，汤善香校长和北海师生用心良苦，这既是对中华文化的虔诚寻根，更是对学校发展历程的生动诠释。

潍坊北海学校建校以来，以“全面卓越、和雅育人”为办学理念，以当学生喜欢的老师、做社会敬佩的校长、办人民满意的学校为目标，踏实奋斗，跨入“全国特色学校”“全国素质教育先进校”“山东省教学示范学校”“山东省中小学教师校长实践培训基地”“山东省艺术教育示范校”等先进行列。

潍坊北海学校的“全面卓越”，符合个人成长规律，促进学生优异卓越，适合培养德智体全面发展的、社会需要的高素质人才。学校的“和雅育人”，就是要营造和谐向上的教育教学氛围，培养志趣高雅、气质儒雅、行为优雅，具有大国公民风范的新一代。

学校一直在建设适合学生成长需求、丰富多彩、体系完整、层次分明的校园文化，凸显学校的现代人文教育环境。学校倡导哲理诗意校园，强调精神塑造，实施人文熏陶，用文化的方式发展有灵魂的教育。学校开展“校园文化工程”建设，大力营造书香校园，以华夏文化、北海文化为主线，将校园文化融入学校布局。

和雅育人，需要营造平等、民主、和谐的校园师生关系。潍坊北海学校追求教书与育人的高度统一，促进学生的全面成长。学校领导班子成员及中层干部与全校师生、员工团结一致，达成共识，形成合力，为创建和谐校园起到了示范和导向作用。“三分制度管理，七分感情管理。”潍坊北海学校关心教职工生活，及时解决教职工困难，形成了学校教职工积极向上、努力工作的氛围；创造舒心的工作、育人环境，成立教师“阳光健身社团”，把“健康第一”落实到位，成立瑜伽、健美操、乒乓球、羽毛球、交谊舞、太极拳等6个教师健身社团，既增强教师体质、促进和谐，又实现了教师身心健康和工作效能的完美结合。

和雅育人，还需要与社会各界、各方面和谐互动。潍坊北海学校实施“千名名家进校园”，开展各种形式的绿色讲坛、医药讲坛、法制讲坛、心理讲坛、交通安全讲坛、防震防火讲坛、防疫讲坛等活动。

和雅育人，主阵地在课堂。潍坊北海学校在促进人与自然、人与环境和谐的基础上，全力打造和雅育人的教育教学环境。配备完善了多媒体教室、数字化物理实验室、化学实验室、生物实验室、动漫实验室、心理辅导室、舞蹈室、多功能报告厅，以及千兆校园网、塑胶跑道、全覆盖的校园监控等，硬件设施达到省级规范化学校标准。山东省主题学习现场会、山东省经典诵读现场会、全国人文教育研讨会在潍坊北海学校召开。学校大力推进“345高效课堂”，着力打造特色课堂。定期举行教学论坛、“我最喜欢的课堂评选”等活动，促进课堂改革，培养特色教师。学校以主题课程为核心，以综合实践活动课程为依托，大力推行主题模块教学研究，解决了教学内容知识上的交叉重复现象，提高了学习效率。

和雅育人，需要一大批德才兼备、深受学生喜欢的教师。在236名一线教职员工中，涌现出了齐鲁名师、山东省特级教师、山东省教学能手、潍坊名师、潍坊特级教师14名，潍坊市教学能手56名。学校成立名师团队，发挥名师的辐射作用，实施“青蓝争艳，特色跟进”工程，促进教师队伍专业成长。

和雅育人，必须坚持“育人为本、德育为先”。潍坊北海学校以培养学生良好习惯作为德育建设的切入点，把问题转化为主题，把主题设计为活动，把活动规划成系列，把系列内化为体验，把体验历练成习惯，把习惯沉淀为素养，创新开展全方位德育工作，培养知书达理、敦厚通达的学生。校内德育，学校从基础行为养成入手，推行十二项育人制度，不断拓宽德育形式，通过升旗仪式、班会、演讲等各种形式对学生进行思想教育。校外德育，包括家庭教育、社会德育两方面。家庭教育方面，学校构建家校协同教育机制，将学校、家庭、社会的教育合力关系上升为制度关系；健全家长委员会制度，充分发挥班、校两级家长委员会的作用；实行校园“啄木鸟行动”，让家长参与到学校管理中来。社会德育方面，学校建立德育实践基地，开展“闲暇教育”等丰富多彩的校外实践活动；建设学校、家庭、社会“三位一体”的综合实践活动课程教育网络，让学生走出校园，接触社会，参与社会，体验成长。

和雅育人，需要给予学生优秀的传统文化教育。潍坊北海学校以艺术、体育教育为龙头，开展体育、艺术2+1活动，举办校园文化艺术节，促进学生全面发展。学校开发了40多种适合学生艺体发展的特色课程，聘请了近50位专业辅导教师，让学生自主选择，特长成长。学校把传统文化引入校园，开展京剧欣赏、京剧演出等活动，陶冶学生身心，提高学生素质。

和雅育人，成果丰硕。学校品牌立校，教师特色发展，学生个性成长，学校的知名度、美誉度不断提高。

建校几年，和雅育人，创新发展。潍坊高新区北海学校的“全面卓越，和雅育人”，已经取得了显著的阶段性成效。我们有理由相信，在这一教育目标和办学理念的引领下，潍坊北海学校的学生一定会更加卓越，学校会办得越来越好。

在北海，和雅，这正是历史的起点。

江苏凤凰教育出版社
《行知工程》系列丛书目录

系列	序号	书　　名	主编	定价
教育探索者系列	1	《和雅文化——校本课程的创新构建》	汤善香	30.00
	2	《让个性绽放精彩——学校课程体系整合与创生》	谢建伟　徐淑萍	30.00
	3	《让每个学生都幸福——最能润泽生命的学校文化建设》	谢建伟　张新喜	30.00
文化班级系列	4	《做幸福的班主任》	吕　丽	26.00
生态化校园系列	5	《点燃学习的激情——构建校园生态化学习型组织》	杨树岳	30.00
	6	《课改突围——构建学校生态化教学体系》	杨树岳	30.00
信息化教学系列	7	《巧用白板教语文——信息技术与语文教学操作指南》	蒋丽清	30.00
	8	《跨越式实现高效课堂——信息技术与课程整合高效教学方案评析》	陈　玲　刘　禹	30.00
行思讲坛系列	9	《灵动而朴素地教语文——潘文彬的微格教育生活》	潘文彬	30.00
	10	《师爱无疆——润泽学生心灵的教育故事》	侯忠彦	30.00
	11	《怎样反思更有效——促进教师专业发展的反思策略》	诸贝贝	30.00
	12	《成为高度自觉的教育者——写给后课标时代的数学教师》	许卫兵	30.00
	13	《哲思数学课》	刘全祥	30.00
	14	《把学生教聪明》	严育洪	30.00
	15	《教师最应该规避的教育误区》	杨坤道	30.00
	16	《用语文的方式教语文——潘文彬教学主张与实践智慧》	潘文彬	30.00
	17	《怎样让阅读教学更有效——提升教学能力的十种读诵模式》	汪秀梅	28.00
	18	《让生命在润泽中起舞——当代小学生最需要的主题班会》	吴联星　罗　琳　冯卫东	30.00
	19	《让生命欢快拔节——当代中学生最需要的主题班会》	冯卫东　吴联星	30.00
	20	《课堂因生成而精彩——高效教学的生成智慧》	张文质	30.00
	21	《回到每一个人的生命化教育——张文质二甲中学教育行动录》	张文质	30.00
	22	《智慧数学课——黄爱华教学思维的实践策略》	黄爱华	30.00

系列	序号	书　　名	主编	定价
创新教学探索系列	23	《最能培养学生探究能力的课堂 ——小学科学与信息技术单元整体课程实施与评价》	李怀源	30.00
	24	《最能激发学生运动天赋的课堂 ——小学体育单元整体课程实施与评价》	李怀源	30.00
	25	《最能提升学生艺术素养的课堂 ——小学艺术单元整体课程实施与评价》	李怀源	30.00
	26	《打造有生命力的课堂 ——“两步八环节”教学模式探索与实践》	查联智	30.00
	27	《“生命语文”探索——焕发语文生命力的思考与实践》	王自成	30.00
	28	《粘连作文教学：让习作成为有个性的自我建构》	黄瑞夷	30.00
	29	《备学式教学——在体验中建构数学思维》	单广红　范雪梅	30.00
	30	《向着自主进发——自主教育的创新实施智慧》	朱亚红	30.00
	31	《写中学——让学习更有效的学科写作教学》	钟传祎	30.00
	32	《小学科学实验总动员 ——大科学课堂有效提升学生创新力》	江美华	30.00
	33	《小学语文单元整体课程实施与评价》	李怀源	30.00
	34	《小学英语单元整体课程实施与评价》	李怀源	30.00
	35	《小学数学单元整体课程实施与评价》	李怀源	30.00
教育新思考系列	36	《语文教育向何处去》	王　丛	26.00
	37	《教育，就是做好普通的事》	孙志毅	27.00
	38	《走出语文的偏见——让学生体悟文本的原义》	丛智芳	30.00
	39	《让语文教学更高效——批注式阅读教学探索》	韩中凌	30.00
	40	《读写互促——探寻学以致用的语文教学》	曹　龙	30.00
	41	《跳出数学教数学——用文化融通数学教学》	马建秀	27.00
教师必读系列	42	《教师必学的 16 堂修养课》	武宏伟	30.00
	43	《教师不可不知的教学心理效应》	叶勇军	30.00
	44	《班主任不可不知的管理效应》	奚一琴	30.00
	45	《教师不可不知的教育心理效应》	孙　媛	30.00
	46	《校长不可不知的管理效应》	谢申刚　张金豹	30.00
	47	《成为好教师的 7 项修炼》	王福强　李维华	30.00
	48	《如何让学生会学习》	龙　冰	30.00
	49	《如何让学生爱学习》	周震宇　许小燕	30.00

系列	序号	书名	主编	定价
名师感悟系列	50	《让心灵伴着歌声成长——22 位音乐名师的教育智慧》	陈 璞	30.00
	51	《超越自我的教师——32 位名师的成长感悟》	李卫东 李秀伟	35.00
	52	《心灵的守护者——19 位名班主任的教育智慧》	王晓松 曲文弘	30.00
	53	《名师感悟班主任有效工作艺术 90 例》	符礼科	30.00
	54	《名师感悟有效教学 90 例》	林高明 徐玉烟	30.00
教育家核心思想系列	55	《多元智能理论的本土化应用》	刘治富	30.00
	56	《大教育家最具施教力的教学思想》	白刚勋	30.00
教育管理力系列	57	《“走”出教育的精彩：走动式学校管理文化构建》	罗 军	30.00
	58	《校长兵法：学校管理四十六计》	皮大鹏	30.00
核心教学主张系列	59	《新生代语文名师核心教学主张》	许友兰	30.00
学生心理解码系列	60	《孩子问题行为一点通 ——只有好老师才知道的学生心理谜底》	严育洪	30.00
高效能教学系列	61	《让作文落地生根——提高写作实效的教学策略》	黄桂林	30.00
	62	《高效能作文教学 5 项修炼》	陈步华	30.00
	63	《高效能校长的 10 个好习惯》	张 勤	30.00
	64	《高效能教师的 10 个好习惯》	谢 英	30.00
	65	《高效能语文教学 5 项修炼》	王其华	30.00
教育求索系列	66	《思政教学的人文力量》	戴晓华	30.00
	67	《师道新说——给教育者的 30 条箴言》	徐 卫	30.00
中国教育变革之路丛书	68	《百年树人师何为——教师队伍建设困顿与出路》	将丽珠 李玉向	30.00
	69	《入园何时不再难——学前教育困惑与抉择》	曾晓东 范 昕 周 慧	30.00
	70	《三尺书桌何处寻——流动人口子女教育困难与破解》	范先佐	30.00
	71	《苦旅何以得纾解——高考改革困境与突破》	郑若玲	30.00
	72	《择校纠结何时了——择校问题困局与治理》	曾晓东 周文海 曾娅琴	30.00
创新教学思想系列	73	《“大问题”教学的形与神》	黄爱华 张文质	30.00

系列	序号	书　　名	主编	定价
校长领导力系列	74	《高品质学校生长要素》	王益民	30.00
	75	《校长高校教学领导力提升策略》	徐世贵　郭文智	30.00
教育漫笔系列	76	《课堂，诗意地栖居》	吴书华	30.00
新思维系列	77	《教育中的“不一定”——打破教育的19种思维惯式》	严育洪	30.00
教学全手册系列	78	《小学习作教学全手册》	郭家海	30.00
	79	《中学写作教学全手册》	郭家海	30.00
	80	《情境教学操作全手册》	冯卫东	35.00
	81	《合作教学操作全手册》	李春华	35.00
	82	《探究教学操作全手册》	周新桂	35.00
	83	《自主教学操作全手册》	诸葛彪	35.00
	84	《创新教学操作全手册》	王　玮	35.00
	85	《班主任工作全手册》	刘沛华	35.00
	86	《新教师工作全手册》	周震宇	35.00
	87	《学生心理健康教育全手册》	刘海莉　刘春杰	35.00
	88	《高效教学操作全手册》	马友平	35.00
校本研修系列	89	《特色校本课程开发范例解读》	刘永平　李秀伟 张雪梅	30.00
	90	《高效校本研修模型构建艺术》	刘素雁	30.00
	91	《走向实践的教研——中小学教育科研引领与应用》	江　敏	30.00
教学提升系列	92	《有思想地教阅读——让学生学会品读文字真意》	王学东	30.00
教育艺术提升系列	93	《藏在师生体态语言里的教学智慧》	张　宇　廖生波	30.00
幼师成长系列	94	《幼儿行为背后——教师如何读懂幼儿的心思》	吴亚英	30.00
	95	《最具教育力的22种幼儿教育思想》	杨　达	30.00
	96	《幼儿教师必知的安全应急措施》	杨　达	30.00
	97	《幼儿教师必备的教育技能》	李　玲	30.00
	98	《卓越园长21条幼儿园管理策略》	周　丹　江东秋	30.00

系列	序号	书　　名	主编	定价
创新人才培养系列	99	《创新人才培养校园科普精品课程开发与指导——人大附中创新人才培养》	罗　滨	30.00
	100	《创新人才培养特色校本课程开发与创新人才培养——清华附中“国际安全下的科学技术”课程构建与实施》	王殿军　方　研 赵宏雁	30.00
	101	《创新人才培养：学校实验室建设与管理》	刘克文 杨发丽　杨　平	30.00
	102	《创新人才培养：数学探究活动开发与指导》	马云朋　韩继伟	30.00
	103	《创新人才培养：化学研究活动开发与指导》	王　磊	30.00
	104	《创新人才培养：物理探究活动开发与指导》	廖伯琴	30.00
	105	《创新人才培养：地理探究活动开发与指导》	张建珍　陈　澄	30.00
	106	《创新人才培养：生物探究活动开发与指导》	张迎春	30.00
	107	《创新人才培养：理念探索与思维突破》	王晶莹	30.00
教育思想者系列	108	《教育，一切从孩子出发》	黄　俭	30.00
新生代通派名师系列	109	《简约数学教学》	许卫兵	30.00
	110	《语文教学的本真——情意课堂展现母语之美》	吴建英	30.00
	111	《语文课堂的理想追求——欢快达成三维目标》	董一红	30.00
	112	《阅读教学的真髓——意象构建读出文学的真美》	祝　禧	30.00
	113	《美术教育的真谛——审美人生教育让生命绚丽成长》	陈铁梅	30.00
	114	《语文教学的理想境界——无痕教学润泽生命》	李　凤	30.00
	115	《儿童作文的本义——嬉乐作文让儿童乐并成长着》	王笑梅	30.00
	116	《名师是怎样炼成的》	王建明　王笑君	35.00

图书在版编目（CIP）数据

和雅文化：校本课程的创新构建/汤善香等著. —南京：江苏凤凰教育出版社，2015.6

ISBN 978-7-5499-5065-2

Ⅰ.①和… Ⅱ.①汤… Ⅲ.①中小学－课程建设－研究－潍坊市 Ⅳ.①G632.3

中国版本图书馆 CIP 数据核字（2015）第 116986 号

书　　名	和雅文化——校本课程的创新构建
作　　者	汤善香等
责任编辑	刘丹丹　雷利军　祁篆萍
出版发行	凤凰出版传媒股份有限公司
	江苏凤凰教育出版社（南京市湖南路1号A楼　邮编 210009）
苏教网址	http：//www.1088.com.cn
照　　排	润星之源文化有限公司
印　　刷	三河市九洲财鑫印刷有限公司
厂　　址	河北省三河市灵山大口
开　　本	787毫米×1092毫米　1/16
印　　张	17.5
字　　数	278千字
版　　次	2015年6月第1版　2015年6月第1次印刷
书　　号	ISBN 978-7-5499-5065-2
定　　价	30.00元
网店地址	http：//jsfhjycbs.tmall.com
邮购电话	025-85406265,85400774　短信　02585420909
E - mail	jsep@vip.163.com
盗版举报	025-83658579